高等学校创新性数智化应用型经济管理规划教材（审计系列）

总主编 / 李雪　　主审 / 徐国君

U0754033

内部控制

洪宇◎主编

立信会计出版社
LIXIN ACCOUNTING PUBLISHING HOUSE

内 容 提 要

　　内部控制是现代企业管理的重要组成部分,越来越受到理论界和实务界的重视。《内部控制》是一本讲解企业内部控制体系架构、基本概念与基本原理的教材,以内部控制五要素和《企业内部控制应用指引》的18项应用指引为基础,构建了教材的基本框架。本教材注重讲述内部控制的基本理论和实施技巧,既适用于会计、审计、财务管理等专业的教学,也可帮助正在从事会计实务岗位工作的人员进一步学习内部控制的相关理论知识。

图书在版编目(CIP)数据

内部控制 / 洪宇主编. —上海:立信会计出版社,
2022.8(2024.7 重印)

"十四五"高等学校创新性数智化应用型经济管理规
划教材. 审计系列

　　ISBN 978-7-5429-7091-6

　　Ⅰ. ①内… Ⅱ. ①洪… Ⅲ. ①企业内部管理–高等学
校–教材 Ⅳ. ①F272.3

中国版本图书馆 CIP 数据核字(2022)第 139901 号

策划编辑　　方士华
责任编辑　　赵志梅　　王秀宇
美术编辑　　吴博闻

内部控制

NEIBU KONGZHI

出版发行	立信会计出版社
地　　址	上海市中山西路 2230 号　　邮政编码　200235
电　　话	(021)64411389　　　　　　传　真　(021)64411325
网　　址	www.lixinaph.com　　电子邮箱　lixinaph2019@126.com
网上书店	http://lixin.jd.com　　http://lxkjcbs.tmall.com
经　　销	各地新华书店

印　　刷	上海万卷印刷股份有限公司
开　　本	787 毫米×1092 毫米　　1/16
印　　张	14
字　　数	349 千字
版　　次	2022 年 8 月第 1 版
印　　次	2024 年 7 月第 2 次
书　　号	ISBN 978-7-5429-7091-6/F
定　　价	45.00 元

如有印订差错,请与本社联系调换

总　序

教材是高校实现人才培养目标的重要载体,教材及教材建设对高校发展具有举足轻重的作用。与培养模式相对应的教材是培养合格人才的基本保证,是实现培养目标的重要工具。由于历史的原因,在财经类教材的出版方面,相关出版社出版研究型本科或者高职高专、中等职业等层次的教材较多,应用型本科教材较少。虽然近年来一些应用型本科教材也陆续出版,但总体而言,这些教材还是缺乏权威性、普适性、实用性、创新性。造成这种状况的原因主要在于:出版社对财经类应用型本科教材的出版还不够重视,没有进行有效的组织;财经类应用型本科院校多为新建院校,教材建设相对滞后,主观上也较愿意使用研究型本科教材;在教材使用中存在比较严重的混用现象,教材目标读者群不明确,如不少教材既适用于研究型本科院校又适用于应用型本科院校,或者既适用于本科院校又适用于高职高专院校。

由于目前财经类应用型本科教材种类和数量匮乏或质量欠佳,财经类应用型本科院校不得不沿用传统研究型教材。这些教材本身的质量很好、级别很高,但是并不适用于应用型本科院校的教学,教师和学生普遍反映不好用。即使在全国范围看,也还没有相对成套、成熟的适合财经类应用型本科院校的教材。现有教材存在的主要问题包括:①教材的定位和要求过高;②教材的内容偏多、难度偏大;③教材着重于理论解释,相关案例、实训等内容较少,缺乏普适性、实用性。

与此同时,信息技术的快速发展使学生的学习习惯和阅读习惯发生了改变,不断朝个性化、自主学习的方向发展,传统的单一纸质教材已经无法适应这种变化。翻转课堂、慕课、微课等网络课程的兴起,混合式教学的不断推进,也对立体化教材建设提出了新的要求。教材作为一种课堂上的教学工具、一种传播媒介,理应顺势而为,随课堂形式、学生学习方式的改变而改变,朝着数字化、立体化、可视化的方向发展。因此,需要编写适应学生水平、便于学生接受的立体化财经类应用型本科教材。

我们组织具有多年应用型人才培养经验的优秀教师和实务界专家编写了这套教材。本系列教材有《会计基本技能》《出纳实务》《基础会计》《中级财务会计》《成本会计》《管理会计》《会计信息系统》《财务管理》《审计学》《高级财务会计》《商业分析》《税法》《经济法》《金融学》等品种。为了保证教材的质量,本系列教材聘请了知名高校的专家教授进行专门指导和审核。每本教材至少有一名本学科的知名专家或学科带头人提出审核指导意见,至少有一名高等院校教学一线的高级职称教师组织编写,至少有一名行业协会、实务界专家或教学研究机构人员提出编写建议。

本系列教材的特色如下。

1. 应用性

应用型本科的教材建设应坚持培养应用型本科人才的定位,充分吸收和借鉴传统的普通本科教材与高职高专类教材建设的优点和经验,以就业为导向,做到理论上高于高职高专类教材、动手能力的培养上高于传统的本科院校教材。本系列教材体现了应用型本科的定位,体现了素质教育和"以学生发展为本"的教育理念,遵循了高等教育教学基本规律,重视知识、能力和素质的协调发展,根据应用型人才培养模式对学生的创新精神、实践能力和适应能力的要求,在内容选材、教学方法、学习方法、实验和实训配套等方面突出了应用性特征。

2. 针对性

本系列教材的编写符合会计学、财务管理和审计学等专业的培养目标、培养需求、业务规格和教学大纲的基本要求,与各专业的课程结构和课程设置相对应,与课程平台和课程模块相对应。教材在结构纵横的布局、内容重点的选取、示例习题的设计等方面符合教改目标和教学大纲的要求,把教师的备课、试讲、授课、辅导答疑等教学环节有机地结合起来。

3. 立体化

本系列教材为立体化教材,实现了由传统纸质教材向"纸质教材+数字资源"的转变,通过技术手段将晦涩难懂的理论知识转变为直观的具体知识,以立体化、数字化的方式呈现,包括图文、动画、音频、视频等多种形式,生动、有趣且易懂,不仅可以激发学生的学习兴趣,还有利于教学效果的提升。

4. 趣味性

本系列教材注重趣味性,使用了大量的例题和案例,每章都加入了"思政育人""相关思考""延伸阅读"等内容,使读者能够加深理解,便于掌握相关内容。在案例、例题等的设计选用上重点突出趣味性,易于引发读者的共鸣。

5. 先进性

本系列教材反映了应用型会计人才教育教学改革的内容,能够反映学科领域的新发展。教材的整体规划、每一种教材的内容构建等均体现了创新性。教材还强调了系列配套,包括了教材、学习参考书、教学课件等。立体化教材在内容修订上更具有明显优势,线上资源可以随时根据政策法规、理论知识或工作实务等的变化进行调整,更有利于保持教材内容的先进性。

6. 基础性

本系列教材将打破传统教材自身知识框架的封闭性,尝试多方面知识的融会贯通,注重知识层次的递进,体现每一门科目的基本内容,同时在具体内容上突出实际运用能力,做到"教师易教,学生乐学,技能实用"。

7. 易于自学

自学能力是大学生的一项基本能力。学生只有具备了自主学习的能力,才能最终建立起终身学习的保障体系,这也是应用型本科人才培养的客观要求。应用技术型高校的生源素质与普通高校相比存在一定的差距,除了一部分是高考发挥失误的学生,还有一部分学生在学习习惯、基础知识等方面存在一定的欠缺,这就要求教材能够调动这部分学生的学习积极性,在理论方面尽量通俗易懂,在实践方面尽量采用案例式教学。为了有利于学生课后自主学习,本系列教材配套了学习指导书和教学课件。

因此,本系列教材的定位准确,特色明显,适用于应用型本科院校教学,容易得到学生和市场的认可,便于学生的自学和教师的教学。

"十四五"高等学校创新性数智化应用型经济管理规划教材凝聚了众多领导、教授和专家多年来的经验和心血。当然,由于我们的经验和人力有限,教材中难免存在不足,我们期待着各位同行、专家和读者的批评指正。我们将伴随着经济发展和会计环境的变迁不断修订教材,以便及时反映学科的最新发展和人才培养的最新变化。

本系列教材自 2014 年出版后,得到市场的认可,深受广大高校师生的欢迎。为了更好地回馈读者,本系列教材从 2017 年起启动第二版的修订工作,2019 年启动第三版的修订工作,2021 年启动第四版的修订工作。各种教材的修订版将陆续出版。我们会一如既往地做好教材修订和相关服务工作,希望广大读者对本套系列教材继续给予支持。

李 雪

2022 年 8 月

前　言

内部控制是现代企业管理的重要组成部分。近年来,随着市场竞争的进一步加剧以及国内外腐败案例的不断增加,内部控制越来越受到理论研究和实务工作者的重视,监管部门也加大了企业内部控制规范建设与实施力度。继 2008 年 5 月《企业内部控制基本规范》颁布之后,当时的财政部、证监会、审计署、银监会、保监会又于 2010 年 4 月共同发布了《企业内部控制配套指引》,并要求境内外同时上市的公司自 2011 年 1 月 1 日开始实施。规范和配套指引还鼓励中小板和创业板上市公司择机施行,同时鼓励非上市大型国有企业提前执行。至此,被誉为中国式的"萨班斯法案"的内部控制规范法规体系初步建成。

在这一背景下,编写一本讲解企业内部控制体系架构、基本概念与基本原理的教材,以帮助正在从事会计实务工作的人员和正在学习且将从事这类行业工作的会计学等相关专业的学生了解并掌握我国企业内部控制基本规范及配套指引,是非常有必要的。

在教材的编写过程中,我们力求突出以下特色。

1. 内容安排科学

本教材以传统的代理理论、组织行为理论为基础,根据财政部等五部委联合发布的《企业内部控制基本规范》和《企业内部控制配套指引》及其解释编写,以内部控制和风险管理的实践逻辑为主线,引进了最新的概念和法规体系,注重讲述内部控制的基本理论和实施技巧。

2. 注重案例引入

本教材在内容讲解上,注重内部控制基本知识的传授和对学生内部控制思维的培养。通过问题导入式案例、案例讨论等多个具有教学使用价值的经典内控案例,学生将对内部控制的特点、模式、方法、内控流程等形成一定的认识,能够理解内部控制的作用,掌握内部控制的思维。

3. 贴合实务操作

本教材依据内部控制十八个应用指引所涉及的业务流程,基于风险管理的思想,对内部控制进行制度设计,具体按照"业务流程—主要风险管控措施—评估与披露"的脉络编排,符合企业内部控制制度设计与执行的整体思路。本教材旨在为读者搭建起内部控制的基本理论框架体系,培养读者的内部控制思维,以及初步运用内部控制知识解决实际问题的能力。

4. 强化习题练习

本教材精选了近几年来注册会计师考试、高级会计师考试等国内重大考试中涉及内部控制的试题放在每章末尾,以二维码形式列示,同时在书尾附上两套综合测试习题与答案,供读者同步学习使用,相信会大大提高读者的学习效果。

本教材既有理论探讨,也有案例解读,更有经验总结,既适合会计学、财务管理、审计学、资产评估等专业的本科生使用,也适合作为企业内部培训的教材。

本教材由洪宇任主编,张文芳、宋丹雯、高金清、张文娟、马瑞颖、李艳花参与编写,具体分工如下:第一章企业内部控制导论由洪宇、宋丹雯编写,第二章内部控制基本理论由洪宇、宋丹雯编写,第三章内部环境由洪宇、高金清编写,第四章风险评估与应对由洪宇编写,第五章控制活动由洪宇、李艳花编写,第六章信息沟通与内部监督由洪宇、张文芳编写,第七章企业主要业务内部控制由洪宇、张文芳、张文娟编写,第八章企业其他业务活动内部控制由洪宇、马瑞颖编写,第九章企业内部控制支持系统由洪宇、张文芳编写,第十章内部控制评价与内部控制审计由洪宇编写。

本教材在编写的过程中参考了大量相关教材和论著,在此向有关作者致以深深的谢意!

本教材的编写先后经过多次讨论研究,力求内容编排合理、避免错误。若您在阅读中发现教材中有疏漏或不妥之处,敬请批评指正,联系方式:洪宇15264250107。

编　者

2022 年 6 月

目　录

第1章 企业内部控制导论

内容提要

企业在生产经营活动中经常面临各种影响目标实现的不确定性因素,需要识别、评估和控制各种风险,以促进企业目标的实现。健全、有效的内部控制不仅能够合理保证企业生产经营活动合法、合规,提高企业报告的可靠性和完整性,而且可以提高企业运营水平和风险防范能力,提升管理效率,改善经营效果,帮助企业实现运营目标和发展战略,促进企业可持续发展。企业要进行内部控制建设,就必须理解内部控制的概念及特征,熟悉内部控制的基本框架,辨析一些认识误区,了解内部控制的产生及发展,清楚内部控制建设的思路和方法。

重点难点

本章的重点和难点在于要求学生掌握企业内部控制的含义;掌握西方内部控制的发展历程;熟悉内部控制整合框架阶段的特点;熟悉基于风险管理的内部控制的特点。

学习目标

在本章学习中,应当理解和掌握内部控制的概念及其特征,熟悉内部控制与风险管理的产生及发展,理解和掌握内部控制的三维度整合框架,理解内部控制的应用价值,了解内部控制的演进历程,熟悉每一阶段对内部控制作出的标志性贡献。

知识框架

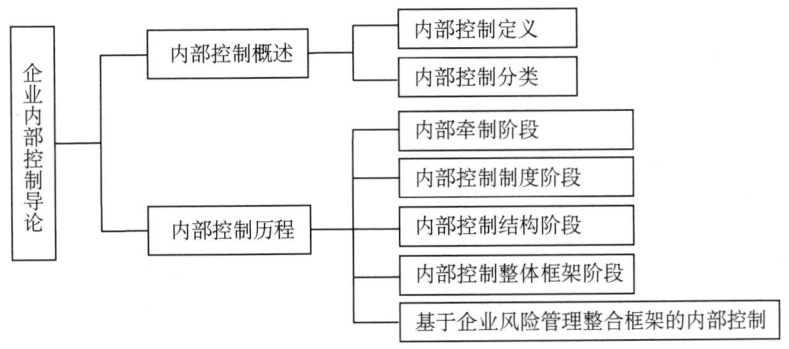

1

引入　渤海银行出现内控问题①

近日,渤海银行南京分行储户 28 亿元存款被挪用质押担保一事持续发酵。储户方不知情,融资方疑点重重,该案所暴露出的个别银行风控隐患,也成为市场热议焦点。

监管部门再三强调存款安全的重要性,各家银行也加强了印章数字化管理和内控合规的力度,这一事件的出现,说明个别银行仍存在管控不到位的问题,这也给银行业敲响警钟,行业需进一步加强风控执行的薄弱环节,提高内部风险控制的能力。

济民可信旗下两家公司此前存入渤海银行南京分行的 28 亿元存款,在不知情的情况下被用作第三方企业华业石化南京有限公司(以下简称"华业石化")质押担保。截至目前,对于该事件,渤海银行、济民可信方面均表示已经向公安机关报案。

从正常逻辑看,济民可信为华业石化担保,至少银行、济民可信旗下两家公司、第三方企业都应该知情,但出现了济民可信称并不知情的情况。办理质押需要企业的决议、授权、公章等,还需要面签等程序,流程较为严格,银行在储户不知情的情况下如何办理的质押担保,着实让人匪夷所思。

存款方企业自身也做了大量内部排查,发现内部用章的环节全部没有问题。而渤海银行用于办理质押担保的材料中,应有大量伪造的公章。另据了解,相关材料中有 300 多个公章印章疑似伪造。

近年来,渤海银行因违规事项曾多次被罚。2021 年 5 月,银保监会曾严肃查处一批违法违规案件,其中对渤海银行开出 9 720 万元大额罚单,共涉及 34 项违法违规行为。2020 年 9 月,渤海银行南京分行因存在贷款资金回流用于银行承兑汇票保证金和存贷款挂钩行为,以及存在为同业投资业务违规提供信用担保的违规行为,被没收违法所得 6 577.56 元,罚款 125 万元。

实际上,资深金融监管政策专家周毅钦表示,监管部门再三强调存款安全的重要性,自多起票据大案发生后,各家银行也加强了印章数字化管理和内控合规的力度。在此背景下仍然出现这起让人匪夷所思的案件,值得业内警惕。

1.1 | 企业内部控制概述

随着环境的变化、社会的发展和经济的进步,内部控制在包括企业在内的所有社会组织中的重要性越发凸显,已经逐渐成为社会组织防范和抵御风险的有效屏障和保障企业实现健康、科学、可持续发展的保护伞。内部控制作为组织内部的一种制度安排,有助于社会组织满足内外合规要求、提高风险防控能力、提升组织管理水平,实现服务于社会组织的终极目标。不同的单位,尽管规模大小不一,性质特点各异,但是都应该根据各自的具体情况建立必要的内部控制制度。

企业内部控制的定义及其解释有狭义和广义之分。其中,狭义的企业内部控制是只针对财务报告的内部控制。随着市场经济与企业的发展,内部控制的关注点从最初的针对企业管理需要演化到对投资者的保护上。

1.1.1　内部控制的定义

内部控制是指为确保实现企业目标而实施的程序和政策。内部控制还应确保识别可能阻碍实现这些目标的风险因素并采取预防措施。内部控制和风险管理是出色的公司治理中

---

① 和讯网.警钟长鸣! 28 亿存款遭莫名质押担保 渤海银行内控遭拷问 该如何堵住漏洞?［EB/OL］.(2021-10-26)［2022-03-20］.http://bank.hexun.com/2021-10-26/204603573.html.

极为重要的组成部分。出色的公司治理意味着董事会必须对企业的所有风险加以识别和管理。就风险管理而言,内部控制系统涉及企业财务、运营、遵守法律法规及其他方面。

内部控制系统包括两个因素,分别是控制环境、控制政策及程序。控制环境是指企业内部对于内部控制的态度及内部控制意识,代表整个企业对内部控制的价值认知。控制政策及程序是指嵌入企业运营中的具体的内部控制。控制政策及程序的设计目的在于尽可能确保业务行为是有序且有效的。控制政策及程序必须能够根据企业面临的内外部风险而改变,并且应以企业面临的主要风险为重点,并对这些风险作出反应。

内部控制的思想和框架总体上就是对企业内外部资源进行管理的体系,然而基于不同的角度和层次,各种主体对内部控制的定义有着不同的认识和分析。

1. COSO 委员会对内部控制的定义

1992 年 9 月,COSO 委员会提出的《内部控制——整合框架》对内部控制的定义是,公司的董事会、管理层及其他人士为实现以下目标提供合理保证而实施的程序:运营的效率和效果,财务报告的可靠性和遵守适用的法律法规。之后章节将对内部控制框架的内容做更详尽的分析。

COSO 委员会指出,从风险管理的角度来看,内部控制是必要的。但是,在实施内部控制时,有几点需要注意。首先,即使实施了优良的内部控制系统,也不一定能使一个蹩脚的管理者变得出色。其次,由于所有的内部控制系统仍然面临发生错误或出现差错的风险,因而内部控制系统只能为企业目标的实现提供合理保证。即使一个企业实施了内部控制,也可能由于故意串通破坏、管理层逾越监控而失效。最后,大型或小型企业在建立内部控制系统时,均可能存在资金受限的问题。

2. 美国公众公司会计监督委员会对内部控制的定义

美国公众公司会计监督委员会(PCAOB)发布的"审计准则第 2 号"规定,注册会计师对企业财务报告进行审计,必须关注财务报告内部控制,同时管理层应该对企业内部控制作出评估。所谓财务报告内部控制,是指在企业主要的高级管理人员、主要财务负责人或行使类似职能的人员的监督下设计的一套流程,并由公司的董事会、管理层和其他人批准生效。该流程可以为财务报告的可靠性及根据公认会计原则编制的对外财务报表提供合理保证,它包括如下政策和程序:①保管以合理的详尽程度、准确和公允地反映企业的交易和资产处置的有关记录;②为按照公认会计原则编制财务报表记录交易,以及企业的收入和支出是按照管理规范要求与公司董事会的授权执行,提供合理的保证;③为预防或及时发现对财务报表有重大影响的未经授权的企业资产的购置、使用或处理,提供合理保证。

1-1 COSO 委员会

3. 特恩布尔委员会对内部控制的定义

1992 年,英国《综合守则》(Combined Code)颁布之后,设立了特恩布尔委员会(Turnbull committee)。该委员会的职能是为上市公司执行《综合守则》规定的内部控制原则提供指南。特恩布尔报告的总体要求是,董事会应实行一套完善的内部控制系统,并定期对该系统实行复核。

特恩布尔报告还谈到了建立一个完善的内部控制系统的必要性。内部控制的主要组成部分包括为企业的有效运营提供辅助条件,使企业有能力对阻碍目标实现的重大风险作出反应。风险可能来自业务经营、合规、运营或财务方面。此外,内部控制还能确保对内和对外报告的质量,确保法规及内部有关业务开展的政策得以遵守。

特恩布尔报告还包括对内部控制系统的检查的有关说明。该报告指出,对内部控制系统的检查是管理层的常规责任。不过检查可委派给审计委员会,董事会必须提供有关内部控制系统的信息,并进行复核。复核频率应为至少每年一次。

为了通过维持完善的内部控制系统确保企业面临的风险降至最低,特恩布尔委员会还建议应持续对内部控制情况进行检查,并建议作出财务合规和运营控制的报告。此外,管理层应向董事会保证内部控制已得到检查,确认这些控制提供了"对重大风险及内部控制系统,对于管理这些风险的有效性"的平衡性评价。而且,由于董事会应对内部控制系统负责,因此董事会可能需要对该系统进行复核。

案例讨论 1-1

一年轻人不小心将酒店的地毯烧了三个小洞,退房时服务员说根据酒店规定,每个洞要赔偿 100 元。年轻人问道:"确定是一个洞赔 100 元吗?"服务员回答:"是。"于是年轻人点燃烟头将三个小洞烧成一个大洞。这一小故事给我们的启示是:①考核标准在哪里,人们的行动就在哪里;②不要光站在自己的角度订立标准;③漏洞有时是致命的。

4. 中国《企业内部控制基本规范》对内部控制的定义

财政部、证监会、审计署、银监会和保监会于 2008 年 5 月联合发布的《企业内部控制基本规范》指出,内部控制是由企业董事会、经理层和全体员工实施的,旨在实现控制目标的过程。内部控制的目标是合理保证企业经营管理合法合规,资产安全,财务报告及相关信息真实完整,提高经营效率和效果,促进企业实现发展战略。

1.1.2 企业内部控制的分类

1. 根据组织架构分类

根据企业组织架构,内部控制分为治理控制、管理控制和作业控制。

治理控制是内部控制的第一层次,也是最高层次,是指企业通过对所有权的适当配置,建立合适的委托代理关系,保证企业投资者和其他利益相关者的利益能够得到有效维护。治理控制主要是战略和风险控制,侧重于战略目标的制定,是决定组织目标和达到这些目标的过程,是形成企业战略的过程,主要是董事会和高层领导人员的职责。风险控制是创造企业价值的源泉,在这一过程中,企业需要进行事项识别和风险评估,并采取相应的风险应对策略。

管理控制是内部控制的第二层次,主要是企业经营层的职责,是管理者影响组织其他成员以落实组织战略的过程。当企业制定了战略目标后,由于企业具有经营多元化和组织层级制的特点,需要将战略目标逐步细化和层层分解,将其落实到企业内部的各个组织单元,还需要检查各部门和员工为达到目标所进行的各项生产经营活动的进展情况,评价监控所取得的效果,分析产生偏差的原因并采取措施纠正,使业务活动回到正确的轨道上来。所以,管理控制是企业管理的直接控制,直接影响到企业利润目标的实现,从而影响企业价值。

作业控制是内部控制的第三层次,主要是企业各种具体岗位的职责,侧重于某项具体业务或者某项具体任务的完成,是基层的控制。许多具体的业务活动,如货币资金、存货、固定资产等,就属于作业控制的层级。对这种日常业务的有效控制会减少不必要的损失,使企业价值得到提升。

2. 根据控制对象分类

根据控制对象,内部控制分为人事控制、财务控制、会计控制、生产控制、材料采购控制、营销控制和质量控制等。

人事控制是指通过对人员的录用、调动、考评、晋升、培训、解聘、辞退等形式来保证企业目标的实现和利益的维护。

财务控制是指对企业的财务资源及其利用状态进行的控制。其内容包括资本结构控制、债权债务控制、财务风险控制、存货控制、现金流控制、成本费用控制和利润控制,其目的是保证企业经营的安全性、效率性和盈利性。其手段包括编制和执行财务预算。

会计控制是指对企业会计信息系统的控制,其目的是保证企业会计信息的真实完整。我国现行《会计法》对企业会计系统的责任人及其责任、会计人员从业资格、会计流程、会计内容、会计信息质量标准等均作了明确规定,它是企业实施内部会计控制的法律依据。

生产控制是指对企业产品制造过程的控制。其目的是保证企业生产部门按时按质按量地加工出合格产品,并保证生产的均衡性和配套性。其内容有生产工艺和流程安排、投产批量决策、人员、设备、物资调度等。

材料采购控制是指对企业供应环节员工行为和物流的控制。其目的是保证生产原料的质量、数量和时效,降低采购成本。

营销控制是指对企业销售环节员工行为和物流的控制。其目的是保证提供客户所需的公司产品,扩大市场份额,获取营业利润。其内容包括客户资源控制、销售渠道控制。

质量控制亦称全面质量控制,是从企业产品的研制开发设计环节开始,通过对产品设计、工艺设计、设备安排、人员培训、原材料供应、制造加工和售后服务全过程的质量预防与检验,来保证企业产品服务的质量。

3. 根据控制依据分类

根据控制依据,内部控制分为制度控制和预算控制。

制度控制是指通过制定企业内部控制制度和有关规章,并以此为依据约束企业和各责任中心财务收支的一种控制形式。内部控制制度包括组织机构设计和企业内部采取的所有相互协调的方法和措施,这些方法和措施用于保护企业的财产,检查企业会计信息的准确性和可靠性,提高经营效率,促使有关人员遵循既定的管理方针。围绕财务预算的执行,也应建立相应的保障措施或制度,如人事制度、奖罚制度等。

预算控制是指以全面预算为依据,对预算主体的财务收支活动进行监管、协调的一种控制形式。预算表明了其执行主体的责任和奋斗目标,规定了预算执行主体的行为。预算控制手段可分为定额控制、定率控制等。

与预算控制相比,制度控制更具有规范性、自律性和防护性的特征,带有更多的强制性;而预算控制则主要具有目标性、约束性和激励性的特征,可以涉及企业管理的方方面面,更具有综合性。制度控制和预算控制各有所长,相得益彰。

4. 根据控制进程和时序分类

根据控制进程和时序,内部控制分为事前控制、事中控制和事后控制。

事前控制也称原因控制,是指企业为防止财务资源在质量上发生偏差,而在行为发生之前所实施的控制,如财务收支活动发生之前的内部牵制制度、授权审批制度和费用报销制度。事前控制内容主要包括成本企划、标准制定、预算编制和规章制度的制定与颁布等。

事中控制也称过程控制,是指对企业财务收支活动发生过程所进行的控制,如监督财务预算的执行过程,对各项收入的去向和支出的用途进行监督,对产品生产过程中发生的成本进行限额约束。事中控制的主要内容有偏差揭示、差异分析和采取措施等。

事后控制也称结果控制，是指对企业财务收支活动的结果所进行的考核及相应的惩罚。事后控制侧重于分析原因、考核评价和落实奖惩，为管理当局提供制订未来计划标准的依据。例如，按财务预算的要求对各责任中心的财务收支结果进行评价并据此实施奖罚，在产品成本形成之后进行综合分析与考核，以确定各责任中心的成本责任等。

理想的内部控制应更注重事前和事中控制，在采取行动之前或当时，就能起到引导指正和防错纠偏的作用。因此，内部控制的作用大小与企业的预算，目标制度的制定和落实，事先的设想，规划和控制点的分布和安排有着密切的关系。

5. 根据控制范围分类

根据控制范围，内部控制分为战略控制和经营控制。

战略控制是对企业经营范围、经营模式、组织架构、激励制度、重要人事调动和长期投资所进行的具有全局性、长期性特点的控制。

经营控制是对企业日常经营行为所进行的控制，其特点是局部性、短期性，如广告宣传、销售渠道建设、品种和价格调整、物流调度和人员调度等。

1.2 | 国外内部控制的演进历程

内部控制是在长期的经营实践过程中，由企业管理人员（尤其是审计人员）在经营管理实践中创造并不断总结、逐步完善的自我监督和自行调整体系，其中凝聚了世界上古往今来的管理思想和实践经验。内部控制的发展经历了漫长的历史过程，但现代意义上的内部控制却是伴随着近代产业革命的发展而产生的。在其产生和发展的过程中，经历了内部牵制、内部控制制度、内部控制结构、内部控制整体框架和基于企业风险管理整合框架的内部控制这5个不同的阶段。

1.2.1 内部牵制阶段

从原始组织诞生至20世纪40年代，内部控制的发展基本上停留在内部牵制（internal check）阶段。这是内部控制的萌芽阶段。内部牵制是以"查错防弊"为目的，以职务分离和账目核对为手段，以钱物和账目等会计事项为主要控制对象的初级控制措施。其特点是以账户核对和职务分工为主要内容，从而进行交叉检查或交叉控制。在古罗马，会计账簿实施的"双人记账制"就是内部牵制的典型。一项经济业务发生之后，由两名记账人员同时在各自的账簿上加以登记，然后定期核对双方账簿记录，以检查有无记账差错或舞弊行为，进而达到控制财务收支的目的。根据《柯勒会计辞典》的解释，内部牵制是指为提供有效的组织和经营，并防止错误和其他非法业务而制定的业务流程，其主要特点是任何个人或部门不能以单独控制任何一次或一部分业务权利的方式进行组织上的责任分工，每项业务通过正常发挥其他个人或部门的功能进行交叉检查或交叉控制。

趣味阅读 1-1

有学者认为，内部牵制理论是以螃蟹理论为基础的。螃蟹理论讲的是在篓子里的螃蟹比较少的情况下，螃蟹很容易爬出来逃掉，但随着螃蟹的增加，在达到一定数量之后，当其中一只快要爬出来时，总会被其他螃蟹拉下去,随着螃蟹数量进一步增多,所有螃蟹相互制约,动弹不得。螃蟹理论从侧面说明,内部控制过弱,将起不到有效的控制作用;内部控制过强,又会使企业丧失生机活力。内部控制在某种程度上是一种控制学上的"度"的把握。

螃蟹理论还有一种说法是篓子装的螃蟹多了就不用盖盖子了。原因是螃蟹多了,螃蟹们就会互相踩踏,扒来扒去,而螃蟹们为了自我保护,个个把外壳弄得坚硬圆滑,浑身不受力,因此存在"三只螃蟹,篓子就不用加盖"的说法。管理学中用这一现象来形容集体中的个体自私组织现象,即混乱的螃蟹组织。这类组织中的个体往往都能力比较强,但管理方式不得当,管理手段较弱,集体意识淡薄,利益趋向个体化、私有化,因而形成一种人人争利、互相踩踏、互相掣肘的现象。

内部牵制机制的提出主要基于以下两个设想:其一,因为有了相互制衡,在经办一项交易或事项时,两个或两个以上人员或部门无意识地犯同样错误的概率要远小于个人或单个部门犯错误的概率;其二,两个或两个以上人员或部门有意识地合伙舞弊的可能性要远低于一个人或单个部门舞弊的可能性。由此可见,内部牵制是以不相容职务分离为主要内容的流程设计,是内部控制的最初形式和基本形态。

趣味阅读 1-2

"囚徒困境"讲的是两个嫌疑犯被抓后进行隔离审查时,嫌疑犯各自为了自己的利益最大化而最终选择了承认作案这一不利选择,这一理论有效地解释了内部牵制理论的作用机理。"囚徒困境"所反映出的深刻问题是,人类过度追求个人利益最大化时,往往会适得其反。个人理性有时能导致集体的非理性——聪明的人类会因自己的聪明而作茧自缚。

一般而言,内部牵制制度的执行可通过以下 4 种方式进行。无论是哪一种方式的牵制,其立足点均在于增设核对点和平衡点,以加强上下、左右的制约。

1. 实物牵制

实物牵制即由两个及以上人员共同掌管必要的实物工具,共同完成一定程序的牵制。例如,将保险柜的钥匙交由两个或两个以上的工作人员保管,不同时使用这两把或两把以上的钥匙,保险柜就无法打开,以防止一个人作弊。

2. 机械牵制

机械牵制即只有按照正确的程序操作机械,才能完成一定过程的操作。它采用的是程序牵制,即将单位各项业务的处理过程,用文字说明方式或流程图的方式表示出来,以形成制度,颁发执行。它属于典型的事前控制法,即要按牵制的原则进行程序设置,而且要求所有的业务活动都要建立切实可行的办理程序。程序控制的关键是实行以内部牵制为核心的不相容职务分离。

3. 体制牵制

体制牵制即为防止错误和舞弊,对于每一项经济业务的处理,都要求有两人或两人以上共同分工负责,以相互牵制、相互制约。这主要通过组织分工来实现。它不仅要求划分职责,明确各部门或个人的职责和应有的权限,同时还要规定相互配合与制约的方法。因为恰当的组织分工是内部牵制最重要、最有效的方法。

4. 簿记牵制

簿记牵制又称会计系统牵制,是指通过簿记内在的控制职能而实现的牵制。复式簿记体系对于所有的业务和事项,都要以原始凭证为基础,进行序时和分类的记录,这就在账证、账账、账表、账实之间形成了严密的勾稽核对关系,因而可以用它们来实施对业务事项、财产物资等的有效控制。

1.2.2 内部控制制度阶段

趣味阅读 1-3

上市公司年报对外报出之前没有被查出会计作假到底是因为公司故意隐匿重大会计信息,还是因为注册会计师只拿钱不做事?如果是因为公司故意隐匿重大会计信息,那么责任在公司自己;如果公司没有隐匿会计信息,但注册会计师没有尽职尽责,那么责任在注册会计师。现实中大多数情况很难界定责任到底由谁承担,内部控制制度在很大程度上就是为了界定这一责任的需要而提出的。

20 世纪 40 年代末至 70 年代初,在内部牵制思想的基础上,产生了内部控制制度的概念,这是现代意义上内部控制产生的阶段。工业革命极大地推动了生产关系的重大变革,股份制公司逐渐成为西方各国主要的企业组织形式。为了适应当时社会经济关系的要求,保护投资者和债权人的经济利益,西方各国纷纷以法律的形式要求强化对企业财务会计资料以及这种经济活动的内部管理。

美国于 1934 年出台的《证券交易法》中首次提出了"内部会计控制"(internal accounting control)的概念,推行一般与特殊授权、交易记录、账面记录与实物资产对比等差异补救措施。

1949 年,美国注册会计师协会(AICPA)所属的审计程序委员会(CAP)在《内部控制:一种协调制度要素及其对管理当局和独立注册会计师的重要性》的报告中,首次正式提出了内部控制的定义:内部控制包括组织机构的设计和企业内部采取的所有互相协调的方法和措施。这些方法和措施都用于保护企业的财产,检查会计信息的准确性,提高经营效率,推动企业坚持执行既定的管理方针。该定义提出了制定与完善内部控制的组织、计划、方法与措施等规章制度实现内部控制,突破了与财务会计部门直接有关的控制的局限,明确了内部控制的 4 个目标,即企业在商业活动中保护资产、检查财务数据的准确性和可靠性、提高工作效率及促进遵守既定管理规章。该定义的积极意义在于有助于管理当局加强其管理工作,但局限性是涉及的范围过于宽广。

1958 年,该委员会发布的第 29 号审计程序公报《独立审计人员评价内部控制的范围》中,根据审计责任的要求,将内部控制分为两个方面进行,即内部会计控制(internal accounting control)和内部管理控制(internal administrative control)。前者主要涉及内部控制的前两个目标,后者主要涉及内部控制的后两个目标。这就是内部控制"制度二分法"的由来。由于管理控制的概念比较空泛和模糊,在实际业务中内部管理控制与内部会计控制的界限难以明确划清。为了明确两者之间的关系,1972 年,美国注册会计师协会在《审计准则公告第 1 号》中,重新阐述了内部管理控制和内部会计控制的定义:"内部管理控制包括,但不仅仅只限于组织机构的计划,以及与管理部门授权核准经济业务决策步骤上的有关程序和记录。这种对事项核准的授权活动是管理部门的职责,它直接与管理部门执行该组织的经营目标有关,是对经济业务进行会计控制的起点。"同时,该准则公告明确了内部会计控制的重要内容包括与保护资产、保证财务记录可信性相关的机构计划、程序和记录。经过一系列的修改和重新定义,内部控制的含义较以前更为明晰和规范,涵盖范围日趋广泛,并引入了内部审计的理念,得到了世界范围内的认可和引用,内部控制制度由此而生。

1.2.3　内部控制结构阶段

趣味阅读1-4

　　由《华盛顿邮报》两名记者鲍伯·伍德沃德和卡尔·伯恩斯坦的坚持不懈所引发的震惊世界的"水门事件"最终导致尼克松于1974年8月辞去美国总统职务,尼克松也成为美国历史上第一位辞职的总统。然而"水门事件"带给全世界的影响并没有因尼克松的辞职而止步。美国在进一步调查支持尼克松竞选总统的"大财团"企业的财务报告时,发现这些"大财团"企业几乎清一色地是将这些拿不上台面的竞选费用,通过复杂的会计处理转移到海外的子公司去了。为了解决这一问题,1977年美国颁布了更为严格的《反海外贿赂法》和1979年的《反国家贿赂法》,这些事件不仅促进了内部控制理论的发展,也对今天的世界经济及政治产生了深远的影响。

　　内部控制结构理论形成于20世纪80年代至90年代初期,这一阶段西方会计和审计界对内部控制的研究重点逐步从一般含义向具体内容深化。在这一时期,系统管理理论被应用于新的管理理念,它认为:世界上任何事物都是由要素构成的系统,由于要素之间存在着复杂的非线性关系,系统必然具有要素所不具有的新特性,因此,应立足于整体来认识要素之间的关系。系统管理理论将企业组织当作一个由子系统组成的有机系统进行管理,注重各子系统间的协调及与环境的互动关系。在现代公司制和系统管理理论的理念下,前期的内部控制制度已经不能满足需要。1988年,美国注册会计师协会发布《审计准则公告第55号》,该公告首次以"内部控制结构"(internal control structure)一词取代原有的"内部控制"一词,并指出"企业的内部控制结构包括为提供取得企业特定目标的合理保证而建立的各种政策和程序"。该公告认为,内部控制结构由"控制环境、会计系统、控制程序"三个要素组成,将内部控制看作是由这三个要素组成的有机整体,提高了对内部控制环境的重视。

1. 控制环境

　　控制环境(control environment)反映董事会、管理者、业主和其他人员对控制的态度和行为,具体包括:管理哲学和经营作风、组织结构、董事会及审计委员会的职能、人事政策和程序、确定职权和责任的方法、管理者监控和检查工作时所用的控制方法,涉及的业务包括经营计划、预算、预测、利润计划、责任会计和内部审计等。

2. 会计系统

　　会计系统(accounting system)规定了各项经济业务的确认、归集、分类、分析、登记和编报方法。一个有效的会计制度包括以下内容:鉴定和登记一切合法的经济业务;对各项经济业务适当进行分类,作为编制报表的依据;计量经济业务的价值以使其货币价值能在财务报表中记录;确定经济业务发生的时间,以确保它被记录在适当的会计期间;在财务报表中恰当地表述经济业务及有关的揭示内容。

3. 控制程序

　　控制程序(control procedures)是指管理当局制定的政策和程序,以保证达到一定的目的。它包括经济业务和活动批准权,明确各员工的职责分工,充分的凭证、账单设置和记录,资产和记录的接触控制,业务的独立审核等。内部结构控制以系统管理理论为主要控制思想,将内部环境视为内部控制的重要组成部分,将控制环境、会计制度、控制程序三个要素纳入内部控制范畴;不再区分会计控制与管理控制,而统一以要素表述内部控制,认为两者是不可分割、相互联系的。

1.2.4 内部控制整体框架阶段

进入 20 世纪 90 年代后,对内部控制的研究进入一个新的阶段。随着企业公司治理机构的完善、电子化信息技术的发展,为了适应新的经济和组织形式,运用新的管理思想,"内部控制结构"发展为"内部控制整体框架"。1992 年,美国著名的内部控制研究机构"发起组织委员会(COSO)"发布了具有里程碑意义的专题报告——《内部控制——整体框架》(Internal Control-Integrated Framework),也称为 COSO 报告,制定了内部控制制度的统一框架。该报告于 1994 年进行了增补,得到了国际社会和各种职业团体的广泛认可,具有广泛的适用性。COSO 报告是内部控制理论研究的历史性突破,它首次提出内部控制体系概念将内部控制由原来的平面结构发展为立体框架模式,代表着当时国际上内部控制研究方面的最高水平。

COSO 报告将内部控制定义为:由企业的管理人员设计的,为实现营业的效果和效率、财务报告的可靠及合法合规目标提供合理保证,通过董事会、管理人员和其他职员实施的一种过程。通过定义可以看出,COSO 报告认为内部控制是一个过程,会受到企业不同人员的影响;同时,内部控制也是一个为实现该组织经营目标提供合理保障所设计并实施的程序。COSO 报告提出了内部控制的三大目标和五大要素。

三大目标是经营目标、信息目标和合规目标。其中,经营目标是指内部控制要确保企业经营的效率和效果;信息目标是指内部控制要保证企业财务报告的可靠性;合规目标是指内部控制要遵守相应的法律法规和企业的规章制度。

COSO 报告认为,内部控制由五个相互联系的要素组成并构成了一个系统,这五个组成要素是:控制环境、风险评估、控制活动、信息与沟通、监控。

1. 控制环境

控制环境(control environment)是指职员履行其控制责任、开展业务活动所处的氛围,包括员工的诚实性和道德观、员工的胜任能力、董事会或审计委员会、管理哲学和经营方式、组织结构、授予权利和责任的方式、人力资源政策和实施。

2. 风险评估

风险评估(risk assessment)是指管理层识别并采取相应行动来管理对经营、财务报告、符合性目标有影响的内部或外部风险的程序,包括风险识别和风险分析。风险识别包括对外部因素(如技术开发、竞争、经济变化)和内部因素(如员工素质、公司活动性质、信息系统处理的特点)进行检查。风险分析涉及估计风险的重大程度、评估风险发生的可能性、考虑如何管理风险等。

3. 控制活动

控制活动(control activities)是指企业制定并予以执行的政策和程序,企业运用控制活动对所确认的风险采取必要措施,以保证单位目标得以实现。实践中,控制活动形式多样,通常有业绩评价、信息处理、实物控制、职责分离几个类别。

4. 信息与沟通

信息与沟通(information and communication)是指为了使职员能执行其职责,为员工提供在执行、管理和控制作业过程中所需的信息以及信息的交换和传递,企业必须识别、捕捉、交流外部和内部的信息。外部信息包括市场份额、法规要求和客户投诉等信息。内部信息包括会计制度,即由管理当局建立的记录和报告经济业务和事项,维护资产、负债和业主权益的方法和记录。沟通可以使员工了解其职责,保持对财务报告的控制。沟通的方式有政策手册、财务报告手册、备查簿,以及口头交流或管理示例等。

5. 监控

监控(monitoring)是指评估内部控制运作质量的过程,即对内部控制改革、运行及改进活动进行评价。监控包括内部审计和外部审计、外部交流等。

在这五大要素中,各个要素有不同的功能,内部控制并非五个要素的简单相加,而是由这些相互联系、相互制约、相辅相成的要素,按照一定的结构组成完整的、能对变化的环境作出反应的系统。控制环境是其他控制要素实施的基础;控制活动必须建立在对企业可能面临的风险有细致的了解和评估的基础之上;而风险评估和控制活动必须借助企业内部信息的有效沟通;最后,有效的监控是保障内部控制实施质量的手段。三大目标与五大要素为内部控制系统理论的形成和发展奠定了基础,其指导思想充分体现了现代企业的管理思想,即安全是系统管理的结果,COSO 报告强调内部控制是由五大要素组成的整合框架和体系,为内部控制体系框架的建立、运行和维护奠定了基础。

此阶段内部控制有如下特点:

(1) 强调人与环境的关系,并提出了人在控制中的重要性。

(2) 强调内部控制应该与企业的经营管理过程相结合,糅合了管理与控制的界限,认为控制是一个动态过程。

(3) 强调内部控制的目标及为实现目标而发生的成本与效益的关系。

(4) 强调风险意识。

(5) 强调信息沟通在内部控制中的作用,强调监督仍然是控制的组成部分。

1.2.5 基于企业风险管理整合框架的内部控制

特别提示 1-1

查一查"安然事件"是怎么回事?看一看"9·11"事件讲的是什么?想一想"安然事件"和"9·11"事件哪个对美国的经济影响更大?它们对内控理论发展的贡献在哪里?为什么美国国会会在 2002 年把民间五大协会的权利进行回收并制定《萨班斯—奥克斯利法案》(Sarbanes-Oxley Act)?

内部控制的发展经过了内部牵制、内部控制制度、内部控制结构与内部控制整体框架等几个不同的阶段。COSO 报告受到理论界与实务界的广泛关注,被世界上许多企业采纳。同时,理论界与实务界对内部控制框架也提出了改进建议,强调内部控制框架与企业风险管理相结合。应企业风险管理的迫切需要,结合《萨班斯—奥克斯利法案》(Sarbanes-Oxley Act,简称 SOX 法案),2004 年 9 月 29 日,COSO 委员会正式颁布了《企业风险管理——整合框架》(Enterprise Risk Management - Integrated Framework,简称 ERM 框架)。

COSO 报告对基于风险管理的内部控制进行了明确的定义。它认为企业风险管理是一个过程,它由一个主体的董事会、管理当局和其他人员实施,应用于战略制定并贯穿于企业之中,旨在识别可能会影响主体的潜在事项,管理风险以使其在该主体的风险容量之内,并为主体目标的实现提供保证。

知识拓展 1-1

内部控制与风险管理是一个事情的两个方面,正因为有风险才需要控制。

为了引导企业进一步加强内部控制,我国 1999 年修订的《会计法》第一次以法律的形式对建立健全内部控制提出了具体原则和要求。但从现实情况看,许多企业管理松弛、内控弱化、风险频发,资产流失、营私舞弊、损失浪费等问题还比较突出。随着市场经济的发展和企业环境的变化,单纯依赖会计控制已难以应对企业面对的市场风险,会计控制必须向风险控制发展。

以史为鉴——英国议会曾否决将电力、煤气引入伦敦的千家万户。否决引入电力的理由是:"当把电通到千家万户之后,每一户人家至少都得有一个电插头,那个电插头的杀伤力绝对不可低估,简直就是现代化的杀伤性武器。如果在全伦敦、全英国普及用电,就等于是给每一个英国人,包括所有的老人、小孩、坏人、精神病患者等,都发了一把使他们每个人都具备了把别人或者自己随便杀死的武器。这实在是太可怕了!"

否决引入煤气的理由是:"如果千家万户都用煤气肯定需要储存煤气的巨大煤气罐。把那么多个大煤气罐摆放在伦敦,那就等于放了数个巨大的'包'。任何一个国家总有一些坏人,如果这些坏人自己不想活了,一旦把这些巨大的'包'点着,两千多年的文明古城岂不是毁于一旦了吗?难道有谁能承担得了这个责任吗?"

教训:内部控制的宗旨是兴利除弊,兴利是要做"天使",除弊则是要驱除"魔鬼",但切忌"好心办坏事"。英国曾否决将电力、煤气引入伦敦的千家万户,就是真理走向谬误、控制变成桎梏的反面例子。

与内部控制整体框架相比,基于企业风险管理整合框架的内部控制存在如下创新及特点。

1. 提出了一个新的观念——风险组合观

基于风险管理的内部控制要求企业管理者以风险组合的角度看待风险,对相关的风险进行识别并采取措施使企业所承担的风险在风险偏好的范围内。对企业内每个单位而言,其风险可能落在该单位的风险容忍度范围内,但从企业总体来看,总风险可能会超过企业总体的风险偏好范围。因此,应从企业总体的风险组合的角度来看待风险。

2. 增加了一类目标——战略目标,并扩大了报告目标的范畴

基于风险管理的内部控制将企业的目标分为经营、财务报告和合规性三类目标。基于风险管理的内部控制也包含三个类似的目标,但是其中只有两个目标与内部控制架构中的定义相同,财务报告目标的界定则有所区别。内部控制架构中的财务报告目标只与公开披露的财务报表的可靠性相关,而基于风险管理的内部控制中报告目标的范围有很大的扩展,该目标覆盖了企业编制的所有报告,既包括内部报告,也包括外部报告;既包括企业内部管理者使用的报告,也包括向外部提供的报告;既包括法定报告,也包括向其他利益相关者提供的非法定报告;既包括财务信息,也包括非财务信息。此外,基于风险管理的内部控制比内部控制架构增加了一类新的目标——战略目标,该目标的层次比其他三个目标更高。企业的风险管理在应用于实现企业其他三类目标的过程中,也应用于企业的战略制定阶段。

3. 提出了两个新概念——"风险偏好"和"风险容忍度"

从广义上看,风险偏好是指企业在实现其目标的过程中愿意接受的风险的数量。企业的风险偏好与企业的战略直接相关,企业在制定战略时,应考虑将该战略的既定收益与企业的风险偏好结合起来。风险容忍度的概念是建立在风险偏好概念基础上的,是指在企业目标实现的过程中对差异的可接受程度,是企业在风险偏好的基础上设定的对相关目标实现过程中所出现的差异的可容忍限度。在确定各目标的风险容忍度时,企业应考虑相关目标的重要性,并将其与企业风险偏好联系起来。

4. 增加了三个风险管理要素,对其他要素的分析更加深入,范围上也有所扩大

基于风险管理的内部控制新增了三个风险管理要素:"目标制定""事项识别"和"风险反应"。此外,基于风险管理的内部控制更加深入地阐述了其他要素的内涵,并扩大了相关要素的范围。在控制环境要素中,基于风险管理的内部控制将"控制环境"扩展为"内部环境",更加直接、广泛地关注风险是如何影响企业的风险文化。在风险评估方面,基于风险管理的内部控制建议从固有风险和控制风险的角度来看待风险;还要求注意相互关联的风险,确定单一的事项如何为企业带来多重的风险。在信息与沟通方面,基于风险管理的内部控制扩大了企业信息和沟通的构成内容,认为企业的信息应包括来自过去、现在和未来潜在事项的数据。

总的来讲,基于风险管理的内部控制强调在整个企业范围内识别和管理风险的重要性。其强调风险管理框架必须和内部控制框架相一致,把内部控制目标和要素整合到企业全面风险管理过程中。因此,基于企业风险管理整合框架的内部控制是对内部控制整体框架的扩展和延伸,它涵盖了内部控制整体框架的内涵,同时也更完整、更有效。

📇 案例讨论 1-2

2008 年 12 月,西门子(SIEMENS AG)同意支付 404 485 亿美元,其三个子公司——委内瑞拉、阿根廷及孟加拉国子公司各愿支付 50 万美元,以换取美国司法部免予依据《反国外贿赂法案》(Foreign Corrupt Practice Act, FCPA)进行起诉。同时,西门子还同美国证券交易委员会(SEC)和德国监管当局达成和解,向前者上缴 3.5 亿美元因违规而赚取的利润,向后者支付 3.95 亿欧元(约合 5.45 亿美元)因自己未有效监管公司运营的罚金,处罚总金额达到 13.45 亿美元。这是美国《反国外贿赂法案》1977 年生效以来,单家公司支付的最高金额罚款。

西门子是世界上最大的电子和电气工程公司之一,以卓越的技术成就、不懈的创新追求、出众的品质、令人信赖的可靠性和广泛的国际性,在业界独树一帜,号称"企业家的摇篮"。公司迄今已有 270 多年的历史(1747 年创建于柏林),拥有大约 40.5 万名员工,业务遍及 190 多个国家,是世界上最大的上市公司之一。

创建于德国、具有质量和技术优势的一家百年老店和跨国公司,缘何会走上国外贿赂之路? 美国的《反国外贿赂法案》约束力从何而来? 巨额罚单对我国企业内部控制建设有何启示?

1. 美国《反国外贿赂法案》的适用性

1977 年,美国正式出台了《反国外贿赂法案》,该法的制定起源于美国 20 世纪 70 年代的"水门事件",其后 COSO 委员会发布的内部控制框架以及美国国会通过的 SOX 法案都可以找到 FCPA 的影子。该法旨在限制美国公司利用个人关系贿赂国外政府、官员的行为,并对在美国上市公司的财会制度作出了相关规定。

美国认为,商业贿赂违背诚实商业原则,腐蚀自由市场制度,损坏美国公司的海外形象,影响对财务真实的预期和资本市场的配置功能。美国颁布的 FCPA 意在防止跨国企业在外国行贿,从而使该法具有了某种程度上的域外效力。根据该法规定,在美国上市或有业务的外国公司,如果在商业活动中向外国官员行贿,其行为将被定性为犯罪。2001 年 3 月 12 日,西门子股票在美国纽约证券交易所(NYSE)挂牌交易,自然适用《反国外贿赂法案》。

美国司法部和 SEC 有权调查和处罚西门子在外国的商业行为,虽然具体执行可能需要双边司法协作,但至少可以禁止其在美国获得项目。考虑到美国司法部若要直接处罚西门子第一线负责销售的行贿人员操作上将非常困难;而西门子如果不接受和解就很难在美国继续开展业务,因此和解是双方能共同接受的结果。

2. 西门子的行贿路线图

从1998年9月开始,西门子股份公司和西门子阿根廷子公司使用各种方法,直接或间接地向阿根廷官员行贿,从而与其形成良好关系,拿到了总计约10亿美元的项目。而2001—2007年,西门子用于行贿阿根廷各部门要员的总金额约为3 126.3万美元。这些腐败案的特点是,费用均以"咨询费"和"法律费用"记在阿根廷公司的账簿上。而这些虚假的账目内容,又记录了西门子总部(即西门子股份公司)的账簿上。在此期间,西门子委内瑞拉子公司实际上也贿赂了委内瑞拉官员,行贿总额至少为187.83万美元。其方式是通过聘请这些官员担任所谓的"商业顾问",以换取两个大城市的轨道交通项目业务,行贿方法也是通过美国的银行账户向这些"商业顾问"支付款项。西门子孟加拉子公司对官员行贿至少53.19万美元,同样使用"商业顾问"之类的名义。

震惊海内外的西门子全球腐败案,也牵涉西门子中国公司包括地铁列车、信号设备、高压传输线路、医疗设备在内的多个业务领域。西门子交通、西门子中国输变电集团和西门子医疗集团,在中国皆有广泛而隐蔽的行贿行为。

美国哥伦比亚特区地方法院公布的SEC诉讼书显示,2002—2007年,西门子交通支付了约2 200万美元给设在中国香港的商业咨询公司和相关机构,并通过这些机构对中国官员行贿,以得到总额逾10亿美元的7个地铁列车和信号设备项目。

西门子先和这些咨询公司达成口头协议,表示在事成之后,将支付项目总价值一定百分比的金额给咨询公司;其在得到项目合同后,再与咨询公司签订书面协议。这些非法行径均由西门子交通中国区的市场销售总监安排,并得到更高一级主管的认可,这位市场销售总监后来被提升为西门子交通中国区的副总裁。

美国的法庭文件称,西门子明显没有遵守法律,且绕过了现有的内部控制规定。由于明知在内控审查中可能会暴露问题,从20世纪90年代中期开始,西门子一直在做一系列系统性的工作,以伪造公司的账簿和相关记录,并通过各种方式躲避监管。

(引文来源:原创力文档网.西门子海外贿赂案与反海外腐败法[EB/OL].(2017-05-26)[2017-5-26].https://max.book118.com/html/2017/0524/108879059.shtm。)

本章小结

本章主要学习内部控制的概念与发展历程,通过讲授要求学生掌握企业内部控制的含义,西方内部控制的发展历程,基于风险管理导向的内部控制特点;学生需结合实务分析内部控制的作用,为了解企业的风险管控奠定良好的基础。

重要概念

内部控制　内部牵制　控制环境　风险评估　控制活动　信息与沟通　监控

推荐阅读资料

[1] 刘永泽,池国华.内部控制[M].大连:东北财经大学出版社,2015.
[2] 注册会计师全国统一考试精编教材编委会.公司战略与风险管理[M].北京:企业管理出版社,2015.

1-2　课后
练习题

第 2 章　内部控制基本理论

内容提要

内部控制是企业风险管理不可分割的一部分。企业风险管理框架涵盖了内部控制,从而构建了一个更强有力的概念和管理工具。内部控制是在《内部控制——整体框架》中加以定义和描述的。从战略制定到企业的日常经营,在所有的活动中,管理当局的决策都会创造、保持或破坏价值。把资源,包括人、资本、技术和品牌,调配到能够产生比过去更多的利益的地方,就会发生价值创造。当创造的价值通过更高的产品质量、生产能力和顾客满意度及其他方式得以维持时,就会发生价值保持;当由于糟糕的战略或执行导致这些目标不能达成时,价值就会被破坏。决策中伴生着对风险和机会的认识,要求管理当局考虑有关内部和外部环境的信息,调配宝贵的资源,并针对变化的环境重新校准行动。

重点难点

本章重点为内部控制的假设与方法,要求学生掌握内部控制与公司治理的关系。本章难点为熟悉公司治理下的内部控制,掌握我国企业内部控制的目标、原则。

学习目标

企业内部控制是关系到企业发展壮大乃至生存的一个重要的方面。虽然实施企业内部控制不能保证企业成功,但是通过对企业失败案例进行分析后我们发现,如果没有内部控制,企业失败的概率会大很多。也就是说有了内部控制不是万能的,但是没有它是万万不能的。

本章学习的目标主要是围绕企业在发展过程中,特别是针对中国企业发展的特征和特点,从如何面对企业风险以及如何克服自身在发展过程中的弱点出发,对从人员配置到资源的有效衔接、业务流程的规范等各个环节进行梳理,找出它们的共性和规律,从而制定出基于风险管理的企业内部控制框架,并合理设计,帮助企业做大做强、安全发展。

知识框架

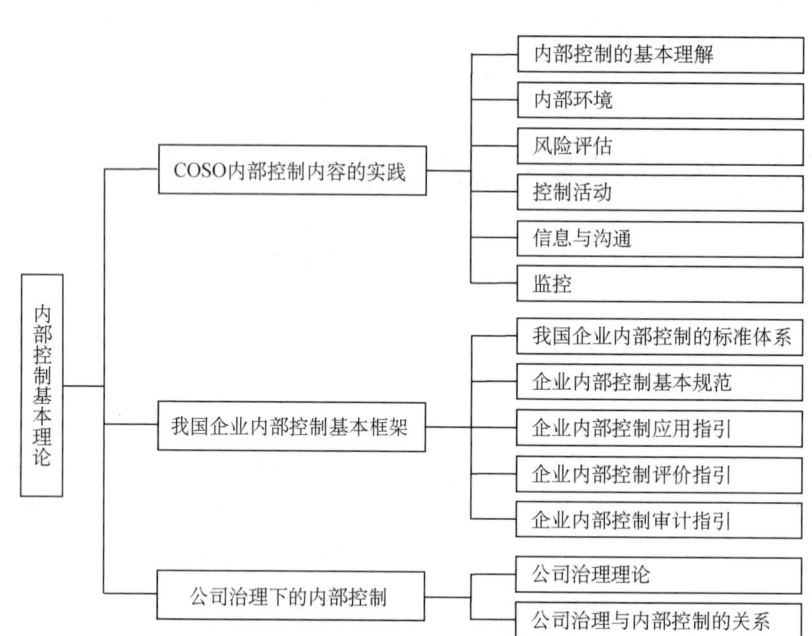

引入 《大败局》书评——败也萧何①

吴晓波的《大败局》一书讲述了改革开放后,国内那些一夜之间壮大起来的企业,面对各种挑战,纷纷摔倒在冲锋路上的血泪史。19家赫赫有名的企业的失败有些固然是咎由自取,但更多的是让人扼腕痛惜的。"健力宝""三株""三九"、史玉柱、牟其中,这些响彻中国乃至世界的名字,曾是成功和智慧的象征,但终也逃不过"三十年河东,三十年河西"的宿命。仰融无法控制华晨、唐万新无法控制德隆、顾雏军无法控制科龙、宋如华无法控制托普、李经纬和赵新先无法控制他们一手创办的"健力宝"和"三九"等,一切悲剧都潜伏着惊人一致的逻辑。

十年前,有人是败在了英雄主义上:诗人气质带来了无限的创业激情,而泛滥的热情却使得企业策略过分感性。十年后,有人败在了集权制度上:个人能力的强大使企业被治理得完美无瑕,但疏忽与不信任却导致没有人能够继任。十年前,有人败在了营销策略上:简单直接的理念一针见血,以朴素的商品瞬间席卷大江南北,可是缺乏深度的思考与过度的自信却让这种成功无以为继。十年后,有人败在了资本运作上:弹指间上亿资本入账,建立了一座座光芒万丈的帝国,不过由于没有实业的积淀,又是弹指间,这些帝国就成了让人咋舌的烂账。

"成也萧何,败也萧何"。我们在艳羡他们得天独厚的历史机遇时,却也越发认识到"来得快,去得也快"的朴素真理。没有持续发展的动力与合理的管理方式容易做不成大事情,修身做人尚且如此,何况治国平天下?

1981年,当有点口吃的杰克·韦尔奇被任命为GE新总裁后,他跑到洛杉矶附近的一个小城市去拜访当时最伟大的管理学家彼得·德鲁克,韦尔奇问的第一个问题就是:该怎么控制GE下面的上千家公司?

一切伟大的治理都是从学习内部控制开始。

2.1 | COSO 内部控制内容的实践

在COSO报告里面,内部控制是指由企业董事会(决策、治理机构)、管理层和全体员工

共同实施的,旨在合理保证企业战略实施,经营效率较高,财务报告及管理信息真实、可靠、完整,资产安全完整,企业经营遵循国家法律法规和有关监管要求的一系列控制活动。企业要构建内部控制体系,需要建立在对企业进行风险管理的基础之上。企业的发展过程就是一个风险释放的过程。因此,我们首先要对风险有一个明确的认识。

风险会给企业带来损失,这种损失是潜在的,但是在未来的时间内可能变成现实;同时,风险也可能带来收益。这就是要在企业管理和经营过程中进行风险管理的价值所在。面对风险,企业永远处于获得收益和形成潜在损失的博弈之间,在这个博弈的过程中,企业家需要运用智慧对内部、外部的资源进行有效配置和管理,从而实现企业的发展。

2.1.1 内部控制的基本理解

1. 内部控制的主体

内部控制的主体不是财务部或审计部这样的单个营运部门,而是企业部门的集合。主体是从上而下的,当内控遇到问题时,既是决策层、管理层的问题,又是执行层的问题,而不单是一个层面的问题;当然内控问题也不是单指一个员工操作层面的问题,而是内部整体共同层面的问题。所以,它的主体是由企业所有人员从各个层次上参与进来的。

2. 内部控制的目标和边界

内部控制的目标是比较大的系统战略,涉及企业整体发展方向和思路,而边界的划定就涉及各部门、各层次的协调活动。例如,企业要提高效率,使内部血液更新循环,一是需要开源,二是需要节流。开源是外延型,从扩大企业自身的市场道路,增强实力方面进行管理控制,如销售部门开拓市场、努力增加企业收入等;节流是内涵型,需要对内部现有的运行模式进行调整改进,使各部门工作更有效率,更节约企业成本。在这种情况下,各部门要进行多层次的相互协调,把不同的思想融合在一起。

3. 内部控制的风险性

内部控制基于风险管理,风险管理就是对风险要有所认识,同时做好两手准备:一是达到企业的目标并实现盈利,二是防范潜在的威胁转变成现实的威胁,给企业造成重大损失。财务人员尤其要对这两点有充分的认识。

在财务人员的观念里面,要么黑,要么白,要么亏,要么赢,没有既黑又白、又亏又赢两者兼有的状态。这就是财务人员黑白分明的法则,但是这个法则受到了极大挑战。

要不要做一项业务,要不要收购一个企业,在财务人员来看就一种答案,行或者不行,事实上单有这种想法是不够的。经营企业要站在整体的高度,从多个角度去思考问题,例如海信收购科龙,联想收购 IBM 业务,都不是单纯财务层面能解决的,更多的是涉及战略、市场和营销的问题。

所以,在面对风险和威胁的时候,利益得失之间要进行权衡,从而作出正确的判断。这个判断依靠两点:一是偏好,二是忍受程度。第一点偏好的意思是企业适合干什么,例如,有的企业愿意通过兼并收购拓展市场地盘,以最快的速度扩张;而有的企业担心兼并收购带来的烂摊子不好收拾,有可能对内部组织的效率产生不良的影响,更倾向于自我慢慢地良性发展。这就是两种不同思路对于风险的态度所呈现出来的不一样的局面。前面一种属于风险偏好,后面一种属于风险厌恶。第二点是容忍度的问题,企业可以去收购,前提是要对收购对象的资产总量、净资产和它的信用度等有充分的了解和掌握,收购之后会出现多大的危机,有哪些困难是企业无法承受的,这些都要弄清楚。如果进行了资产收购,本公司的资产负债率也不会超过70%,那么在可接受的范围之内就可以进行收购。如果收购之后,通过各种资金杠杆的运用,资产负债率达到80%到90%,企业认为这种情况是无法接受的,就要放弃收购行为。

所谓内部控制,就是要对风险进行科学的认识,既要对企业的偏好进行科学的认识,同时又要对企业的容忍度进行科学的衡量。所以,财务人员要在更高的层次上理解风险,以及财务对于公司经营的重要意义。

4. 内部控制是一个过程

内部控制是一个过程,意思是它不是一个点,也不是一个面,而是一条线,由多个点串连而成。就像一条珍珠项链,把珍珠串在一起这条珍珠项链的价值才会更高,而把经营业务整个过程串联起来的主线就是内部控制。

企业所面临的风险不是静止不动的,而是随着企业的发展和内外部环境的变化呈现动态变化的。因此,企业在做内部控制的时候需要明确的一点就是,从一个动态管理的过程对内部控制进行全局性把握,把控制的各个因素要点进行系统性链接,这样才能应对不断变化的风险。

如果把内部控制做个形象的描述,就像一座大厦,它的边界分成四个面,这就是内部控制的四大目标,第一个是战略目标,第二个是报告目标,第三个是营运目标,第四个是合法目标。这四大目标是内部控制设计的四个层面,也就是边界,它的实现从八个层次来展开,这就是内部控制的八大要素。

这八大要素分别是内部环境、目标制定、风险识别、风险评估、风险反应、控制活动、信息与沟通、监控。风险管理的内部控制框架就是由上述四大目标和八大要素共同组成。

2.1.2 内部环境

内部环境是其他内部控制因素的根基。内部环境因素包括人员的道德观和胜任能力、董事会提供的指示和管理的效率。内部环境应包括坚守诚信及高尚的道德观。就此而言,高级管理层必须把企业的价值观和行为守则向雇员明确传达。对违反行为守则的人员作出适当的处罚,是确保他们遵循行为守则并将其融入企业文化的重要一环。

激励及诱惑是破坏深厚道德文化的可能诱因。前者包括施加压力以实现不切实际的业绩目标(特别是短期业绩)及与业绩挂钩的丰厚报酬。后者包括无效的控制(如在敏感的领域职责划分不清)、薄弱的内部审计职能、未能察觉及报告不当行为,以及无法对高级管理者进行客观的监督的低效率董事会。

内部环境还包括其他方面。例如,管理层应说明每项工作所需的才能水平,并具体地指出满足工作必需的知识及技能。此外,董事会必须具备管理能力、专业技术及其他专长,还必须拥有履行策略和监督职能的才干及思维。董事会成员必须客观、积极地问询管理层的活动。董事会中的审计委员会成员亦应富有经验、符合资格、独立且积极。

此外,管理层应当确立报告关系及授权协定。其中主要的挑战在于下放权责,但要限于实现目标所需的程度。另一项重要挑战是,要确保所有人员明白企业的目标。内部环境在很大程度上取决于个人对其担负责任的了解程度。企业需要优化组织结构,以便为实现目标而制定的策略能得以有效执行。

以下所列是内部环境因素的范围。

1. 诚信和道德观

企业领导者必须创造一种既重视财富又重视声誉的价值观氛围。这样能够确保更好地留住员工,实现更高的销售收入和利润,创造更好的市值和更多的报酬。

诚信和道德观是企业内部环境的重要因素。如果企业已经制定了严格的商业行为守则,该守则强调诚信和道德观,并且所有的利益相关者都遵循了这一守则,那么,这意味着该组织已拥有一流的道德观。行为守则是公司治理的重要组成部分。但是,即便企业制定了一份严格的行为守则,如果雇员不是故意渎职,而仅仅因为不了解该守则,也会违反守则的原则。在多数情况下,雇员可能不知道他们正在做的事情是错误的,或者可能错误地认为他们的行动符合企业的最佳利益。这种错误常常是由于高级管理层缺乏道德指导造成的,而不是雇员带有欺骗的意图。企业的政策和价值观虽然常常嵌在行为守则中,但也必须向企业内的各级人员传达。任何企业内都可能存在害群之马,但是严格的政策和以身作则的适当行动,能够促使员工采取正确行动。在对特定领域进行独立复核时,审计师或管理者应始终确定恰当的信息或信号已在企业内传达。

所有的管理者及其他股东都应该对其所在企业的行为守则及其应用和传达方式有充分的了解。如果行为守则已经过时,那么它就不能解决企业面临的道德方面的重要问题。如果公司管理者未能反复向所有利益相关者传达行为守则,那么它可能成为企业内部控制的一个重大不足。

即使行为守则描述了企业道德行为的规则,而且管理层的资深成员可能已定期传达了恰当的道德信息,但其他的激励和诱惑也可能破坏整个内部控制环境。如果企业存在促使雇员采取某些行动的巨大激励或诱惑,则员工很可能受到诱惑,作出不诚实、不合法或不道德的举动。例如,一家企业可能设立了过高的不切实际的销售或生产指标,达成这些业绩目标后能获得丰厚报酬,或者更糟糕的是,不能实现目标就要面临巨大的威胁,因而雇员会进行可疑操作,或记录虚假的账目交易,以实现这些目标。促使利益相关者编制不当的会计记录或作出类似举动的诱惑包括:缺乏控制或控制无效(例如,在敏感的领域职责划分不清);权力高度分散导致最高管理层对企业内的低级别人员所采取的行动毫不知情,从而使其被发现的机会减少;薄弱的管理职能既没有能力也没有权力侦查和报告不当行为。对于不当行为的处罚如不严厉或未公开,则无法起到威慑作用。

2. 用人唯才的承诺

如果大量岗位被缺乏必要岗位技能的人员所占据,那么企业的内部环境很可能会被严重破坏。管理者会不时地遇到如下情形:被分配了某项具体工作的人员看起来不具备完成这项工作所需的适当技能、训练或智慧。由于每个人的技能和才干水平不同,企业应提供充足的监督和培训,以帮助雇员获得适当的技能。

企业应说明各种工作所需的才能水平,并将其具体化为必需的知识及技能。企业用人唯才的承诺可以通过为适当的人才分配适当的工作,并在必要时提供充分的培训的方式来实现。用人唯才的承诺是企业整体内部环境的重要因素。管理者常常发现,对于职位描述是否充分,为适当的人才安排适当的工作的程序是否运转正常,以及培训和监督是否充分进行评估是具有重要价值的。

作为内部环境的一个重要部分,对员工的才能作出客观中肯的评价是比较困难的。虽然许多人力资源部门通常都会制定详细的评级和评价机制，但是，员工常常都会被评为"高于平均水平"。就各级员工而言，管理层应切实地评估他们是否能胜任所分配的工作，以及是否能为实现整体组织目标付出努力。

3. 董事会和审计委员会

内部环境在很大程度上受董事会和审计委员会的行为影响。以往，董事会和审计委员会常常被高级管理层控制，只有有限的少数代表来自外部股东。这导致董事会不能完全独立于管理层。公司管理人员在董事会任职，实际上形成了自我管理的局面，而且，与管理者个人利益相比，他们常常对外部股东的关注较少。随着时间的推移和相关法律法规的出台，上述情况得以改善。现在的董事会承担着更为重要的公司治理的职责，审计委员会必须由独立的外部董事组成。

积极且独立的董事会也是企业内部环境的主要组成部分。董事会成员应向最高管理层提出适当的问题，并对企业的各个方面进行细致的审查。通过制定高水准的政策和审查整体业务的行为，董事会及其审计委员会对确定"企业领导层的基调"承担最终责任。

4. 管理哲学和经营风格

高级管理层对企业的内部环境有着不可忽视的影响。一些最高管理者频繁地冒险尝试新业务或新产品，使企业面临重大风险，而其他管理者却极为谨慎和保守地行事。一些管理者似乎是凭直觉做事，而其他管理者则坚持认为每件事都应得到批准并被恰当地记录下来。

管理哲学和经营风格需要考虑上述事项，这些均是企业内部环境的一部分。管理者及负责评估内部控制的其他人士应了解这些因素，并在整个企业施行有效的内部控制系统时考虑这些因素。事实上，没有哪一种风格和哲学是最好的。

企业要对管理层的胜任能力有要求，首要就是挑选那些诚信、独立于董事会的专业人士任职，他们必须通过董事会方面的培训和资格认证。

5. 组织结构

组织结构能够为规划、执行、控制和监察活动提供框架，以实现企业整体目标。有一些组织是高度集中的，而另外一些组织则按照产品或地区分散了权力。还有一些组织形式是矩阵式，不存在单一的直线报告。

企业的不同部分组合起来的方式有多种。企业控制是为了更庞大的控制程序的一部分。"组织"（organization）这一术语常常可与"使组织起来"（organizing）互换，对很多人来说，两者的意思是相同的。"组织"有时是指人与人之间的等级关系，其更广义的用法还可能包括管理层的所有问题。

"组织"可以被描述为：个人经过分派获得工作并将其与后续过程相结合，以实现整体目标的方式。在某种意义上，这种概念可用于一个个体组织其个人工作投入的方式，也适用于大量的人员以小组的形式投入工作的情况。对于大型现代企业来说，为组织控制制订完善的计划是内部控制系统中非常重要的部分。个人和小群体应了解其所在的小组的目标及企业的总体目标。倘若缺乏这样的了解，控制可能存在重大的缺陷。

无论是商业组织、政府、慈善组织或其他部门，每个组织都需要制订有效的组织计划。对任何职能或部门负责的管理者必须对组织结构有充分的了解。组织控制的缺陷常常会对整个控制环境产生普遍影响。尽管权力界限划分明确，但企业内在的效率低下问题会随着组织规模的扩大而变得更为严重。这种效率低下问题常常会造成控制程序失灵，因此，在评估组织控制环境时,管理层应关注这些问题。

复杂的或者不容易理解的组织结构可能带来严重问题。母公司将一个部门作为一个独立的企业分离出去的情况,在当今并不少见。这种新企业的雇员以前采用的是母公司的控制系统和程序,但是现在他们有责任为新企业设立组织结构控制。企业合并、联营和收购发生时,组织结构的权力界限对于利益相关者来说可能是不清楚的。当独立经营的业务运转起来,并且财务结构细节被确定后,内部控制结构却时常被忽视。

6. 权力和责任的分配

组织的结构对总体工作投入的分配与整合作出详细说明。权力的分配本质上是指按照工作描述确定责任,根据组织结构图形成责任。尽管工作评估无法完全避免责任的重叠或连带责任,但是这些责任的说明越准确越好。关于如何分配责任的决定,常常会在个人与小组工作投入之间造成混乱甚至冲突。

现在,无论什么类型或规模的企业都简化了业务,并将决策权下放,且越来越接近一线工作人员。一线人员应具有在其自身业务领域作出重大决策的能力和权力,而无需请求上级作出决策。这样,授权或雇佣造成的主要挑战是,尽管可以授予部分权力,以实现某些组织目标,但高级管理层仍需为这些下属所作的所有决策承担最终的责任。如果未经管理层复核,就将过多涉及更高级目标的决策交由不适当的较低级别人员负责,企业将处于危险之中。此外,企业内的每个人必须对该组织的整体目标,以及个人行为与实现目标之间的相互关联有充分的了解。COSO内部控制报告中关于架构的部分对控制环境这一重要问题作出了如下描述:个人了解自己将负有多大责任,能够对内部环境产生重要影响。这个结论适用于各级人员,包括对企业的所有活动(包括内部控制系统)承担最终责任的首席执行官。

7. 人力资源政策和实务

人力资源实务包括诸如招聘、入职培训、在职培训、评估、咨询、晋升、赔偿和采取适当的矫正措施。人力资源部门应针对这些方面制定并公布充分的政策。不过,值得注意的是,对人力资源政策的操作会向雇员传达有关其预期道德行为水准和能力的信息。一旦高级别雇员公开破坏人力资源政策,如无视工厂禁烟令,企业的其他人将会迅速获悉。如果低级别的雇员因为未经许可吸烟而受到处罚,但管理层对违反规定的高级雇员却睁一只眼闭一只眼,那么消息扩散的速度会更快。上述人力资源政策和实务在以下四个方面具有特殊的重要意义。

(1)招聘和雇佣。企业应设法招聘最具资格的人选。应核实潜在雇员的背景,证实他们的学历和工作经验。应精心组织应聘者的面试,对应聘者具有深入的了解。人力资源亦应向潜在的雇员传递信息,使他们了解企业的价值观、文化和经营风格。

(2)新雇员的入职培训。企业应将企业价值观体系和不遵循这些价值观的后果明确告知新雇员,通常在向新员工介绍行为守则并要求他们正式确认接受该守则时,告知他们上述事项。如果不能向新雇员传递这些信息,那么他们在加入该组织时可能缺乏对于企业价值观的了解。

(3)评估、晋升和赔偿。企业应实施公平的绩效评估程序,并且使之不受额外的管理支配。由于诸如评估和赔偿的问题可能涉及雇员的隐私,因此,整个系统应对企业内的所有成员一视同仁。通常,奖金激励计划是一项激发和强化所有雇员的出色表现的有用工具,但是应坚持公平公正发放奖金的原则。

(4) 惩戒措施。企业应实施统一且易于理解的惩戒政策。所有雇员应了解,一旦他们违反了特定规则,将会面临不同程度的惩戒,直至被解雇。企业应尽力确保惩戒措施不存在双重标准,如果存在双重标准,那么高级别的雇员违反了特定规则,将会面临更严重的惩罚。

有效的人力资源政策和程序是整体控制环境至关重要的组成部分。如果企业未设立严格的人力资源政策和措施,那么即使企业组织结构很牢固,领导层传达的信息也不会产生多少影响。管理层在对内部控制架构的其他因素进行复核时,应始终考虑控制环境的人力资源政策和因素。

COSO 立体模型说明,内部环境是内部控制的根本性组成部分。以此方式说明内部环境的根基地位是恰当的。试图建立牢固的内部控制结构的企业应特别注意为内部环境结构奠定坚实的基础。

2.1.3 风险评估

按照 COSO 立体模型,控制活动的上一层是风险评估。企业实现其目标的能力可能受到来自多个内外部因素的不利影响。作为整体内部控制结构的一部分,企业应实施一个程序,来评估可能影响其各种内部控制目标实现的潜在风险。风险评估可能是立足于正规的量化风险评估程序,也可能是不太正规的方法,但是应包含对风险评估程序最起码的理解。例如,企业设定的目标是不改变营销计划,那么如果出现新的竞争对手则可能对该企业设置的目标造成压力,这需要对无法实现该目标的风险作出评估。风险评估是一个具有前瞻性的过程。许多企业已经发现,对他们的各类风险水平进行评估的最佳时机是制订年度计划或定期计划的过程。应在所有层面以及企业的所有活动中实施这样的风险评估程序。COSO 内部控制架构将风险评估描述成一个可以分为三步的程序:第一步是估计风险的重要性;第二步是评估风险发生的可能性或频率;第三步是考虑如何对风险进行管理,以及应采取何种行动。

COSO 内部控制架构强调风险评估并非一个理论过程,而且常常对实体的整体成功起到至关重要的作用。管理层是内部控制整体评估的重要一环,他们应采取措施对可能影响整个企业的风险,以及不同的组织活动或实体所面对的风险进行评估。由内部或外部原因导致的各种风险可能对整个组织产生影响。COSO 企业风险评估已对某些主要组成部分给出定义,作了一般性说明,并概述了一种能使组织对企业层面的风险更好地进行管理的方法。

风险管理包括识别和分析影响目标实现的风险(包括与不断变化的监管、运营环境和商业策略有关的风险),以此来确定如何降低和管理此类风险的依据。后续章节将针对风险管理的程序作更详尽的讨论。

2.1.4 控制活动

评估风险只是整个内部控制程序的一部分,管理层必须确定处理风险所需的行动,并付诸执行。这些行动亦应将注意力集中于控制活动的作用,目的是确保所需的行动得以有效且适时地执行。换而言之,控制活动包括多种政策和程序,有助于确保管理层的有关指示得以执行,风险得以处理,及为实现企业目标所需的行动得以实施。与大型企业相比,小型企业的内部控制程序可能不太正规且较具灵活性,但一贯地执行内部控制的有关政策及程序是十分重要的。

控制活动可为雇员提供指南(命令式的控制),设计这些活动旨在防止发生不希望出现的事情(预防性控制),或者在不希望出现的事情发生时能够加以识别(侦察式控制)。当不希望出现的事情发生时,应识别程序的缺陷,并主动采取措施加以解决,此类活动称为"纠正性控制活动"。

控制活动可分为运营、财务报告及合规三个类别,但它们之间有时可能出现重叠。常见的内部控制活动有:①组织控制;②职责划分;③调节和复核;④实物控制;⑤授权和批准;⑥计算和会计;⑦人员控制;⑧监督和管理控制。

1. 组织控制

组织控制是指组织结构提供的控制,如组织活动和经营分成若干部门或责任中心,责任区分明确,在企业内授权,确立企业内的报告路径,协调不同部门或小组之间的活动,如设立委员会或项目组。

2. 职责划分

进行职责分工的主要目的是防止具有欺骗性的活动发生或未被查出。管理层可以通过在两个或两个以上的人员之间分配工作的方式实现这一监控目标。就适当的职责分工而言,不应由一个人控制一项交易或一个事件的所有关键方面,而且一个人履行的职能可通过其他人执行的职能进行检查。

大多数交易可分成三类独立的职责:认可或发起交易、处理被交易的资产,以及记录交易。这样能降低舞弊风险,同时降低出现差错的风险。如果一个人为上述活动中的一项以上活动承担责任,则存在舞弊的可能。职责划分还能较容易地发现非本意造成的错误,因此不应仅将其视为对舞弊的控制。尽管职责划分能够避免一个人舞弊的情况,但对于两人或两人以上串通舞弊却是无效的。在董事会层面,公司治理守则(如《英国综合守则》)指出,董事会主席与首席执行官的职责应分离,以防止一个人取得董事会的支配地位。但是,如果这些职能尚未或无法分离,那么,应由管理层对相关活动进行详细的监管审核,作为一种补偿性控制。

3. 调节和复核

调节和复核业绩属于侦察式控制。所谓调节,是指雇员将不同数据连接在一起,识别并找出差异,并且在必要时采取纠正措施。但是更重要的是,执行调节的人员要理解这一程序的重要性以及已识别的差错的影响。调节包括比较总账的现金金额与银行对账单的现金余额、总账的应收款金额与相关补贴账户总额,以及固定资产的现场盘点与会计记录中记载的金额。所谓业绩复核,是指管理层将当前的业绩与预算、以前期间或其他基准相比较,以此反映目标的完成情况,并对其中的差异进行调查,以确定哪些纠正行动是必要的。

4. 实物控制

实物控制是指保护实物资产不被偷盗或未经许可而获得及被使用的措施和程序。实物控制包括使用保险箱储存现金和重要文件,为大楼或其内的区域设立门禁系统,为贵重资产采取双重保管方法,必须两人同时出现才能取得某些资产,定期对存货进行盘点,以及雇佣保安和利用闭路电视摄像头。

5. 授权和批准

某些控制活动可提供其他控制活动运作正常或需要提供指南以改善这些控制活动的运

作等信息。例如,被授权的雇员可能开展了达到某项限制的交易,并且须为超出规定限制的交易取得批准。批准上述超出规定限制的交易时,上级必须在核实该活动符合政策及程序的基础上,才能予以批准。就此来说,上级批准亦可作为一种监控工具,来确保政策得以遵守。由于这些控制旨在控制不希望出现的事件,因此,可视之为预防性控制。预防性控制的主要目的是防止错误的发生。

一般而言,为了帮助确保控制活动发挥最大效果,在上级批准及授权时应提供书面指南、权力限制及支持性文件。另外,上级领导严肃地履行批准职能是非常重要的。这要求他们能够积极核查文件,对异常事项进行询问,以及提醒自己不在空白表格上签字。

6. 计算和会计

此类控制要求在会计系统中正确地记录交易,依靠会计记录能够追踪每项交易,核对计算。例如,在向客户发货或批准支付前仔细检查发票上的数字,确保数字是正确的。

7. 人员控制

此类控制适用于选择和培训雇员,以确保为企业的职位指定了恰当的人员,但个人必须具备适当的素质、经验和所需的资质。企业要向个人提供适当的入门培训,以确保他们能有效地完成任务。

8. 监督和管理控制

监督是指承担责任的某人对其他人员工作的管理。监督控制有助于确保个人按照要求恰当地完成任务。

管理控制是由管理层根据其获取的信息执行的控制。董事会或高级管理层可能要求提供关于企业目标所实现的成果的报告。那么,在部门层面上,管理层应接受对业绩进行复核或标明特殊情况的报告。部门进行复核的频率应远远高于高层进行复核的频率。

2.1.5 信息与沟通

为了控制风险,有必要设立一个完善的沟通程序,以获取必要的信息,并向需要该信息的所有人员提供。控制风险是企业各类程序涉及的所有人员的责任,因此,已识别风险的信息以及控制这些风险的方法,必须向每个相关人员传达。沟通系统的重要意义在于,沟通能够在企业以全方位的方式展开,以减少出现误解的可能。企业的较低层级应识别问题,如果这些信息未提供给那些负责采取纠正措施的人员,那么,管理者将无法及时收到所需信息。

信息与沟通是指在人员能够履行责任的方式及时间范围内,识别、取得和报告经营、财务及法律遵守的相关资讯的有效的程序和系统。这包括最高层将与控制有关的事宜的重要性及个人担当的角色向下级传达、向上级汇报重要信息的渠道以及与外部利益相关者保持有效沟通。

1. 信息

有关信息必须以适当的方式,在适当的时限内加以识别、收集和传达,以使人们能作出决策及采取适当的行动。信息系统提供运营、财务及合规的相关信息(包括内部产生及外部提供的信息),这些信息有助于运作和控制业务,也是作出精明的决策以及对外报告所必需的。

当面对重大的行业变动时,特别是富于创新精神及快速流转的行业,上述系统必须能够配合支持新的企业目标的需要。信息系统可以是正式的或非正式的,后者包括与客户、供应商、监管机构及雇员进行商讨,这可为识别风险及商机提供有用的信息。出席商务讲座和加入贸易、专业及其他团体成为会员,也可提供相关资料。

系统产生的信息的质量会影响管理层作出适当决策的能力。报告中载有足够的数据以支持有效的控制是至关重要的,而系统的设计应针对这一方面。就信息质量而言,必须能够答复诸如内容、时限、更新程度、准确性、可靠性和可用性等方面的问题。

2. 沟通

有效的沟通必须在企业内以全方位方式进行。高级管理层应向雇员传达清晰的信息,使其明白必须认真履行控制责任。他们必须明白自身在内部控制系统中担当的角色,以及个人活动如何跟其他人的活动有所关联。他们还必须拥有把重要资讯向上级汇报的方法,这需要公司建立公开的沟通渠道,上级人员应乐于倾听。一个让雇员惧怕因上报有关信息而遭到报复的环境,将与目标相背离。

雇员必须被告知,每当有超出预期的事情发生时,不仅要注意事件本身,还要注意确定事件发生的时间。他们必须知道他们自身的活动是如何与其他人的工作关联的,以及什么行为是被期望的或可被接受的,什么行为是不会被接受的。

管理层与董事会及董事会下辖的委员会之间的沟通尤为重要。管理层必须就企业的业绩、发展、重大风险、主要举措及其他有关事项不断地向董事会提供最新消息。董事会则应向管理层明确表示其需要何种资料,并应为管理层提供指示和反馈。此外,企业还需与外界各方(如股东、客户、供应商和监管机构)保持有效沟通。客户和供应商可在产品或服务的设计与质量方面提供非常有用的意见;与诸如外聘审计师和监管机构的外界各方进行沟通,能对企业内部控制系统的运作情况提供非常宝贵的意见;与股东及财务分析师进行坦诚的沟通,能提供他们所需要的信息。

总的来说,有效的信息与沟通系统应具备以下特点:能够生成企业经营所需的、关于财务、运营及法规遵守的报告,帮助高层管理者作出精明的商业决策,以及对外发布可靠的报告。信息与沟通系统能使得雇员获得信息,且交流他们为实施、管理及控制运转情况所需的信息;能识别和传达相关信息,并且是以一种人员能够有效履行他们的职责的方式进行的;使沟通在企业以全方位方式进行。此外,信息与沟通系统确立了与外部各方的有效沟通方式。作为信息与沟通系统的一部分,告知所有雇员应认真履行控制责任是很重要的。每个雇员应理解其在内部控制系统中的角色,以及他们的个人活动如何与其他人的活动相关联。雇员还需了解,在履行职责的过程中若发现问题,他们有责任报告。

有关雇员应当遵循的政策及程序的信息,应在公司内从上至下得以传达。关于日常活动的信息,应从公司内准备这些信息的雇员流向需要这些信息的雇员。关于日常活动中发现的问题的信息,需要向公司上层流动,直至能够采取纠正措施的人员。

2.1.6 监控

内部控制系统必须接受监控。监控是不断对内部控制系统的表现进行评估的过程,可以通过持续的监控活动或单独的评估来实现。内部控制如有缺陷,应向上级(如高级管理层、审计委员会、董事会等)报告。

监控可确保内部控制有效运作。监控包括由适当的人员评估控制的设计及运作情况,以及采取适当的跟进行动。监控适用于企业内的活动,以及为企业提供相关服务的外部承包商。

管理层应对内部控制系统的有效性取得合理保证,相关因素包括:所发生的性质改变及程度,以及执行控制人员的才能及经验,持续监控的结果。由于持续监控程序已成为企业经常性运营活动的组成部分,且为实时执行,故应根据改变作出调整,因此,原则上,它们应比独立评价所执行的程序更有效。

1. 评估

监控内部控制的方法包括:

(1)绩效计量。既然设立内部控制的目的是为实现目标提供合理的保证,那么,可以利用绩效计量来确定实现其目标的程度,这是检验管理部门内部控制有效性的一种有用的方法。如果绩效计量结果不尽如人意,那么管理者以及员工应确定可以作出哪些改变以改善业绩计量结果。

(2)对企业运营进行测试。确定程序是否按最初设计得以应用,应该是一个持续的过程。管理部门内某些较大的单位可能发现,建立内部审计职能部门来帮助内部控制的运转及已设立目标的实现,是具有成本效益的。

(3)为控制环境、风险评估、控制活动、信息及沟通,以及控制而制定的政策及程序,常常由硬性控制构成,而硬性控制是容易识别、评估及记录的。这些政策和程序的影响亦应得以识别、评估和记录。

政策和程序对相关人员的影响,可能导致产生另一种软性控制,这与硬性控制同样重要。软性控制是指涉及态度、感知及能力的控制。根据其性质,这些控制不太明显,而且难以计量和评估。信任、强硬领导、开放及道德水准高等品质,对于管理部门的有效运转是至关重要的,并且在设立或巩固企业的内部控制系统时,其不应被高估或低估。

为了评估这些控制类型,管理者应确定评价的标准并达成一致。通过自我评估,管理者应了解他们是如何确信目标得以实现、政策和程序以及法规得以遵守等。通过调查,管理者应询问雇员,以确认雇员的反馈。企业应对软性控制的结果进行评价,为控制的有效性提供进一步的证据。如果识别出控制的不足之处,管理者应把重点放在改良基本程序上,应与所有相关人员就任何修改进行讨论。

2. 记录

内部控制系统的文件记录,可能因企业的规模及复杂性等而有所不同。大型企业多半备有书面政策手册、正规的组织结构图、书面职务说明、操作指示、信息系统流程图等。规模较小的企业可能备有较少的文件记录,但这并不一定表示它们的内部控制无效。适量的文件记录能使评价变得更为有效,还有助于雇员了解系统如何运作以及他们所担当的角色,并使得在必要时修改系统变得更简单。

3. 报告

所有可能影响企业实现目标的内部控制缺陷,均应向能采取必要行动的人员汇报。雇员从事常规运营活动时产生的信息,通常通过正常的渠道向他们的上级报告,再由后者向上汇报。此外,还应有另一渠道供汇报非常敏感的信息,如违法或不当举动。通常,有关缺陷的调查结果不仅应向负责有关职能或者活动的个人汇报,还应向比其至少高一级的管理层汇报。此程序可使更高级别的人员监督及支援采取补救行动,同时有助于向在公司内可能受此活动影响的其他人员传达。

向适当人士提供有关内部控制的信息,对保持系统的有效性尤为重要。企业可订立规则,确定某一级别的人员作决策时所需的资料。获知有关内部控制缺陷的信息的各方,可就需要报告的信息提供明确指示。董事会或审计委员会可要求管理层或者内部或外聘审计师只汇报达到一定严重程度或重要性的内部控制缺陷的调查结果。

总括以上对 COSO 内部控制内容的分析,有效的内部控制系统必须能降低管理层已识别的业务风险。内部控制系统在管理重大风险以实现业务目标方面发挥了关键作用。完善的内部控制系统能极大地促进对股东投资的保护、对公司资产的保护,以及确保对法律法规的遵守。内部控制系统的目标之一就是防止舞弊或降低舞弊的可能性,如发生舞弊,可对舞弊进行侦察。如果控制环境不佳,内部控制薄弱,舞弊事件将会增多。

应对内部控制系统进行持续复核和管理。但内部控制的成本不得超过因风险降低而可能带来的收益。因此,具体的内部控制是否合适,会因企业的不同而有所差异。内部控制系统是企业不可或缺的一部分,并且是内部控制中的重要要素。

2.2 │ 我国企业内部控制基本框架

我国内部控制制度首先正式应用于银行的管理系统。随着证券市场的发展,上市公司内部控制制度成为了我国企业内部控制的关注点,但企业内部会计制度一直是我国内部控制的核心。在我国经济建设过程中,注册会计师审计服务对加强企业内部控制具有审核和指导作用。财政部会同证监会、审计署、银监会、保监会五部委联合发布了《企业内部控制基本规范》以及相关配套指引,标志着我国"以防范风险和控制舞弊为中心、以控制标准和评价标准为主体,结构合理、层次分明、衔接有序、方法科学、体系完备"的企业内部控制标准体系建设目标基本实现。

我国企业内部控制标准是一个完备的体系,包括基本规范和基本指引两个层次,基本指引又分为应用指引、评价指引和审计指引三个类型。整个内部控制标准以基本规范为统领,以应用指引、评价指引和审计指引等配套办法为补充,以法制为推动,以企业为实施主体,以政府监督和社会评价为保障,以各方面积极参与为促进,共同构成我国企业内部控制的标准体系。

2.2.1 我国企业内部控制的标准体系

2008 年 5 月 22 日,财政部会同证监会、审计署、银监会、保监会出台了《企业内部控制基本规范》(以下也简称《基本规范》)。2010 年 4 月 15 日,财政部会同证监会、审计署、银监会、保监会又发布了《企业内部控制应用指引第 1 号——组织框架》等 18 项应用指引、《企业内部控制评价指引》和《内部控制审计指引》(以下简称配套指引)。内部控制《基本规范》和配套指引的发布,标志着我国内部控制规范体系的形成,是我国内部控制制度发展的里程碑。

《基本规范》是内部控制体系的最高层次,起统驭作用。内控应用指引是对企业按照内部控制原则和内部控制五要素建立健全企业内部控制所提供的指引,在配套指引乃至整个内部控制规范体系中占据主体地位;内控评价指引是为企业管理层对本企业内部控制有效性进行自我评价提供的指引;内控审计指引是注册会计师和会计师事务所执行内部控制审计业务的指引。三者相互独立,又相互联系,构成一个有机整体。

2.2.2　企业内部控制基本规范

1.《企业内部控制基本规范》的重要地位

2008年5月,由当时的财政部、证监会、审计署、银监会、保监会五部委联合颁布的《企业内部控制基本规范》被人们赞誉为"中国版的萨班斯—奥克斯利法案"。它强调内部控制的"过程观",其核心内容可以概括为五个目标、五个原则和五个要素。《基本规范》全文由总则、内部环境、风险评估、控制活动、信息与沟通、内部监督、附则七章组成,一共50条,是我国第一部全面规范企业内部控制的规章制度,也是我国企业内部控制的总体框架。

《基本规范》明确了内部控制的目标、原则和要素,描述了建立与实施内部控制体系必须建立的框架结构,是制定应用指引、评价指引、审计指引和内部控制制度的基本依据。

1)内部控制五个目标

(1)合理保证企业经营管理合法合规。经营管理合法合规目标是指内部控制要合理保证企业在国家法律法规允许的范围内开展经营活动,严禁违法经营。

(2)资产安全。资产安全目标是指防止资产流失,保护企业资产的安全和完整是企业开展经营活动的物质前提。

(3)财务报告及相关信息真实完整。财务报告及相关信息真实完整目标是指内部控制要合理保证企业提供了真实可靠的财务信息及其他相关信息。

(4)提高经营效率和效果。提高经营效率和效果目标是内部控制要达到的最直接也是最根本的目标。企业存在的根本目的在于获利,而企业能否获利往往直接取决于经营的效率和效果如何。

(5)促进企业实现发展战略。促进企业实现发展战略是内部控制的最高目标,也是终极目标。战略目标是企业管理层为实现企业价值最大化的根本目标而针对环境作出的一种反应和选择。

2)内部控制五个原则

(1)全面性原则。内部控制应当贯穿决策、执行和监督全过程,覆盖企业及其所属单位的各种业务和事项。

(2)重要性原则。内部控制应当在全面控制的基础上,关注重要业务事项和高风险领域。

(3)制衡性原则。内部控制应当在治理结构、机构设置及权责分配、业务流程等方面形成相互制约、相互监督,同时兼顾运营效率。

(4)适应性原则。内部控制应当与企业经营规模、业务范围、竞争状况和风险水平等相适应,并随着情况的变化及时加以调整。

(5)成本效益原则。内部控制应当权衡实施成本与预期效益,以适当的成本实现有效控制。

3)内部控制五个要素

(1)内部环境。内部环境是企业实施内部控制的基础,一般包括治理结构、机构设置及权责分配、内部审计、人力资源政策、企业文化等。

(2)风险评估。风险评估是企业及时识别、系统分析经营活动中与实现内部控制目标相关的风险,合理确定风险应对策略。

（3）控制活动。控制活动是企业根据风险评估结果，采用相应的控制措施，将风险控制在可承受度之内。

（4）信息与沟通。信息与沟通是企业及时、准确地收集、传递与内部控制相关的信息，确保信息在企业内部、企业与外部之间进行有效沟通。

（5）内部监督。内部监督是企业对内部控制建立与实施情况进行监督检查，评价内部控制的有效性，对发现的内部控制缺陷，应当及时加以改进。

2.《企业内部控制基本规范》的科学内涵

《企业内部控制基本规范》的第三条强调：内部控制是由企业董事会、监事会、经理层和全体员工实施的、旨在实现控制目标的过程。

企业内部控制实施主体包括董事会、监事会、经理层、全体员工。第一，董事会应是加强企业内部控制的第一责任人；第二，监事会负有对董事、经理执行公司职务时违反法律法规或者公司章程的行为进行监督的权利；第三，经理层直接对一个企业的经营管理活动负责，尤其是企业总经理；第四，全体员工都应在实施内部控制中承担相应职责并发挥积极作用。管理层应当重视员工的作用，并为员工反映诉求提供信息通道。

2.2.3　企业内部控制应用指引

《企业内部控制基本规范》是我国企业建设内部控制的总体框架，在内部控制体系中具有统驭作用，但是内部控制体系的有效实施，还需要一些具有可操作性的具体应用规范。《企业内部控制应用指引》基本涵盖了企业资金流、实物流、人力资源流、信息流等各项业务和事项。其中，2010年发布了18项，涉及银行、证券和保险等特殊行业或业务的3项指引暂未发布。

《企业内部控制应用指引》可以划分为三类，它们分别是：内部环境类指引、控制活动类指引、控制手段类指引。

1. 内部环境类指引

内部环境类指引是企业实施内部控制的基础，支配着企业全体员工的内控意识，影响着全体员工实施控制活动和履行控制责任的态度、认识和行为。

内部环境类指引有5项，包括组织架构、发展战略、人力资源、社会责任和企业文化指引。

2. 控制活动类指引

控制活动类指引要求企业在改进和完善内部环境控制的同时，还应对各项具体业务活动实施相应的控制。为此，我们制定了控制活动类应用指引，包括资金活动、采购业务、资产管理、销售业务、研究与开发、工程项目、担保业务、业务外包、财务报告9项指引。

3. 控制手段类指引

控制手段类指引偏重于"工具"性质，往往涉及企业整体业务或管理。此类指引有4项，包括全面预算、合同管理、内部信息传递和信息系统指引。

2.2.4　企业内部控制评价指引

《企业内部控制评价指引》旨在为企业董事会和管理层对企业内部控制有效性进行评价提供专业规范和指导。内部控制应用规范在企业的执行运用情况如何，是否还存在缺陷，如何改进以确保内部控制的有效运行,客观上需要进行有效的评价。企业应当结合内部监督情况,定期对内部控制的有效性进行自我评价,出具内部控制自我评价报告。

《企业内部控制评价指引》的主要内容包括评价的原则和组织、评价的内容和标准、评价的程序和方法、缺陷认定和评价报告等。根据该指引规定,企业应当对与实现整体内控目标相关的内部环境、风险评估、控制活动、信息与沟通、内部监督等内部控制要素进行全面系统、有针对性的评价。应用信息系统加强内部控制的企业,应当对信息系统的有效性进行评价,包括信息系统一般控制评价和信息系统应用控制评价。

企业对内部控制评价过程中发现的问题,应当从定量和定性两方面进行分析。可对内部控制评价中发现的缺陷进行分类:从来源看,可分为设计缺陷和执行缺陷;按严重性程度看,可分为一般缺陷、重要缺陷和重大缺陷(也称实质性缺陷)。企业对于内部控制评价报告中列示的问题,应当采取适当的措施进行改进,并追究相关人员的责任。

2.2.5　企业内部控制审计指引

《企业内部控制审计指引》旨在为注册会计师执行企业内部控制审计业务提供专业规范和指导。国内外一系列公司财务报表舞弊事件发生后,人们认识到健全有效的内部控制对于预防舞弊事件发生至关重要。随着我国法律法规对上市公司和金融机构内部控制建设提出新要求,聘请注册会计师对企业内部控制进行审计成为保证内部控制有效性的关键环节。《企业内部控制基本规范》第10条规定,接受企业委托从事内部控制审计的会计师事务所,应当根据本规范及其配套办法和相关执业准则,对企业内部控制的有效性进行审计,出具审计报告。会计师事务所及其签字的从业人员应当对发表的内部控制审计意见负责。

《企业内部控制审计指引》规定,注册会计师在制订审计计划时,应当评价下列事项对企业财务报表和内部控制的影响,以及对注册会计师程序的影响:

(1) 注册会计师执行其他业务时了解的内部控制情况。

(2) 影响企业所在行业的事项,包括财务报告、经济状况、法律法规和技术革新。

(3) 与企业业务相关的事项,包括组织结构、经营特征和资本结构。

(4) 企业经营活动或企业内部控制最近发生的变化。

(5) 注册会计师对重要性、风险以及与确定重大缺陷相关的其他因素所作的初步判断。

(6) 以前与审计委员会或管理层沟通的控制缺陷。

(7) 企业注意到的法律法规事项。

(8) 针对内部控制可获得的相关证据的类型和范围。

(9) 对内部控制有效性作出初步判断。

(10) 关于评价财务报表发生重大错报的可能性和内部控制有效性的公共信息。

(11) 注册会计师对客户和业务的接受与保持进行评估时了解的与企业相关的风险情况。

(12) 经营活动的相对复杂程度。在进行风险评估以及确定必要的审计程序时,注册会计师应当考虑企业组织结构、经营单位或流程的复杂程度可能产生的重要影响和作用。

相关思考 2-1

雷曼兄弟破产对企业财务管理目标选择的启示①

2008 年 9 月 15 日,拥有 158 年悠久历史的美国第四大投资银行——雷曼兄弟(Lehman Brothers)公司正式申请依据以重建为前提的美国《联邦破产法》第 11 章所规定的程序破产,即所谓破产保护。作为曾经在美国金融界叱咤风云的巨人,雷曼兄弟公司在此次爆发的金融危机中也无奈破产,这不仅与过度的金融创新和乏力的金融监管等外部环境有关,也与雷曼公司本身的财务管理目标有着某种内在的联系。我们将从公司内部财务的角度深入剖析雷曼兄弟公司破产的原因。

1. 股东财富最大化:雷曼兄弟财务管理目标的现实选择

雷曼兄弟公司正式成立于 1850 年,在成立初期,公司主要从事利润比较丰厚的棉花等商品的贸易。公司性质为家族企业,且规模相对较小,其财务管理目标自然是利润最大化。在雷曼兄弟公司从经营干洗、兼营小件寄存的小店逐渐转型为金融投资公司的同时,公司的性质也从一个地道的家族企业逐渐成长为在美国乃至世界都名声显赫的上市公司。由于公司性质的变化,其财务管理目标也随之由利润最大化转变为股东财富最大化。

财务管理目标转变的原因至少有以下几点:

(1)美国是一个市场经济比较成熟的国家,建立了完善的市场经济制度和资本市场体系,因此,以股东财富最大化为财务管理目标能够获得更好的企业外部环境支持。

(2)与利润最大化的财务管理目标相比,股东财富最大化考虑了不确定性、时间价值和股东资金的成本,无疑更为科学和合理。

(3)与企业价值最大化的财务管理目标相比,股东财富最大化可以直接通过资本市场股价来确定,比较容易量化,操作上显得更为便捷。因此,从某种意义上讲,股东财富最大化是雷曼兄弟公司财务管理目标的现实选择。

2. 雷曼兄弟破产的内在原因:股东财富最大化

股东财富最大化是通过财务上的合理经营,为股东带来最多的财富。当雷曼兄弟公司选择股东财富最大化为其财务管理目标之后,公司迅速从一个名不见经传的小店发展成闻名世界的华尔街金融巨头,但同时,由于股东财富最大化的财务管理目标利益主体单一(仅强调了股东的利益)、适用范围狭窄(仅适用于上市公司)、目标导向错位(仅关注现实的股价)等原因,雷曼兄弟最终也无法在此次百年一遇的金融危机中幸免于难。股东财富最大化对雷曼兄弟公司来说,颇有"成也萧何,败也萧何"的意味。

(1)股东财富最大化过度追求利润而忽视经营风险控制是雷曼兄弟破产的直接原因。起初在利润最大化的财务管理目标指引之下,雷曼兄弟公司开始转型经营美国当时最有利可图的大宗商品期货交易,在财务管理目标转型后,公司又开始涉足股票承销、证券交易、金融投资等业务。1899 年至 1996 年的 7 年间,雷曼兄弟公司从一个金融门外汉成长为纽约当时最有影响力的股票承销商之一。其每一次业务转型都是资本追逐利润的结果,然而,由于公司在过度追求利润的同时忽视了经营风险的控制,从而最终为其破产埋下了伏笔。雷曼兄弟公司破产的原因,从表面上看是美国过度的金融创新和乏力的金融监管所导致的全球性的金融危机,但从实质上来看,则是公司一味地追求股东财富最大化,而忽视了对经营风险进行有效控制的结果。对合成 CDO(担保债务凭证)和 CDS(信用违约互换)市场的深度参与,而忽视了 CDS 市场相当于 4 倍美国 GDP 的巨大风险,是雷曼兄弟公司轰然倒塌的直接原因。

(2)股东财富最大化过多关注股价而使其偏离了经营重心是雷曼兄弟破产的推进剂。股东财富最大化认为,股东是企业的所有者,其创办企业的目的是扩大财富,因此,企业的发展理所当然应该追求股东财富最大化。在股份制经济条件下,股东财富由其所拥有的股票数量和股票市场价格两方面决定,而在股票

---

① 刘胜强,卢凯,程惠峰.雷曼兄弟破产对企业财务管理目标选择的启示[J].财务与会计,2009(23):18-19.

数量一定的前提下,股东财富最大化就表现为股票价格最高化,即当股票价格达到最高时,股东财富达到最大。为了使本公司的股票在一个比较高的价位上运行,雷曼兄弟公司自 2000 年开始连续 7 年将公司税后利润的 92％用于购买自己的股票,此举虽然对抬高公司的股价有所帮助,但同时也减少了公司的现金持有量,降低了其应对风险的能力。另外,将税后利润的 92％全部用于购买自己公司而不是其他公司的股票,无疑是选择了"把鸡蛋放在同一个篮子里"的投资决策,不利于分散公司的投资风险;过多关注公司股价短期的涨和跌,也必将使公司在实务经营上的精力投入不足,经营重心发生偏移,使股价失去高位运行的经济基础。因此,因股东财富最大化过多关注股价而使公司偏离了经营重心是雷曼兄弟公司破产的推进剂。

(3) 股东财富最大化仅强调股东的利益而忽视其他利益相关者的利益是雷曼兄弟破产的内在原因。雷曼兄弟自 1984 年上市以来,公司的所有权和经营权实现了分离,所有者与经营者之间形成委托代理关系。同时,在公司中形成了股东阶层(所有者)与职业经理阶层(经营者)。股东委托职业经理人代为经营企业,其财务管理目标是为达到股东财富最大化,并通过会计报表获取相关信息,了解受托者的受托责任履行情况以及理财目标的实现程度。上市之后的雷曼兄弟公司,实现了 14 年连续盈利的显著经营业绩和 10 年间高达 1 103％的股东回报率。然而,现代企业是多种契约关系的集合体,不仅包括股东,还包括债权人、经理层、职工、顾客、政府等利益主体。股东财富最大化片面强调了股东利益的至上性,而忽视了其他利益相关者的利益,导致雷曼兄弟公司内部各利益主体的矛盾冲突频繁爆发,公司员工的积极性不高,虽然其员工持股比例高达 37％,但主人翁意识淡薄。另外,雷曼兄弟公司选择股东财富最大化,导致公司过多关注股东利益,而忽视了一些公司应该承担的社会责任,加剧了其与社会之间的矛盾,也是雷曼兄弟破产的原因之一。

(4) 股东财富最大化仅适用于上市公司是雷曼兄弟破产的又一原因。为了提高集团公司的整体竞争力,1993 年,雷曼兄弟公司进行了战略重组,改革了管理体制。和中国大多企业上市一样,雷曼兄弟的母公司(美国运通公司)为了支持其上市,将有盈利能力的优质资产剥离后注入上市公司,而将大量不良资产甚至可以说是包袱留给了集团公司,在业务上实行核心业务和非核心业务分离,上市公司和非上市公司分立运行。这种上市方式注定了其上市之后无论是在内部公司治理,还是外部市场运作,都无法彻底地与集团公司保持独立。因此,在考核和评价其业绩时,必须站在整个集团公司的高度,而不能仅从上市公司这一个子公司甚至是孙公司的角度来分析和评价其财务状况和经营成果。由于只有上市公司才有股价,因此股东财富最大化的财务管理目标只适用于上市公司,而集团公司中的母公司及其他子公司并没有上市,因而,股东财富最大化财务管理目标也无法引导整个集团公司进行正确的财务决策,还可能导致集团公司中非上市公司的财务管理目标缺失、财务管理活动混乱等事件。因此,股东财富最大化仅适用于上市公司是雷曼兄弟破产的又一原因。

3. 启示

1) 关于财务管理目标的重要性

企业财务管理目标是企业从事财务管理活动的根本指导,是企业财务管理活动所要达到的根本目的,是企业财务管理活动的出发点和归宿点。财务管理目标决定了企业建立什么样的财务管理组织、遵循什么样的实务管理原则,运用什么样的财务管理方法和建立什么样的财务指标体系。财务管理目标是财务决策的基本准则,每一项财务管理活动都是为了实现财务管理的目标,因此,无论从理论意义还是从实践需要的角度看,制定并选择合适的财务管理目标都是十分重要的。

2) 关于财务管理目标的制定原则

雷曼兄弟破产给我们的第二个启示是,企业在制定财务管理目标时,需遵循如下原则:

(1) 价值导向和风险控制原则。财务管理目标首先必须激发企业创造更多的利润和价值,但同时也必须时刻提醒经营者要控制经营风险。

(2) 兼顾更多利益相关者的利益而不偏袒少数人利益的原则。企业是一个多方利益相关者利益的载体,财务管理的过程就是一个协调各方利益关系的过程,而不是激发矛盾的过程。

(3) 兼顾适宜性和普遍性原则。既要考虑财务管理目标的可操作性,又要考虑财务管理目标的适用范围。

(4) 绝对稳定和相对变化原则。财务管理目标既要保持绝对的稳定,以便制定企业的长期发展战略,同时又要考虑对目标的及时调整,以适应环境的变化。

3) 关于财务管理目标选择的启示

无论是雷曼兄弟公司奉行的股东财富最大化,还是其他的财务管理目标,如产值最大化、利润最大化、企业价值最大化,甚至包括非主流财务管理目标——相关者利益最大化,存在诸多优点的同时,也都存在一些自身无法克服的缺点。因此,在选择财务管理目标时,可以同时选择两个以上的目标,以便克服各目标的不足,在确定具体选择哪几个组合财务管理目标时可遵循以下原则:

(1) 组合后的财务管理目标必须有利于企业提高经济效益,有利于企业提高"三个能力"(营运能力、偿债能力和盈利能力),有利于维护社会的整体利益。

(2) 组合后的财务管理目标之间必须要有主次之分,以便克服各财务管理目标之间的矛盾和冲突。

2.3 公司治理下的内部控制

相关思考 2-2

(1) 俗话说:"一个和尚挑水喝,两个和尚抬水喝,三个和尚没有水喝",请问:三个和尚在什么情况下才有水喝?

(2) 富兄弟为什么烦恼? 穷兄弟为什么快乐?"富兄弟的烦恼和穷兄弟的快乐"告诉我们什么道理? 为什么现实中大家都能"共患难",而不能"共富贵"?

2.3.1 公司治理理论

公司治理有狭义和广义之分,狭义的公司治理,是指所有者(主要是股东)对经营者的一种监督与制衡机制,即通过一种制度安排,来合理地界定和配置所有者与经营者之间的权利与责任关系。公司治理的目标是保证股东利益的最大化,防止经营者与所有者利益的背离。其主要特点是通过股东大会、董事会、监事会及经理层构成公司治理结构。广义的公司治理是指通过一整套制度(包括正式或非正式的、内部的或外部的)来协调公司与所有利益相关者之间(股东、债权人、职工、潜在的投资者等)的利益关系,以保证公司决策的科学性、有效性,从而最终维护公司各方面的利益。

知识拓展 2-1

智猪模型讲的是,在一个长方形猪圈里有两头猪,一头是大猪,一头是小猪,猪圈一边有个猪槽,另一边有个按钮,只有按一下另一边的按钮,这边的猪槽才会有食物,现在的问题是大猪去按还是小猪去按,还是一起去按? 智猪模型借助博弈论分析了该决策,分析结论有力地解释了公司治理的大股东监督,小股东"搭便车"的行为现象。

常见的公司治理理论有委托代理理论、不完全契约理论、利益相关者理论、受托责任理论。

1. 委托代理理论

委托代理关系是企业内部分工的具体体现形式。现代企业有两个层次的委托代理关系:第一个层次是资本所有者与经营管理者之间的委托代理关系,主要表现为股东大会与董

2-1 委托
代理问题

事会之间的委托代理关系,以及董事会与高层管理者之间的委托代理关系;第二个层次是经营管理者与员工的委托代理关系,主要表现为高层管理者将具体的生产经营活动委托给中层管理人员和一线员工来操作和执行。

由于代理人的投机和自利心理,同时委托人与代理人之间存在信息不对称,代理问题无法回避。为了提高企业运营效率,更好地实现企业的目标,现代企业运用公司治理与内部控制两个工具来克服代理问题,以减少代理成本。公司治理致力于解决资本所有者与经营管理者间的代理问题,如对董事会、监事会以及高层管理者的约束和激励;内部控制解决高层管理者与中层管理者、员工之间的代理问题,如组织结构控制、授权审批控制等。因此,在委托代理理论下,公司治理与内部控制具有相同的性质,都是企业为了克服委托代理问题而形成的制度安排。

2. 不完全契约理论

委托代理理论有两个前提:第一,契约是完全的;第二,契约的签订和执行不需要支付费用。但是在实际中,契约不仅是不完备的,还存在交易成本。

现代公司由一系列不完全契约构成,这些契约约束着企业的各种交易行为。例如,公司治理概括地规定了股东大会的召开、职责,董事会、监事会的职能、权责,以及其与高层管理者的关系,但是却没有关注可能发生的各种情况,更不用说情况出现后应如何处理的问题。现代企业面临的政治经济环境日益复杂,生产经营方式日益多样,企业内部的各个行为人常会遇到契约未曾约定的事项,这就需要制定各种补充契约来明确不同具体情况下行为人的权利、责任,来解决突发情况。如果公司治理是一种不完全契约,那么内部控制可以看成是补充契约,旨在弥补契约的不完备性,实现公司节约交易成本的比较优势。因此,内部控制和公司治理存在着互补的关系。

3. 利益相关者理论

企业的目的不能仅限于股东权益最大化,而应同时考虑企业其他参与人包括职工、经理、债权人、供应商、用户及所在社区的利益。

首先,高管在公司治理层面下,作为人力资本所有者承担了一定的风险,在有股权激励的情况下作为资本所有者更拥有了一定的风险报酬,因此高管的利益与企业的利益密切关联。作为领导策划者,高管在内部控制层面下,便有动力去加强、去完善企业内控,以保证企业价值的保值增值。其次,员工在公司治理层面下,投入自己的劳动力,企业一旦破产员工就将面临失业,员工的利益与企业息息相关。作为实施监督者,员工在内部控制层面下,便有动力去维护有效的内部控制,保证企业正常运转。最后,债权人、政府、潜在投资者等,为了作出正确的决策,需要了解企业的运营的真实情况,而有效的内部控制保证了企业对外报告的真实性,因此,其他利益相关者也有动力督促企业完善内部控制。公司治理好的企业,各相关利益者一定要求企业拥有有效的内部控制。

4. 受托责任理论

受托责任是内部控制产生的动因之一。当某人接受委托代表其他人管理其财产或进行商业交易时,则认为他与财产受益人或商业受益人建立了受托关系,承担了受托责任。

在内部控制层面下,高层管理者不可能亲自作出所有的决策,他会把某些权力下放给下属,下属再进一步授权,从而形成了一个受托责任链条,链条上的每个控制点,构成了庞大的内部控制体系。在公司治理层面下,一方面,资本所有者将财产授权给经营管理者运营,并授予其使用、处置财产的权限；另一方面，经营管理者作为合法的受托人，自主支配财产，对日常运营活动实施决策和领导，并直接对资本所有者承担受托责任，保护资产的安全与完整，加强经营管理，提高经济效益，向所有者提出业绩报告。可以说，内部控制本身体现了受托责任理论，而且经营管理者在公司治理的约束下，必然会运用内部控制这个工具来承担对资本所有者的受托责任。

2.3.2 公司治理与内部控制的关系

内部控制和公司治理存在差异，又相互影响、相互促进。内部控制是管理当局为履行管理目标而建立的一系列规则、政策和程序，与公司治理密不可分。理论、实践界普遍的观点是：内部控制是内部管理的重要组成部分，公司治理是公司制度的核心内容。有效的内部控制制度是实现公司经营和发展目标的有效保障，合理的公司治理结构是提高经营效率和效果的基本前提。

1. 内部控制与公司治理的区别

内部控制是由董事会、经理层和其他员工实施的，为经营的效率与效果、财务报告的可靠性、相关法令的遵循性等目标达成而提供合理保证的过程。建立并维持恰当的内部控制，是管理当局受托责任的重要部分。内部公司治理或法人治理结构、内部监控机制，是由股东大会、监事会和经理层等组成，用于约束和管理经营者行为的控制制度，治理机制有董事会选举规则及程序、代理人之争、外部董事、报酬激励机制、董事会与经理层的权利分配等；外部公司治理或外部监控机制，是通过竞争的资本、经理、产品、兼并等外部市场和管理体制对企业管理行为实施约束的控制制度。

1) 所处层面和解决的问题各不相同

内部控制是管理当局建立的为确保财产安全完整、提高会计信息质量、实现经营管理目标，建立并实施的具有控制职能的措施与程序。内部管理制度，是对生产经营和财务报告产生过程的机制，是内部管理问题，用于解决管理当局与下属的管理控制关系，目标是保证会计信息真实可靠，防止舞弊行为发生。内部控制是在公司治理解决股东、董事会、监事会、经理层的权责利划分后，管理当局为保证履行受托责任，作出的面向次级管理人员和员工的控制。内部公司治理是由所有者、董事会、监事会和经理层组成的制衡关系，用于约束经营者行为的控制制度。公司治理解决的是股东、董事会、经理层及监事会权、责、利划分的制度安排问题，多为法律层面的问题。

2) 委托代理层次各有不同

内部控制，基于管理当局、管理人员和一般员工的分层委托代理关系而产生，主要防止导致经营无效率和效果的行为；公司治理，基于所有者与管理者的委托代理关系而产生。当前，公司治理无最佳规则，一些公司治理机制实际上是公司自身行为。但在某种程度上，公司治理受到公司法及证券监管法规等的制约。法律只原则性规定应建立健全内部控制制度，未作具体规定。建立内部控制制度并保障顺利运行是管理当局的责任，并应对具体控制方法和程序提出指南。

3) 目标各有不同

内部控制的目标是实现企业目标，提高经营效率和效果是内部控制的基本目标，其预防错弊职能也是为了保障企业目标的实现。内部控制的根本作用在于衡量和纠正人员活动，保证事态发展符合计划。内部控制要求按目标和计划评价业绩,找出消极偏差,采取改进措施,提高经营效率和效果,保证实现企业既定目标。公司治理的目标是在股东大会、董事会、监事会和经理层合理配置权限,公平分配利益和职责,建立激励、监督和制衡机制,实现所有者、管理者和其他利益相关者的制衡。

2. 内部控制和公司治理的联系

公司治理是促使内部控制有效运行,保证内部控制功能发挥的前提和基础,是实行内部控制的制度环境;内部控制则在公司治理中担当内部管理监控系统的角色。健全的内部控制是完善公司治理的重要保证,有利于保护投资者和其他利益相关者的利益;完善的公司治理是内部控制有效运行的保证。内部控制能否有效运行,与公司治理完善程度直接相关。在完善的公司治理环境中,良好的内部控制系统才能发挥作用。

1) 内部控制框架和公司治理是内部管理监控系统与制度环境的关系

内部控制作为公司治理系统的制约机制,建立在整个公司治理环境内,并随环境变化不断完善。公司治理结构是内部控制的环境和前提,是建立内部控制的首要因素;法人治理结构不健全,必然缺乏有效的监督机制,内部控制制度形同虚设;法人治理结构完善,内部控制制度则对实现既定的经营和发展目标具有积极的推动作用。

2) 产生的基础都是委托代理关系

公司治理结构是在所有权和经营权分离基础上产生的委托代理关系契约;内部控制作为系统的制约机制,实施所有者对经营者及经营者对经营过程的控制,根源是所有者与经营者及上、下级的代理行为,目标是降低代理成本,提高经营效率和效果。有效的委托代理关系,实现所有权和经营权分离,指经理层在董事会授权范围内自主决策,管理经营活动。为此,企业应健全公司治理结构,实现经营目标,保障所有者利益,降低代理成本,形成对经理层的有效监督和激励机制,保障所有者利益,减少投资者因经理层的自利行为而蒙受的损失。

3) 都重视权责利分配和组织结构建设

公司治理结构内涵显示:健全、完善的治理结构的关键在于股东大会、董事会、经理层和监事会,即法人治理结构的健全,相互间的权力、责任和利益明确,以形成有效制衡的机制。而组织结构建设和权责利分配是内部控制中控制环境的重要内容,关键是职责划分和授权控制,明确各部门、岗位员工职责与公司治理结构要求相一致。

4) 都遵循相互牵制、相互制衡的原则

内部牵制是内部控制的基本原则,也是内部控制的基本内容。事实上,早期的内部控制概念就是内部牵制。完善公司治理目标,就是建立董事会、监事会、经理层等利益相关者相互牵制、相互制衡的关系。因此,法人治理也可视为广义的内部控制机制,即从管理者角度出发,对生产经营过程实施控制;从所有者角度出发,对包括管理者在内的员工实施监控。

5) 都统一于实现企业目标

内部控制目标在于:建立有效的内部组织结构,形成科学的决策、执行和监督机制,确保实现经营目标;建立有效的风险控制系统,强化风险管理;堵塞漏洞、消除隐患,防止并及时发现和纠正欺诈、舞弊行为;规范会计行为,提高会计信息质量;贯彻执行国家有关法律和企业内部规章制度。公司治理目标在于:确保公司正常运行和恰当经营;防止董事、经理等代理人损害股东利益,使董事会能提供真实公平的财务业绩;实现公司利润和股东利益的最大化。

3. 公司治理下的内部控制相关角色

基于公司治理下的内部控制角色主要有以下几种。

1) 董事会

董事会是公司的常设权力机构,向股东大会负责,实行集体领导,是股份公司的权力机构和领导管理、经营决策机构,是股东大会闭会期间行使股东大会职权的权力机构。其对外是公司进行经济活动的全权代表,对内是公司的组织、管理的领导机构。董事会由股东大会选出的董事组成。董事一般由本公司的股东担任,也有的国家允许有管理专长的专家担任董事,以有利于提高管理水平。

董事会在内部控制中的重要职责表现为:科学选择恰当的管理层并对其进行监督;清晰了解管理层实施有效的风险管理和内部控制的范围;知道并同意单位的最大风险承受能力;及时知悉最重大的风险以及管理层是否恰当地予以应对。董事会负责单位内部控制的建立健全和有效实施。

2) 审计委员会

审计委员会是董事会设立的专门工作机构,主要负责公司内、外部审计的沟通、监督和核查工作。审计委员会的主要职责包括:审核及监督外部审计机构是否独立客观及审计程序是否有效;就外部审计机构提供非审计服务制定政策并执行;审核公司的财务信息及其披露;监督公司的内部审计制度及其实施;负责内部审计与外部审计之间的沟通;审查公司内部控制制度,对重大关联交易进行审计。

审计委员会的主要目标是督促提供有效的财务报告,并控制、识别与管理许多因素对公司财务状况带来的风险。公司面临的风险涉及竞争、环境、财务、法律、运营、监管、战略与技术等方面。审计委员会本身无法监管所有这些风险,应该由各方(包括董事会及其他委员会)共同合作。

审计委员会负责人应当具备相应的独立性、良好的职业操守和专业胜任能力。

3) 管理层

管理层直接对一个单位的经营管理活动负责。总经理在内部控制中承担重要责任,其职责包括:为高级管理人员提供领导和指引;定期与主要职能部门(营销、生产、采购、财务、人力资源等部门)的高级管理人员进行会谈,以便对他们的职责,包括他们如何管理风险等进行核查。管理层负责组织领导单位内部控制的日常运行。

4) 风险管理部门

风险管理部门及其人员的职责包括:建立风险管理政策;确定各业务单元对于风险管理的权利和义务;提高整个单位的风险管理能力;指导风险管理与其他经营计划和管理活动的整合;建立一套通用的风险管理语言;帮助管理人员制定风险管理报告规程;向董事会或管理层等报告单位风险管理的进展和暴露的问题。

5) 财务部门

单位的财务活动应当贯穿单位经营管理全过程。财务部门负责人在制定目标、确定战略、分析风险和作出管理等决策时应扮演一个关键的角色。管理层应当赋予财务部门及其负责人参与决策的权力,并支持其关注经营管理的更广范畴,局限财务负责人的关注领域和知悉范围,会削弱、制约单位的管理能力。

6）内部审计部门

内部审计部门及其人员在评价内部控制的有效性，以及提出改进建议方面起着关键作用。单位应当授予内部审计部门适当的权力以确保其审计职责的履行；对内部审计部门负责人的任免应当慎重；内部审计部门负责人与董事会及其审计委员会应保持畅通沟通；应当赋予内部审计部门追查异常情况的权力和提出处理处罚建议的权力。

7）单位员工

所有员工都在实现内部控制中承担相应职责并发挥积极作用。管理层应当重视员工的作用，并为员工反映诉求提供信息通道。

4. 公司治理下的内部控制制度建设

相关思考2-3

（1）十四届三中全会将建立现代企业制度凝练为16个字即"产权清晰、权责明确、政企分开、管理科学"，请问什么是现代企业制度？

（2）公司治理和内部控制是一个概念吗？ 它们之间有何区别？

（3）安然破产的前一天，员工和以往一样上班，供应商和以往一样供货，客户和以往一样购买安然的产品，这一奇怪现象说明了什么？

（4）怎样理解"治理是'神仙打仗'，内控解决不了公司治理的问题"这一命题？

1）完善公司治理

公司治理是内部控制的重要影响因素，从公司治理的角度完善内部控制制度，需要从如下几个方面进行。

第一，加强董事会建设。

完善公司治理的核心，是建立股东大会、董事会、监事会与经理层间相互制衡的关系。其中建立健全董事会功能是内部控制的关键，董事会连接所有者和经营者，是内部控制的最高层次。完善董事会，应做到董事长与总经理分设、董事会与总经理层分设，提高董事会成员中外部董事比例，减少内部人和大股东控制现象。只有真正完善董事会功能，才能切实健全公司治理结构，增强董事会的独立性，维护股东权益，降低代理成本。同时，在董事会下设主要由外部董事组成的审计委员会，对内部控制、会计信息质量和注册会计师使用等进行评估和监督。

第二，控制"内部人控制"现象。

保证所有者在位是控制"内部人控制"的根本措施，关键是使董事会成员真正代表股东利益，而不是"内部人"的一分子。这应从完善公司治理出发，完善内部控制环境，防止少数人操纵公司经营和财务报告系统。

第三，推进内部控制外化进程。

内部控制不仅靠公司内部治理来完善，也要靠公司外部治理来提高独立性和透明度。在外部治理机制上，财政部等五部委发布的《企业内部控制基本规范》，从政府角度规范内部控制系统，体现了政府对内部控制的外化要求。在国有企业中，因国有资产所有者缺位问题的普遍存在，由经营者实际控制企业，经营层内部控制有效，但股东大会、董事会或监事会对经营者的监控未必有效，处于"内部人"控制下的内部控制更倾向于维护内部人利益，损害国家所有者利益。因此，应尽快推进内部控制外化进程。

2）完善内部控制

第一，以"信息"为治理控制手段。

早期经济控制理论以信息和控制的观点来系统分析经济领域。当前，企业虽存在针对信息的规章制度和审计检查，却尚未系统、完整地建立基于信息的内部控制制度，信息的阻塞与滞后屡屡导致执行力不足、决策失误。应建立畅通的信息信道，实现上、下级和各部门间的交互控制，使企业获得整体流畅的管理与控制。

第二，确保内部审计的独立性。

内部会计控制制度要切实得到执行，取得良好效果，应施以恰当监督，而内部审计则是最主要的监督方式。因此，企业应确立内部审计在监督、检查内部会计控制过程中的独立地位，实现由事后监督向事中、事前监督的转变，加强日常、过程监督，及时回馈监督、评价结果，协助有关部门制定内部控制制度。

第三，建立有效的激励机制。

为保证内部控制制度有效实施并不断完善，应定期对内部控制制度执行情况进行检查与考核，评价执行过程与效果，进而调整有关控制环节与措施。对严格执行内部控制制度的，应予鼓励和奖励；对违规违章的，坚决予以处分和处罚。

第四，着力强化外部监督。

因种种原因，内部审计的独立性较弱，需借助财政、税务等外部力量，形成监督合力。宏观层面应注重监督内部控制制度，加强执法力度，发挥注册会计师作用，独立、客观、公正地评价内部控制体系，监督企业设计、实施内部控制制度。企业要建立健全内部控制，提高经营效率和效果，防止舞弊行为，尤其应当加强权责分派和授权控制、内部报告、内部审计和预算控制制度，促进公司治理。

📁 知识拓展 2-2

中国航油（新加坡）股份有限公司（China Aviation Oil，以下简称中航油新加坡公司）成立于 1993 年，是中央直属大型国企中国航空油料控股公司（以下简称集团公司）的海外子公司，因成功进行海外收购被称赞"买来个石油帝国"。2003 年峰值时，公司净资产超过 1 亿美元、总资产近 30 亿元。公司净资产从 1997 年起步时的 21.9 万美元，增长了 700 多倍，一跃成为资本市场的明星。

2003 年下半年，中航油新加坡公司取得集团公司授权，开始做油品套期保值业务。公司总裁陈久霖擅自扩大业务范围，从事石油衍生品期权交易。2003 年年底至 2004 年，中航油错误判断了油价的走势，调整交易策略，卖出看涨期权，并买入看跌期权，最终造成 5.54 亿美元的巨额亏损。

一家在新加坡被誉为最具透明度的上市公司，却因从事投机业务造成 5.54 亿美元的巨额亏损；一个被评为 2003 年度"亚洲经济新领袖"的"奇才"，却沦为失败者。

普华永道认为，导致中航油深陷巨额亏损的根本原因是其内部控制制度存在缺陷，具体表现为以下四个方面。

1. 内部人控制

尽管中航油新加坡公司聘请了国际著名的安永会计师事务所为其制定了一系列内部控制制度及风险管理制度，但在"强人治理"的文化氛围中，内控制度的威力荡然无存，这是中航油事件发生的根本原因。从公司股权结构看，集团公司"一股独大"，股东会中没有对集团公司决策有约束力的大股东，众多分散的小股东只是为了获取短期投资收益，对重大决策基本没有话语权；绝大多数董事是新加坡公司和集团公司的高管，而董事边缘化，缺乏对重大决策的制约。对期货交易这一重大事项，向投资者隐瞒交易损失并虚报盈利、擅自扩大期货交易范围等欺诈违规行为,以及与期货交易相关的内部控制形同虚设等问题,中航油新加坡公司的董事和审计委员会没有向董事会和交易所提出报告,监事会不过是装饰性的"花瓶"。

2. 法治观念淡薄

2004年10月10日,中航油新加坡公司向集团公司报告期货交易将会产生重大损失,中航油新加坡公司、集团公司和董事会没有向外部审计师、新加坡证券交易所和社会机构投资者及小股东披露这一重大信息,反而在11月12日公布的第三季度财报中仍然谎称盈利。

3. 管理者素质较低

管理者素质不仅仅指知识与技能,还包括操守、道德观、价值观、世界观等。管理者素质直接影响到企业的行为,进而影响到企业内部控制的效率和效果。陈久霖的最大弱点首先就是赌性太重,花了大多的时间和精力在投机交易的博弈上,把现货交易看得淡如水;其次就是盲目自大,对衍生产品的潜在金融风险认识不足。

4. 另类企业文化严重

从表面上看,中航油新加坡公司有符合国际惯例的治理结构和内部控制制度,但缺乏使治理结构和内部控制制度良性运行的现代法治精神。外部监管乏力、内部治理结构不健全,尤其是以董事会虚置、国企管理人过度集权为特征的国企组织控制不足问题,最终导致制度流于形式,其管理还是"一把手"一个人说了算。

中航油新加坡公司采用了世界最先进的风险管理软件系统,通过环环相扣、层层把关的制衡措施,来强化公司的风险管理,使风险管理日常化、制度化。内部的《风险管理手册》规定了各级管理人员的权限和相应的审批程序,通过联签的方式降低使用的风险。但在如何保证制度实施方面,却缺乏应有的措施,也没有及时的事后补救机制,制度最终沦为中看不中用的摆设。

(引文来源:刘华.中航油新加坡公司内部控制案例分析[J].上海市经济管理干部学院学报,2008(03):16-20。)

本 章 小 结

本章主要学习内部控制的基本理论,通过讲授要求学生掌握我国内部控制准则体系,明确内部控制的原则、要素与目标;需结合实务着重掌握内部控制的相关内容,为公司治理奠定良好的基础。

重 要 概 念

公司治理　内部环境　风险评估　控制活动　信息与沟通　监控

推荐阅读资料

[1] 刘永泽,池国华.内部控制[M].大连:东北财经大学出版社,2016.
[2] 注册会计师全国统一考试精编教材编委会.公司战略与风险管理[M].北京:企业管理出版社,2016.

2-2 课后
练习题

第3章 内 部 环 境

内容提要

内部环境包含组织的基调,它影响组织中人员的风险意识,是企业风险管理其他构成要素的基础,为其他要素提供约束和基本框架。内部环境的构成因素包括主体的风险管理理念,主体的风险容量,董事会的监督,主体中人员的诚信、道德价值观和胜任能力,以及管理当局分配权力和职责、组织和开发其员工的方式。

重点难点

本章的重难点在于要求学生掌握组织架构;掌握发展战略与人力资源的主要风险点;熟悉社会责任与企业文化的风险点,并能结合风险点阐述该内容。

学习目标

任何两个主体都不可能,也不应该以同样的方式执行企业风险管理。公司和它们的企业风险管理能力和需求,由于行业和规模,以及管理理念和文化的不同而大相径庭。因此,尽管所有的主体都应该具备每一个构成要素并有效运行,公司对企业风险管理的应用,包括采用的工具和技巧以及职能与责任的划分,通常会各不相同。管理当局应确立关于风险的理念,并确定风险容量。内部环境为主体中的人们如何看待风险和着手控制确立了基础。所有企业的核心都是人,他们的个人品性,包括诚信、道德价值观和胜任能力,以及经营所处的环境,都是构成内部环境的重要影响因素,也是本章学习和了解的主要内容之一。

知识框架

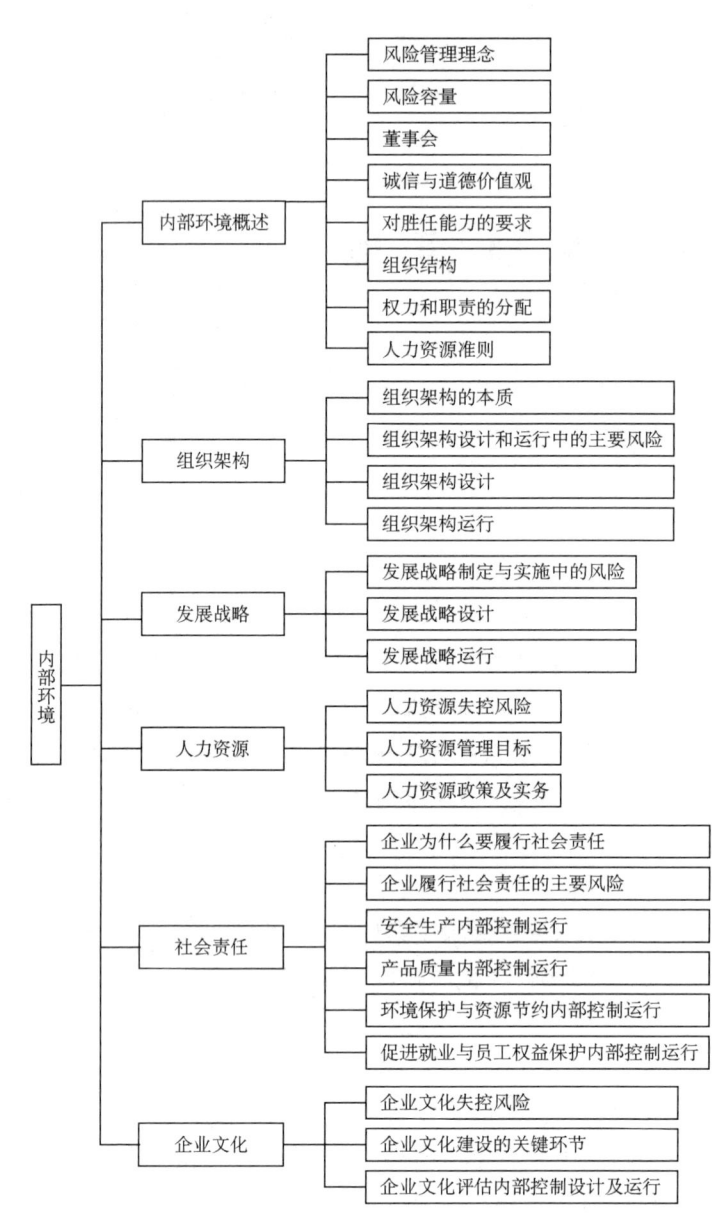

 引入　如何做好企业内部控制和风险管理①

　　一个公司的销售部为了追求销售份额,要求追加欠款额度或者延长账期,并且声言不这样做就会丢掉公司的大客户,而财务部死活不同意,说企业还在亏损状态。这个时候公司的老总很聪明,把财务部和销售部的人叫到了一起,当场把财务总监骂得狗血淋头:"产品卖不出去你吃什么?"臭骂之后销售部的经理非常高兴地出去了,这位老总马上告诉财务总监:"你今天办得非常好,就是不能延长账期,否则咱就亏了,委屈你了。"这样一来问题解决了,双方也无话可说。

---

　　① 新浪网. 内部管理如何做好企业内部控制和风险管理[EB/OL]. (2021-3-18)[2022-03-20]. https://ishare. iask. sina. com. cn/f/1e9jmnuvHXb. html.

点评：这位老总面临的问题就是对公司进行内部控制所碰到的难题，这个时候需要采取一点管理控制的技巧来化解矛盾，理解下面部门人员的工作，均衡各部门之间的关系。

很多专家学者在研究风险管理和内部控制的过程中，对内部环境进行归纳推理和沿用，最后形成了一套较为完整的理论。这个理论把内部控制环境分为七个方面，分别是诚信原则和道德价值观、员工能力、法人治理、管理哲学、组织结构、权责分派、人力资源政策。如果企业在这七个方面没有做好，后面的内部控制程序就没有办法进行下去，只有把这个七个方面的问题都解决了，统一大家的认识，才能做好内部控制。

3.1 | 内部环境概述

内部环境是企业风险管理所有其他构成要素的基础，为其他要素提供约束和基本框架。它影响着战略和目标如何制定、经营活动如何组织，以及如何识别、评估风险并采取行动。它还影响着控制活动、信息与沟通体系和监控措施的设计与运行。

内部环境受到主体的历史和文化的影响。它包含许多要素，包括主体的道德价值观、员工的胜任能力和开发、管理当局管理风险的理念，以及如何分配权力和职责。董事会是内部环境的一个关键部分，它对其他的内部环境要素有重大的影响。

尽管所有要素都很重要，但是对每个要素的强调程度会因主体而异。举例来说，一家员工较少、专注化经营的公司的首席执行官可能就不会制定正式的职责划分和具体的经营政策。但是，这家公司也会有为企业风险管理提供合适基础的内部环境。

一个主体内部环境的重要性和它对企业风险管理的其他构成要素所能产生的正面或负面影响，怎么强调都不过分。一个无效的内部环境的影响会很广泛，可能会导致财务损失、损害公众形象，或经营失败。

例如，某能源公司有着有效的企业风险管理，因为它有强有力而受人尊敬的高层管理者、声望卓著的董事会、富有创新意识的战略、设计良好的信息系统和控制活动、描述风险和控制职能的广泛的政策手册，以及全面的调整和监督途径。但是，它的内部环境却有重大缺陷。管理当局参与了动机可疑的经营业务，而董事会却视而不见。这家公司被发现曾经误报财务成果，损害了股东信心，遭遇了偿债危机，毁灭了主体的价值。最终这家公司陷入了历史上最大的破产案之一。

高层管理当局对有效企业风险管理的态度和关注必须明确而清晰，并渗透到组织之中。光说得正确是不够的。那种"按我说的去做，而不是按我做的去做"的态度，只会带来一个无效的环境。

3.1.1 风险管理理念

一个主体的风险管理理念是一整套共同的信念和态度，它决定着该主体在做任何事情，包括从战略制定和执行到日常的活动时，如何考虑风险。风险管理理念反映了主体的价值观，影响它的文化和经营风格，并且决定如何应用企业风险管理的构成要素，包括如何识别风险，承担哪些风险，以及如何管理这些风险。

成功地承担了重大风险的公司对企业风险管理的看法，似乎不同于由于在危险的地区创业而面临过严酷的经济或管制后果的公司。尽管有些主体会为了满足外部利益相关者，如母公司或监管者的需要，而努力实现有效的企业风险管理，但是更常见的原因是管理当局认识到有效的风险管理有助于主体创造和保持价值。

当风险管理理念被很好地确立和理解、并且为员工所信奉时,主体就能有效地识别和管理风险,否则,企业风险管理在各个业务单元、职能机构或部门中的应用就可能会出现不可接受的不平衡状态。但是即使一个主体的理念被很好地确立,在它的各个单元之间仍然会存在文化上的差别,从而导致风险管理应用方面的差异。一些单元的管理者可能准备承担更大的风险,而其他的则更为保守。例如,一个有闯劲的销售职能机构可能会集中关注实现销售,而没有仔细注意对法规的遵循问题,而缔约单元的人员主要集中关注确保符合所有的相关内部和外部政策与法规。孤立地看,这些不同的次级文化都能对主体产生负面影响;但是通过很好的合作,这些单元能够恰当地反映主体的风险管理理念。

企业的风险管理理念实质上反映在管理当局在经营该主体的过程中所做的每一件事情上,它可以从政策表述、口头和书面的沟通及决策中反映出来。无论管理当局是强调书面的政策、行为准则、业绩指标和例外报告,还是更为非正式地、大量通过与关键的管理者面对面的接触来进行运营,至关重要的是管理当局不仅要通过口头,而且要通过日常的行动来强化这种理念。

3.1.2　风险容量

风险容量是一个主体在追求价值的过程中所愿意承担的、广泛意义上的风险的数量。它反映了企业的风险管理理念,进而影响了主体的文化和经营风格。

风险容量应在战略制定的过程中加以考虑,来自一项战略的期望报酬应该与主体的风险容量相协调。不同的战略会使主体面临不同程度的风险,应用于战略制定过程的企业风险管理帮助管理当局选择一个与主体的风险容量相一致的战略。

主体运用类似高、适中或低等类别,从质的角度考虑风险容量,或者运用数量化的方法,来反映和平衡增长、报酬和风险方面的目标。

3.1.3　董事会

一个主体的董事会是内部环境的关键部分,它对其要素有着重大影响。董事会对于管理当局的独立性、其成员的经验和才干、对活动参与和审查的程度,以及其行为的适当性都起着重要的作用。其他因素包括提出有关战略、计划和业绩方面的疑难问题和与管理当局进行商讨的程度,以及董事会或审计委员会与内部和外部审计师的交流。

一个积极的、高度参与型的董事会,托管委员会(board of trustees)或类似的机构,应该具有适当程度的管理、技术和其他专长,以及履行监督职责所需要的思维方式。这对于一个有效的企业风险管理环境至关重要。而且,由于董事会必须准备去质疑和仔细审查管理当局的活动,提出不同的观点,并针对不当行为采取行动,因此董事会必须包含外部董事。

高层管理当局的成员可能带来他们对公司的深入了解,从而成为有效的董事会成员。但是必须有足够数量的独立外部董事,他们不但要提供合理的建议、咨询和指导,而且还要对管理当局形成必要的牵制和制衡。要想使内部环境有效,董事会中的独立外部董事必须占多数。

有效的董事会能确保管理当局保持有效的风险管理。尽管一家企业在过去可能没有遭受损失、没有暴露出明显的重大风险,董事会也不能天真地认定带有严重负面后果的事项"在这里不会发生"。应该认识到,尽管一家公司可能有合理的战略、胜任的员工、合理的经营流程和可靠的技术,但是它和所有的主体一样,对于风险而言都很脆弱,因此也需要有效运行的风险管理。

3.1.4　诚信与道德价值观

主体的战略和目标,以及它们得以推行的方式建立在偏好、价值判断和管理风格的基础之上。管理当局的诚信和对道德价值观的要求影响这些转化为行为准则的偏好和判断。因为一个主体的良好声誉有极高的价值,所以行为的准则应该不仅仅只是遵循法律。经营良好的企业的管理者越来越接受这样的观点,那就是道德是值得的,良好的道德行为就是良好的经营。

管理当局的诚信是一个主体活动的所有方面的道德行为的先决条件。企业风险管理的有效性不可能脱离那些创造、管理和监督主体活动的人的诚信和道德价值观。诚信和道德价值观是一个主体内部环境的关键要素,它影响着企业风险管理其他构成要素的设计、管理和监控。

树立道德价值观通常很困难,因为需要考虑多个方面的利益。管理当局的价值观必须平衡企业、员工、供应商、客户、竞争者和公众的利益。平衡这些利益可能是复杂而令人沮丧的,因为利益通常是互相矛盾的。举例来说,提供一种必需的产品(石油、木材或食品)可能会导致环境方面的有关问题。

道德行为和管理当局的诚信是公司文化的副产品,公司文化包含道德和行为准则,以及它们的沟通和强化方式。正式的政策指明了董事会和管理当局希望发生的情况。公司文化决定着实际发生的情况,以及哪些规则被遵循、扭曲或忽视了。高层管理当局,从 CEO 开始,在确定公司文化方面起着关键作用,作为主体中的居于支配地位的人员,CEO 往往确定了道德基调。

特定的组织因素也会影响出现欺诈性和可疑的财务报告行为的可能性。这些因素可能还会影响道德行为。个人可能会因为主体给了他们这么做的强烈动机或诱惑,而参与不诚实的、非法的或不道德的行为。过分地强调结果,尤其是短期结果,可能会形成一个不恰当的内部环境。仅仅关注短期结果即使在短期也可能有危害。专注于底线——不顾成本的销售收入或利润,通常会引发不希望看到的行动和反应。例如,高压销售策略、谈判的残酷或者对回扣的暗示可能会引发具有即期(以及持久)影响的反应。

参与欺诈性和可疑的财务报告行为,以及其他形式的不道德行为的其他动机可能包括,高度依赖于所报告的财务或非财务信息,尤其是短期结果的报酬。

从消除或减少不恰当的动机和诱惑,到消除不良行为之间要走一段很长的路。就像所建议的那样,它可以通过从事合理而又有利可图的经营活动来实现。例如,只要业绩目标切合实际,业绩激励配以适当的控制,就能成为一个有用的管理技术。设定切合实际的目标是一项正确的激励措施,它能降低产生相反作用的压力,以及欺诈性报告的动机。同样,一个控制良好的报告体系能够起到防止错报业绩诱惑的作用。

可疑行为的另一个原因是忽视。道德价值观不仅必须沟通,而且必须辅以关于是非对错的明确指南。正式的公司行为守则对有效的道德项目十分重要,是它的基础。守则致力于一系列的行为问题,例如,诚信与道德、利益冲突、不合法或不恰当的支付,以及反竞争的(anticompetitive)协议等。向上沟通的渠道也很重要,它能带来相关信息并使员工感到舒服。

仅仅有书面的行为守则、员工接受和理解的文件和适当的沟通渠道,还不能确保守则被遵守。对违反守则的员工所给予的处罚,鼓励员工报告所怀疑的违反行为的机制,以及针对知情而不报告违反行为的员工的惩戒措施,对于遵守守则而言也很重要。但是如果不能通过高层管理当局的行为和他们所作的表率提供更有效的保证的话,无论道德准则是否包含

3-1　商鞅
立木取信

在书面的守则之中,对道德准则的遵守的影响都没有什么区别。对于是非对错,以及对于风险与控制,员工可能会形成与高层管理当局所表现出来的一样的态度。管理当局的行为所传达的信息很快就会被包含到公司文化之中。而且,有关CEO在面临一个艰难的经营决策时从道德的角度讲"做了正确的事情"的认识,能够在整个主体中传达一个强有力的信息。

3.1.5 对胜任能力的要求

3-2 陶华碧的接班人

胜任能力反映实现规定的任务所需要的知识和技能。管理当局通过在主体的战略和目标与它们的执行和实现计划之间进行权衡,来决定这些任务应该完成到什么程度。通常会存在能力与成本之间的权衡,例如,没有必要去雇佣一个电气工程师来更换灯泡。

管理当局明确特定岗位的胜任能力水平,并把这些水平转换成所需的知识和技能。而这些必要的知识和技能可能又取决于个人的智力、培训和经验。在开发知识和技能水平的过程中所考虑的因素包括一个具体岗位所运用判断的性质和程度。通常会在监督的范围和所需的胜任能力水平之间作出权衡。

3.1.6 组织结构

一个主体的组织结构提供了计划、执行、控制和监督其活动的框架。相关的组织结构包括确定权力与责任的关键边界、区域,以及确立恰当的报告途径。举例来说,内部审计职能机构的结构设计应该致力于实现组织的目标,并且允许不受限制地与高层管理当局和董事会的审计委员会接触,而且首席审计官应当向组织中能保证内部审计活动实现其职责的层级报告工作。

主体应建立适合其需要的组织结构。有的是集权型的,有的是分权型的;有的有着直接报告关系,而其他的则更接近于矩阵型组织。一些主体按照行业或产品线、按照地理位置或者按照特定的配送或营销网络来进行组织。而其他的主体,包括很多省、市等地方政府单位及非营利机构,则按照职能进行组织。

一个主体的组织结构的适当性部分取决于它的规模和所从事活动的性质。有着正式的报告途径和职责的高度结构化的组织,可能适合于拥有很多经营分部,包括外国业务的大型主体。然而,在一家小公司中,这种结构可能会阻碍必要的信息流动。不管采取什么样的结构,主体的组织方式都应该确保有效的企业风险管理,并采取行动以便实现其目标。

3.1.7 权力和职责的分配

权力和职责的分配,涉及个人和团队被授权并鼓励发挥主动性去指出问题和解决问题的程度,以及对他们的权力的限制。它包括确立报告关系和授权规程,以及描述恰当经营活动的政策,关键人员的知识和经验,以及为履行职责而赋予的资源。

一些主体将权力下放,以便决策更接近于一线的人员。公司可以采取这种方式而变得更具市场驱动的特点,或者更关注质量——或许是消除缺陷、缩短周转时间或者提高客户满意度。通常通过将权力与受托责任(accountability)相结合来鼓励个人在限定的范围内发挥主动性。权力的委派意味着将特定经营决策的核心控制权交给较低的层级——给那些更靠近日常经营业务的人员。这可能包括授权以折扣价格销售产品,商谈长期供货合同、许可或专利,或者参加联盟或合营企业。

权力下放会面临两个挑战:一个挑战是仅仅针对实现目标所需要的范围来进行授权。这意味着确保决策是基于合理的风险识别和评估活动,包括在确定接受何种风险以及如何对它们加以管理的过程中,估计风险的大小和权衡潜在的损失与收益。另一个挑战是确保所有的人员都了解主体的目标。每个人都知道他们的行为彼此之间有什么关联和对实现目标有什么作用,这是至关重要的。

增加授权有时候有意伴随着组织结构的简化或"扁平化",或者是其结果。为激发创造性、发挥主动性和加快反应速度而开展的有意识的组织变革,能够提高竞争力和客户满意度。这种增加授权可能会带来更高的员工胜任能力水平以及更大的受托责任的隐含要求。它还要求管理当局采用有效的程序对结果进行监控,从而使决策能够根据需要被否决或接受。有了更好的、市场驱动的决策,授权能够增加非期望或非预期决策的数量。例如,如果一个区域销售经理决定授权在零售价的基础上折让35％来进行销售,以证实目前45％的折扣能够获取市场份额,管理当局可能需要了解情况才能否决或者接受让这种决策进行下去。

内部环境极大地受到个人对他们将要承担责任的认识程度的影响。对于首席执行官而言,也是如此,他在董事会的监督下对主体内部的所有活动负有终极责任。

3.1.8　人力资源准则

包括雇佣、定位、培训、评价、咨询、晋升、付酬和采取补偿措施在内的人力资源业务向员工传达着有关诚信、道德行为和胜任能力的期望水平方面的信息。例如,强调教育背景、前期工作经验、过去的成就和有关诚信和道德行为的证据,以便雇用资质最好的个人的准则,表明了一个主体对胜任和可信任人员的承诺。当招录活动中包括正式的、深入的招聘面试和有关该主体的历史、文化和经营风格方面的培训时,也是如此。

培训政策能够通过对未来职能与责任的沟通,以及包含诸如培训学校和研习班、模拟案例研究和扮演角色练习等活动,来加强业绩和行为的期望水平。根据定期业绩评价所进行的调换与晋升,反映了主体对于提升合格员工的承诺,包括分红激励在内的竞争性的报酬计划能够起到鼓励和强化突出业绩的作用,尽管奖金制度应该严密并且有效地控制,以避免对报告结果的不实呈报产生不当的诱惑。惩戒行动所传递的信息则是对期望行为的偏离将不会得到宽宥。

随着贯穿于主体之中的问题和风险的变化和愈加复杂,部分原因在于急剧变革的技术和日益激烈的竞争,因此很有必要把员工武装起来以应对新的挑战。教育和培训,不管是课堂讲授、自学还是在职培训,都必须有助于个人跟上环境变革的步伐并能有效地应对。雇用胜任的人员和提供一次性培训是不够的,教育过程是持续的。

📁 **知识拓展3-1** ....

企业的内部环境是其他所有风险管理要素的基础,为其他要素提供规则和基本框架。企业的内部环境不仅影响企业战略目标的制定、业务活动的组织运行和对风险的识别、评估和反应,它还影响企业控制活动、信息和沟通系统,以及监控活动的设计和执行。

在做生意的过程中,我们会跟很多地方的人打交道,经验多了就会总结出自己的一些特点,是愿意跟东北人打交道,还是愿意跟广东人打交道,或者是湖北人、北京人、上海人?

之所以分出这些区域是因为我们知道区域不同,人的性格会有明显的特征差异。如东北人比较豪爽,湖北人很聪明等。

3.2 | 组 织 架 构

《企业内部控制应用指引第1号——组织架构》(以下简称组织架构指引)指出,组织架构是指企业按照国家有关法律法规、股东(大)会决议和企业章程,结合本企业实际,明确股东(大)会、董事会、监事会、经理层和企业内部各层级机构设置、职责权限、人员编制、工作程序和相关要求的制度安排。其中,核心是完善公司治理结构、健全企业内部控制管理体制和运行机制。

3.2.1 组织架构的本质

本节从治理结构和内部结构两个方面研究组织架构的本质。

1. 治理结构是企业治理层面的组织架构

治理结构是指企业根据相关的法律法规,设置不同层次、不同功能的法律实体及相关的法人治理结构,从而使得企业能够在法律允许的框架下拥有特定权利、履行相应义务,以保障各利益相关方的基本权益,是企业成为可以与外部主体发生各项经济关系的法人所必备的组织基础。

2. 内部结构是企业内部机构层面的组织架构

内部结构是指企业根据业务发展的需要,分别设置不同层次的管理人员及其由各专业人员组成的管理团队,针对各项业务功能行使决策、计划、执行、监督、评价的权利并承担相应的义务,为业务顺利开展而实现企业发展战略提供组织架构的支撑平台。

3. 治理结构与内部结构之间既有区别又有联系

一方面,两者在服务的控制目标上存在差异。治理结构服务于企业的发展战略和合规合法;内部结构则主要服务于另外三类控制目标,即保证企业资产安全、保证财务报告及相关信息的真实完整、提高经营效率和效果。同时,我们不能将两者对内部控制目标实现的保障功能完全独立开来。另一方面,两者相互协调、相互配合、互相补充。健全的法人治理结构为内部机构的有效运行提供了基础保障,内部结构则为公司治理层的各项决策和计划的执行提供了操作平台。

3.2.2 组织架构设计和运行中的主要风险

关于组织架构设计和运行中的风险,组织架构指引分别从治理结构和内部机构两个方面进行了阐述:

(1)治理结构形同虚设,可能导致企业缺乏科学决策和运行机制,难以实现发展战略和经营目标。在所有权与经营权实现分离的情况下,所有者将日常经营和重大决策权委托给董事会,而董事会委托企业经理管理日常的经营事务。这就要求构建公司治理结构,使经理人员的目标与所有者的目标一致,为企业和所有者谋取最大的利益。若不能很好地解决公司治理的问题,那么管理阶层就没有足够的动力去改进内部控制。因此,企业内各部门之间组织架构设计、企业内各类人员之间的职责划分、行政权力分配和资源的配置、权力的执行和被监督、相互间牵制的合理性,这些方面的设计是否科学,都将对内部控制的实施产生重大影响。

(2)组织架构设计不适当,结构层次不科学,权责分配不合理,可能导致机构重叠、职能缺位、推诿扯皮,运行效率低下。科学合理的企业组织架构能够有效控制和协调企业内部权力、责任、资源分配和各种职能活动,可以作为组织管理和决策过程基础的正式信息交流渠道和非正式信息交流渠道,同时可以建立起组织文化和组织管理规则。因此,为企业设计科学合理的组织架构是至关重要的。

3.2.3 组织架构设计

组织架构的设计主要是针对根据《公司法》新设的企业,以及《公司法》颁布前存在的企事业单位转为公司制企业而言的。

在企业实务中,不少重大经济案件都牵涉"三重一大"问题,即重大决策、重大事项、重要人事任免和大额资金支付业务问题。因此,组织架构指引明确要求,企业的重大决策、重大事项、重要人事任免和大额资金支付业务等,必须按照规定的权限和程序实行集体决策审批或联签制度,任何个人不得单独进行决策或者擅自改变集体决策意见。

企业在设计组织架构时,必须考虑内部控制的要求,合理确定治理层及内部各部门之间的权利和责任并建立恰当的报告关系。组织架构设计,应该在经营目标基础上,考虑经营环境等设计参数的影响,充分利用组织资源,确定组织的职能模块,选用适用的组织模式,实现岗位的合理设置,确定组织架构,运用业务流程检验、完善组织架构。既要保证企业高效运营,又要适应内部控制环境的需要进行相应的调整和变革。具体而言,至少应当遵循以下原则:依据法律法规、有助于实现发展战略、符合管理控制要求、能够适应内外环境的变化。

1. 治理结构的设计

1)治理结构设计的一般原则

企业治理结构的设计必须符合《公司法》及其他有关法律法规的要求,一般涉及股东(大会)、董事会、监事会和经理层。企业应当根据国家有关法律法规的规定,按照决策机构、执行机构和监督机构相互独立、权责明确、相互制衡的原则,明确董事会、监事会和经理层的职责权限、任职条件、议事规则和工作程序。从内部控制建设角度看,新设企业或转制企业如果一开始就在治理结构设计方面存在缺陷,必然会对其后的长远发展造成严重损害。在组织架构设计时,企业应遵循实质重于形式的原则。

2)上市公司治理结构设计的特殊要求

上市公司因为具有重大公众利益,在结构设计时,应充分体现"公众性"特点。其特殊性表现在以下三点:

一是独立董事制度。上市公司董事会应当设立独立董事,独立董事由与其所受聘的上市公司及其主要股东不存在可能妨碍其进行独立客观判断的人员担任。独立董事不得担任除独立董事外的其他职务。独立董事应当按照有关法律法规和公司章程的规定独立履行职责,不受公司主要股东、实际控制人以及其他与上市公司存在利害关系的单位或个人的影响。

二是董事会专业委员会。上市公司应当根据治理需要,按照股东大会的有关决议设立战略决策、审计、提名、薪酬与考核等专门委员会。董事会各专业委员会,如审计委员会、薪酬与考核委员会中独立董事应当占多数并担任负责人,审计委员会中至少应有一名独立董事是会计专业人士。董事会专业委员会中审计委员会对董事会负责并代表董事会对经理层进行监督,侧重加强对经理层提供的财务报告和内部控制评价报告的监督,同时通过指导与监督内部审计和外部审计工作,提高内部审计和外部审计的独立性,在信息披露、内部审计和外部审计之间建立起了一个独立的监督和控制机制。

三是董事会秘书。上市公司应当设置董事会秘书,以及由其负责管理的信息披露实务部门(董秘办)。董事会秘书是上市公司的高级管理人员,对上市公司和董事会负责,由董事长提名,董事会任免。在上市公司内部控制实务中,董事会秘书扮演着非常重要的角色。其负责公司股东大会和董事会会议的筹备、文件保管,以及公司股东资料的管理、办理信息披露事务等事宜。

3)国有独资公司治理结构设计的特殊要求

国有独资公司是我国在利用公司制对国有企业进行制度创新过程中产生的,其结构设计应充分反映自身的特色。其特殊性主要表现在以下四项:

第一,国有资产监督管理机构代行股东大会职权。国有独资公司董事会可以根据授权部分行使股东大会职权,决定公司的重大事项,但公司的合并、分立、解散、增加或者减少注册资本和发行公司债券,必须由国有资产监督管理机构决定;重要的国有独资公司合并、分立、解散、申请破产的,应由国有资产监督管理机构审核后,报本级人民政府批准。

第二,国有独资公司董事会成员中应当包含职工代表。国有独资公司董事会成员由国有资产监督管理机构委派;董事会成员中的职工代表由公司职工代表大会选举产生。国有独资公司董事长、副董事长由国有资产监督管理机构从董事会成员中指定产生。

第三,国有独资公司监事会成员不得少于 5 人,其中职工代表的比例不得低于 1/3。国有独资公司监事会成员由国有资产监督管理机构委派;监事会成员中的职工代表由职工代表大会选举产生。监事会主席由国有资产监督管理机构从监事会成员中指定产生。

第四,外部董事由国有资产监督管理机构提名推荐,由任职公司以外的人员担任。外部董事在任期内,不得在任职企业担任其他职务。外部董事制度对于规范国有独资公司治理结构、提高决策的科学性、防范重大风险具有重要意义。

2. 内部结构的设计

内部结构的设计是组织结构设计的重要环节。具体包括:职能机构的设置、岗位职责的划分、权限体系的分配。

1)职能机构的设置

企业应当按照科学、精简、高效、透明、制衡的原则,综合考虑企业性质、发展战略、文化理念和管理要求等因素,合理设置内部职能机构,明确各机构的职责权限,避免职能交叉、缺失或权责过于集中,形成各司其职、各负其责、相互制约、相互协调的工作机制。常见的职能机构包括:规划、设计、采购、生产、销售、会计、审计、人事、法律、后勤等。

2)岗位职责的划分

企业应当对内部各职能机构的职责进行科学合理的分解,确定具体岗位的名称、职责和工作要求等,明确各岗位的权限和相互关系。企业在确定职权和岗位分工的过程中,应当着重体现不相容职务相互分离的控制要求。企业根据不相容职务相互分离的原则划分岗位职位职责,还应当关注董事和经理人员的交叉任职现象。

3)权限体系的分配

企业应当制定组织结构图、业务流程图、岗位说明书、权限指引等内部管理制度或相关文件,使员工了解和掌握组织架构设计及权责分配情况,正确履行职责。特别值得指出的是,就内部结构设计而言,建立权限指引和授权机制非常重要。有了权限指引,不同层级的员工就知道该如何行使各自的权限并承担相应的责任,也有利于事后考核评价。"授权"表明的是企业各项决策和业务必须由具备适当权限的人员办理,这一权限通过公司章程约定或其他适当方式授予。企业内部各层级员工必须获得相应的授权,才能实施决策或执行业务,严禁越权办理。企业内部各层级员工必须获得相应的授权,才能实施决策或执行业务,严禁越权办理。按照授权对象和形式的不同,授权分为常规授权和特别授权。常规授权一般针对企业日常经营管理过程中发生的程序性和重复性工作,可以在由企业颁布的岗位说明书中予以明确,或通过制定专门的权限指引予以明确。特别授权一般是董事会给经理层或经理层给内部机构及员工授予处理某一突发事件(或法律纠纷)、作出某项重大决策、代替上级处理日常工作的临时性权利。

3.2.4 组织架构运行

组织架构的运行是指企业治理结构和内部结构按照既定的设计方案,行使各自权利和履行相应责任的动态过程。一般来说,组织机构运行涉及企业治理结构和内部机构的运行,也涉及对存续企业组织架构的全面梳理。

组织架构指引明确提出,企业应当根据组织架构的设计规范,对现有治理结构和内部结构设置进行全面梳理,确保本企业治理结构、内部机构设置和运行机制等符合现代企业制度的要求。

对治理结构的梳理,应当重点关注董事、监事、经理及其他高级管理人员的任职资格和履职情况。就任职资格而言,应重点关注行为能力、道德诚信、经营管理素质、任职程序等方面。就履职情况而言,着重关注合规、业绩及履行忠实、勤勉义务等方面。更要重点关注董事会、监事会和经理层的运行效果。

1) 内部机构的梳理

对内部机构的梳理,应当重点关注内部机构设置的合理性和运行的高效性。

从合理性角度梳理内部机构的设置情况,应当重点关注内部机构设置对内外部环境的适应性,对实现发展目标的一致性,对内部分工的协调性,以及对权责分配的对等性方面。企业内部机构的设置必须要适应内外部环境的变化。企业内部机构设置必须要以发展目标为导向。企业内部机构设置必须满足专业化的分工和协作。企业内部机构设置必须明确界定各机构和岗位的权利和责任,权责不得有交叉重叠,更不得只有权利而没有相对应的责任和义务。

从高效性角度梳理内部机构的运行情况,应当重点关注职责分工的效率、权力制衡的效率和信息沟通的效率。由于要面对千变万化的市场环境,内部各机构的职责分工必须针对市场环境的变化及时作出调整,特别是企业面临重要事件或重大危机时。检验企业权力制衡的效率,就是要评估这种权力制衡机制是否有效。评估内部机构运行中信息沟通的效率,一般包括两个方面:信息在内部机构间的流通是否顺畅,是否存在信息滞后或信息阻塞;信息在组织架构中的流通是否有助于提高效率,是否存在沟通舍近求远。

2) 对母子公司组织架构梳理的特殊要求

当企业发展壮大为集团公司时,对母子公司组织架构的梳理显得尤为重要。组织架构指引强调:企业拥有子公司的,应当建立科学的投资管控制度,通过合法有效的形式履行出资人职责、维护出资人权益,重点关注子公司特别是异地、境外子公司的发展战略、年度财务预算,重大投融资、重大担保、大额资金使用、主要资产处置、重要人事任免、内部控制体系建设等事项。为确保母子公司组织架构运行的合法有效性,企业对母子公司组织架构的梳理应当重点关注母子公司在业务、资产、财务、人员和机构五方面的独立性。

💬**案例讨论 3-1** ···

从三株的衰微看企业组织机构及运行规范①

三株公司不是被常德的官司拖垮的。三株的内部管理不规范,尤其是组织不规范,把它捡得的一个金娃娃又玩丢了。

三株兴是奇迹,败亦是奇迹。

三株曾是中国民营企业的一个奇迹。1994 年,三株实业有限公司成立,同时推出三株口服液保健产品,当年,销售额达到 1.25 亿元。1996 年三株销售收入达到 80 亿元,在全国所有大城市、省会城市和绝大部分地级市都注册了三株子公司,子公司达到 60 多个。三株在县、乡、镇有 2 000 多个办事处,各级行销人员总共超过 15 万人。1997 年销售收入下滑了 10 亿元,原计划收入 300 亿元仅实现 70 亿元。1998 年市场开始瘫痪,1999 年,200 多个子公司和 2 000 多个办事处全部关门。2000 年三株企业网站关闭,三株几乎是从业界消失了。

三株由生到盛,仅仅用了两年的时间,由盛到衰却不到两年的时间。三株公司自己认为,三株之所以由盛一下走向几乎消亡,是让湖南常德汉寿县的一场官司给拖垮了。

1996 年 6 月 3 日,湖南常德汉寿县 77 岁的退休老船工陈伯顺,因患老年性尿频,已被医院大夫“判死刑”出院。在三株广告诱导下,花 428 元买回 10 瓶三株口服液。喝到第 8 瓶时,于 6 月 23 日病情恶化,9 月3 日死亡。陈老汉死后,其家人把三株告上了法庭。

此案发生时,正是三株口服液红遍全中国之时。与许多与三株有关的诉讼案件一样,开始并没有演变成全国性的新闻事件。案件审理,一拖再拖,几乎是不了了之。但自始至终,也没有人把这个事当回事,也没有人去认真处理平息这个事。此时的三株,财大气粗,并没有把这件事当作企业发展中的大事。可到了 1997 年底,案件发生转折性变化。1998 年 3 月 31 日,常德中级人民法院作出一审判决,三株败诉,并要求向死者家属赔偿 29.8 万元。

这时的三株已辉煌不在,才投入精力应对官司,并最终在二审获胜。他们只重视官司,没有想到比官司本身还可怕的事已等在门口。一审判决后,当即有二十多家媒体进行了报道,标题均为“八瓶三株口服液,喝死一条老汉”。这条有广泛影响的爆炸性新闻,将已露败迹的三株推向了深渊,使其从月销售收入数亿元,一下降到几百万元。工厂只得全部停产,工人只能放长假回家。

三株公司作为在全国有重大影响,并且名声赫赫的企业集团,一场赢了的官司把它拖垮了,简直是不可思议。其实拖垮公司的真正原因不是官司本身,而是其企业内部管理混乱,组织架构和运行不规范,企业系统的众多子系统的目标功能作用不能正常发挥。常德的官司发生后,三株公司没有人对危机事件负责。尽管后来案件的二审,三株胜诉了,但此事已经过去将近三年时间,已经造成全面的市场信誉崩溃,造成的恶果已无法挽回。

为什么三株衰落得如此匆匆?从三株的组织架构和运行上就可发现端倪。三株的组织架构和运行存在以下五个致命的缺陷:

(1)“集团军式”的集权管理,企业系统功能分配上严重失衡。各子公司不是一个独立核算的公司,只是一个代理执行总部战略意图的促销单位。市场范围由总部划定,产品由总部统一调拨运输,价格由总部敲定,甚至签订合同和货款回笼都由总部包揽,子公司实际上只是负责与新闻媒介联系登广告,或者把宣传品送到客户手里,实施一些促销活动,把产品卖出去。各级财务人员的工资由总部财务中心统一发放。集团对子公司是“填鸭式”的管理,各公司只能被动接受命令,无法根据市场实际,发挥自己的主观能动性和创造性。这种管理模式,在 1996 年已暴露出严重的不适应,1997 年初,他们开始放权。但一放就乱,没有完善的组织规范,许多子公司不会用权,或者滥用权力,这又导致一些新的更严重的问题的发生。

---

① 百度文库. 从三株的衰微看企业组织架构及运行规范化[EB/OL]. (2016-2-19)[2022-03-20]. https://wenku.baidu.com/view/2025b535217916888486876 2caaedd3382c4b578.html.

（2）组织系统目标功能作用不清，单位、部门自成体系。三株总公司的组织架构，实行的是中央集权管理体制，企业建立了高度统一的指挥体制。吴炳新称之为六统一，"思想统一、组织统一、政策统一、企划统一、行动统一、管理统一"。为了使这种集权体制具体化，又引进了日本企业的"贩卖、人事、总部、制造"四个中心的架构，成立了制造中心、营销中心、财务中心、组织人事中心。集团四个中心，各自独立成为一个体系。各中心之间，画地为牢，互成壁垒，一个个都成了割据分立的诸侯王国。人员各自扩充，职能各自增添，以与其他中心争权夺利。单位、部门之间"拉山头，闹独立"。单位、部门不是从企业整体利益出发，而是从小集团和个人利益出发。单位、部门负责人利用职权，打击异己，拉帮结派，培植个人势力。对上面的决策，符合自己小团体利益和个人利益的就贯彻；不符合的，听而不闻，视而不见。

（3）组织层次过多，运行效率低下。从集团总裁到基层员工，总共有18个层次。过多的等级造成严重的官僚主义，上令难以下达，下情难以上传。市场信息不灵，上下沟通渠道不畅。总部对下属公司无法进行有效控制，对外部环境变化反应迟缓。在组织架构和运行上实行"军事化控制"：上有市场前线总指挥委员会，其功能好比国家军委；中有各省市场前线指挥部，好比前敌委；在总部还设立有"政治工作部"，各省的公司分部设"政治委员"，子公司派代表；下有基层作战单位，基层网点执行经理为"连长"。但这种军事化的管理也无法给三株带来效率，吴炳新亲自批示的报告，并且电告副总裁速办，结果在中间被卡住，理由是手续不全，延误十多天，导致贻误良机。

（4）单位、部门和岗位角色职责不清。在公司总部，组织体系大的套小的，重重叠叠。集团下面，大公司又套小公司，业务总部控制，层层叠叠的多级公司，都是跑广告、做广告，发发货，职能雷同。中间层次的公司纯粹变成了"行政衙门"，业务由下面做，钱交由他们花。管理人员整天坐在办公室发号施令，很少去直接管辖的下级市场，甚至办事处在什么地方都不知道。有一个子公司经理，手下一个办事处主任，上岗4个月，他还不认识。尤其是一些中间层次的管理人员，晚上逛歌舞厅，进夜总会，白天睡大觉。放权以后，没有明晰的责任限制，总部对下面的控制减弱，问题进一步加剧，责任没人负，工作没人干。有个子公司经理公开说，"子公司经理就是比办事处主任懒，办事处主任就是比业务主办懒"。

（5）干部终身制，能上不能下。三株自己的员工也表示，"我们不是国有企业，但比国有企业还国有企业。有些干部低能，在一个单位混不下去了，再换个单位照样当官"。

通过一定的科学方法，规范企业的组织架构和运行，是直接关乎企业兴衰存亡的大事。

3.3 | 发 展 战 略

发展战略，是指企业在对现实状况和未来趋势进行综合分析和科学预测的基础上，制定并实施的中长期发展目标与战略规划。目的在于防范和控制企业发展战略制定与实施中的重要风险，提高企业核心竞争力，推动企业健康可持续发展。

3.3.1 发展战略制定与实施中的风险

企业发展战略制定和实施中的主要风险有：

（1）缺乏明确的发展战略或发展战略实施不到位，可能导致企业盲目发展，难以形成竞争优势，丧失发展机遇和动力。发展战略的制定和实施，对处于任何发展期的企业来说都是至关重要的，明确的发展战略是企业经营活动的导向，发展战略的缺乏可能导致企业的发展缺乏计划性与战略性。

（2）发展战略过于激进，脱离企业实际能力或偏离主业，可能导致企业过度扩张，甚至经营失败。脱离企业客观实际的发展战略可能导致企业的过度扩张与发展滞后，只有符合企业的实际情况和适应企业环境的发展战略才能促进企业的发展。

（3）发展战略因主观原因频繁变动，可能导致资源浪费，甚至危及企业的生存和持续发展。作为企业发展的灵魂、核心竞争力的体现，发展战略应当反映企业的长期性、战略性、和相对稳定性，不能因为主观原因而频繁变动。

3.3.2 发展战略设计

3-3 一代手机帝国的陨落——诺基亚

制定发展战略是企业实现健康可持续发展的起点。企业应当按照科学发展观的要求，将企业的前途与国家的命运紧密联系起来，立足当前，面向未来，科学制定切合自身实际又符合市场经济发展规律的发展战略。

1. 要建立和健全发展战略

制定机构发展战略关系着企业的现在和未来，企业各层级都应给予高度重视和大力支持，要在人力资源配置、组织机构设置等方面提供必要的保证。

为适应企业发展战略的需要，保证公司发展规划和战略决策的科学性，增强公司的可持续发展能力，根据《公司法》的规定，企业应当在董事会下设立战略委员会，或由董事会授权的类似机构履行发展战略相应职责。

战略委员会对董事会负责，委员包括董事长和其他董事。战略委员会委员应当具有较强的综合素质和实践经验，委员的任职资格和选任程序应符合有关法律法规和企业章程的规定。战略委员会主席应当由董事长担任；委员中应当有一定数量的独立董事，以保证委员会更具独立性和专业性。必要时，战略委员会还可聘请社会专业人士担任顾问，提供专业咨询意见。

战略委员会的主要职责是对公司长期发展战略和重大投资决策进行研究并提出建议，具体包括以下几点：

（1）负责研究拟定发展战略，对公司的长期发展规划、经营目标、发展方针进行研究并提出建议。

（2）对公司的产品战略、市场战略、营销战略、研发战略、人才战略等经营战略进行研究并提出建议，对公司重大战略性投资、融资方案进行研究并提出建议，对公司重大资本运作、资产经营项目进行研究并提出建议等。

（3）对前述两款的实施情况进行监督检查。

为确保战略委员会议事过程透明、决策程序科学民主，企业应当明确相关议事规则，对战略委员会会议的召开程序、表决方式、提案审议、保密要求和会议记录等作出明确约定。

为了使公司发展战略管理工作落到实处，企业除了在董事会层面设立战略委员会，还应在内部机构中设置专门的部门或指定相关部门，承担战略委员会有关的具体工作。

2. 综合分析评价影响发展战略的内外部因素

企业外部环境、内部资源等因素，是影响发展战略制定的关键因素。只有对企业所处的外部环境和拥有的内部资源展开深度分析，才能制定出科学合理的发展战略。在此过程中，企业应当综合考虑宏观经济政策、国内外市场需求变化、技术发展趋势、行业及竞争对手状况、可利用的资源水平和自身优势与劣势等影响因素。

1）分析外部环境，发现机会和威胁

外部环境是制定发展战略的重要影响因素，包括企业所处的宏观环境、行业环境及竞争对手、经营环境等。分析企业面临的外部环境，应当着重分析环境的变化和发展趋势及其对企业战略的重要影响,同时评估有哪些机会可以挖掘,以及企业可能面临哪些威胁。

第一,宏观环境分析。企业是一个开放的经济系统,其经营管理必然受到客观环境的控制和影响。

企业要在充分研究外部环境的现状及未来发展趋势的基础上,抓住有利于企业发展的机会,避开环境威胁的因素。宏观环境分析一般通过政治和法律环境、经济环境、社会和文化环境、技术环境等因素分析企业所面临的状况。

第二,行业环境及竞争对手分析。企业应当加强对所处行业调研、分析、发现影响该行业盈亏的决定性因素、当前及预期的盈利性,以及这些因素的变动情况。通过行业分析,确保企业在所提供产品或服务的类型、方式及地点,以及希望实现的产业规模等方面,能够与同行业竞争对手区别开来,建立和巩固自身市场优势,制定差异化竞争战略。

第三,经营环境分析。经营环境分析侧重于对市场及竞争地位、消费者消费状况、融资者、劳动力市场状况等因素的分析。经营环境比宏观环境和行业环境更容易为企业所影响和控制,也更有利于企业主动应对其带来的机会和威胁。

2) 分析内部资源,识别优势和劣势

内部资源是企业发展战略的重要制约条件,包括企业资源、企业能力、核心竞争力等各种有形和无形资源。分析企业拥有的内部资源和能力,应当着重分析这些资源和能力使企业在同行业中处于何种地位,与竞争对手相比,企业有哪些优势和劣势。

第一,企业资源分析。企业资源分析应着重对企业现有资源的数量和利用效率,以及资源的应变能力等方面进行分析。通过企业资源分析,确定企业资源的状态,找出企业资源优势和劣势;通过与主要竞争对手资源情况的比较,明确形成企业核心能力和竞争优势的战略性资源。

第二,企业能力分析。企业能力分析是企业有形资源、无形资源和组织资源等各种资源有机组合的结果,主要包括:研发能力分析、生产能力分析、营销能力分析、财务能力分析、组织管理能力分析等。企业通过分析和挖掘企业能力,了解发展战略能否适应企业面临的各种机遇和挑战,同时还可能发现让竞争对手无法企及的新机会和新领域。

第三,核心竞争力分析。核心竞争力是指能为企业带来相对于竞争对手存在竞争优势的资源和能力。能够有助于企业构建核心竞争力的资源主要包括:稀缺资源、不可模仿的资源、不可替代的资源、持久的资源等。企业在战略分析时,应当将注意力特别集中在那些能够帮助企业建立核心竞争力的资源上。

3. 要科学编制发展战略

发展战略可以分为发展目标和战略规划两个层次。其中,发展目标是企业发展战略的核心和基本内容,是在最重要的经营领域对企业使命的具体化,表明企业在未来一段时期内所要努力的方向和所要达到的水平。战略规划是为了实现发展目标而制定的具体规划,表明企业在每个发展阶段的具体目标、工作任务和实施路径。

1) 制定发展目标

企业发展目标作为指导企业生产经营活动的准绳,通常包括:盈利能力、生产效率、市场竞争地位、技术领先程度、生产规模、组织结构、人力资源、用户服务、社会责任等。

关于发展目标的编制,有几点值得注意:第一,发展目标应当突出主业。在编制发展目标时突出主业,将其做精做强,做成行业"独一份",不断增强核心竞争力,是许多成功的跨国公司的经验之谈。然而,我国少数大型企业存在盲目投资非主业的现象,特别是一些非地产主业的央企投资房地产,引发了社会各界的广泛争议。此举既不利于国家宏观调控政策的贯彻落实,也可能损害企业的长远发展。企业在发展过程中,只有集中精力做强主业,才能增强企业核心竞争力,才能在行业发展、产业发展中发挥引领和带头作用。第二,发展目标不能过于激进,不能盲目追逐市场热点,不能脱离企业实际,否则可能导致企业过度扩张或经营失败。为追求"超常规""跨越式"发展,有些企业转而制定激进的发展目标。在这种浮躁心态的驱使下,这些企业盲目做大,不惜成本,急于"铺摊子",试图在短期内就打造成为巨型企业。但是,这种所谓"跨越式"发展,在内部管理能力难以跟上、风险管理水平不匹配的情况下,一旦遇到外部环境"风吹草动",企业很可能顷刻间"灰飞烟灭",迅速走向衰败。第三,发展目标不能过于保守,否则会丧失发展机遇和动力。在过于保守的战略引导下,企业由于发展目标易实现而沾沾自喜,久而久之,在激烈的市场竞争中往往不能及时抓住市场机会,导致发展滞后,最终难以逃脱被淘汰的命运。

企业应当在充分调查研究、征求意见和分析预测的基础上制定发展目标。对企业已进入或将要进入的环境进行详细而周密的调查,建立市场的信息知识系统。这一步是企业制定战略的基础,所以在对市场环境进行调查时,要全面把握关键因素。常用 SWOT 分析法对企业的现状进行分析。

2)编制战略规划

发展目标确定后,就要考虑使用何种手段、采取何种措施、运用何种方法来达到目标,即编制战略规划。战略规划应当明确企业发展的阶段性和发展程度,制定每个发展阶段的具体目标和工作任务,以及达到发展目标必经的实施路径。

3)严格审议和批准发展战略

发展战略拟定后,应当按照规定的权限和程序对发展战略方案进行审议和批准。

审议战略委员会提交的发展战略建议方案,是董事会的重要职责。在审议过程中,董事会应着力关注发展战略的全局性、长期性和可行性,具体包括:第一,发展战略是否符合国家行业发展规划和产业政策;第二,发展战略是否符合国家经济结构战略性调整方向;第三,发展战略是否突出主业,有助于提升企业核心竞争力;第四,发展战略是否具有可操作性;第五,发展战略是否客观全面地对未来商业机会和风险进行分析预测;第六,发展战略是否有相应的人力、财务、信息等资源保障等。董事会在审议中如果发现发展战略方案存在重大缺陷问题,应当责成战略委员会对建议方案进行调整。

企业发展战略方案经董事会审议通过后,应当报经股东(大)会批准后付诸实施。

3.3.3 发展战略运行

在企业发展战略决策方面,始终需要坚持其控制目标在于企业应建立与经营目标一致的长远发展战略。对于发展战略的控制措施,应该从宏观的企业综合视角、中观的业务板块和微观的分区流程三个方面来推进。

1. 如何实施发展战略

科学制定发展战略是一个复杂的过程,实施发展战略更是一个系统工程。企业只有重视和加强发展战略的实施,在所有相关目标领域全力推进,才有可能将发展战略描绘的蓝图转变为现实,铸就核心竞争力。为此,企业应当加强对发展战略实施的统一领导,制订详细的年度工作计划,通过编制全面预算,将年度目标进行分解、落实,确保企业发展目标的实现。此外,还要加强对发展战略的宣传培训,通过组织结构调整、人员安排、薪酬调整、财务安排、管理变革等配套措施,保证发展战略的顺利实施。

1) 着力加强对发展战略实施的领导

要确保发展战略有效实施,加强组织领导是关键。企业经理层作为发展战略制定的直接参与者,往往比一般员工掌握更多的战略信息,对企业发展目标、战略规划和战略实施路径的理解和体会也更加全面深刻,应当担当发展战略实施的领导者,统筹兼顾资源分配、内部机构优化、企业文化培育、信息沟通、考核激励相关制度建设等方面的协调、平衡和决策,确保发展战略的有效实施。

2) 着力将发展战略分解落实

第一,要根据战略规划,制订年度工作计划。第二,要按照上下结合、分级编制、逐级汇总的原则编制全面预算,将发展目标分解并落实到产销水平、资产负债规模、收入及利润增长幅度、投资回报、风险管控、技术创新、品牌建设、人力资源建设、制度建设、企业文化、社会责任等可操作层面,确保发展战略能够真正有效地指导企业各项生产经营管理活动。第三,要进一步将年度预算细分为季度、月度预算,通过实施分期预算控制,促进年度预算目标的实现。第四,要通过建立发展战略实施的激励约束机制,将各责任单位年度预算目标完成情况纳入绩效考评体系,切实做到有奖有惩、奖惩分明,以促进发展战略的有效实施。

3) 着力保障发展战略有效实施

目前复杂动态的市场环境和激烈的市场竞争,对企业内部不同部门之间的这种协同运作提出了越来越高的要求。为此,企业应当采取切实有效的保障措施确保发展战略的顺利贯彻实施。

第一,要培育与发展战略相匹配的企业文化。

企业文化是发展战略有效实施的重要支持。发展战略制定后,要充分利用企业文化所具有的导向、约束、凝聚、激励等作用,统一全体员工的观念行为,共同为发展战略的有效实施而努力奋斗。

第二,要优化调整组织结构。

发展战略决定着企业组织结构模式的设计与选择;反过来,发展战略的实施过程及效果又受到所采取的组织结构模式的制约。要解决好发展战略前导性和组织结构滞后性之间的矛盾,企业必须在发展战略制定后,尽快调整企业组织结构、业务流程、权责关系等,以适应发展战略的要求。

第三,要整合内外部资源。

企业能够利用的资源是有限的,如何调动和分配企业不同领域的人力、财力、物力、信息等资源来适应发展战略,是促进企业发展战略顺利实施的关键所在。企业在战略实施过程中,只有对拥有的资源进行优化配置,达到战略与资源的匹配才能充分保证战略的实现。

第四,要相应调整管理方式。

企业在战略实施过程中,往往需要克服各种阻力,改变企业日常惯例,在管理体制、机制及管理模式等方面实施变革,由粗放、层级制管理向集约、扁平化管理转变,为发展战略的有效实施提供强有力的支持。

4) 着力做好发展战略宣传培训工作

企业应当重视发展战略的宣传培训工作,为推进发展战略实施提供强有力的思想支撑和行为导向。一是,在企业董事、监事和高级管理人员中树立战略意识和战略思维,充分发挥其在战略制定与实施过程中的模范带头作用;二是,通过采取内部会议、培训、讲座、知识竞赛等多种行之有效的方式,把发展战略及其分解落实情况传递到内部各管理层级和全体员工,营造战略宣传的强大舆论氛围;三是,企业高管层要加强与广大员工的沟通,使全体员工充分认清企业的发展思路、战略目标和具体举措,自觉将发展战略与自己的具体工作结合起来,促进发展战略的有效实施。

2. 实施分层级战略管控

1) 企业综合层面的控制

企业董事会要组织研究企业的长期发展战略,根据需要成立战略委员会。战略委员会应该制定明确的议事规则,明确其主要的职责权限、任职资格、运作程序等内容。战略委员会由3~7名成员组成,战略委员会委员由董事会选举产生,任期由董事会决定。战略委员会应对国内外相同行业的发展状况进行研究,为董事会进行战略决策提供参考。

2) 相关部门及岗位专项层面的控制

总体原则是透明分层、角色定位。通常,企业战略委员会的使命就是对企业长期发展战略和重大投资决策进行研究并提出建议。相关部门及岗位通常有:投资者关系部、董事会及监事会办公室为董事会服务岗,对起草或者参与起草战略委员会议事规则负责;法律事务部、企业事务处经理和企业总经理为企业事务岗,对起草或者参与起草、审核战略委员会议事规则负责;业绩信息管理部、分析处为经营考核岗,对业绩信息进行分析,负责为企业战略决策提供参考;战略规划部、战略规划处为战略规划岗,进行企业战略研究,为董事会进行战略决策提供参考文献;战略规划部、战略合作处为战略合作岗,对研究企业的收购、兼并等资本运作战略,并向经理层提出实施建议负责,对组织研究并参与实施与国内金融机构的战略合作,组织研究并参与实施企业海外发展战略负责,对企业与国际机构的交流与合作负责;战略规划部、发展研究处为发展研究岗,对研究、制订企业的长远发展计划负责。

常言道:"三年发展靠机遇,十年发展靠战略。"加强战略管理,提高战略管理水平,是企业谋求长远发展的不懈追求。后国际金融危机时期,我国正处在世界经济大变革、大转型的重要战略机遇期,企业应当以此为契机,强化发展战略管理,积极推进战略转型,加快发展方式转变,提升企业核心竞争力,实现健康可持续发展。

案例讨论 3-2

不同战略,两种命运:剖析万科与金田的发展战略①

万科和金田两家公司的股票几乎同时在深圳交易所上市,股票代码分别为600002和600003。当时,这两家深圳的公司同样是主营房地产,同样走的是贸易商社多元化道路,同样在上市头两年取得飞速发展,以至于许多人把他们比作兄弟企业。

然而,到了21世纪,万科已经发展成为中国房地产行业的一面旗帜,而金田继1998年、1999年两年亏损之后,2000年继续亏损,亏损额达60 527万元。两家企业呈现出极大的反差,这与他们实施不同的经营战略有直接的关系。下面从企业成长角度,将万科与金田的战略历程进行比较、分析。

一、相似的基础——综合商贸多元化企业

上市的头两年,万科和金田都取得了飞速的发展,万科1993年实现营业收入10.84亿元,税后利润

---

① 张涛,唐志强. 不同战略,两种命运——简析万科与金田的企业发展战略[J]. 企业管理,2001(09):39-41.

1.53 亿元,同比分别增长 64％和 129％;金田也相差无几,1993 年实现主营业务收入 10.54 亿元,税后利润 1.17 亿元,同比增长 33.8％和 122.8％。当时,中国不少行业都处于卖方市场的情况,大量的企业都走多元化发展的道路。万科和金田也不例外,也是什么赚钱就做什么,同样属于以房地产为主的综合商贸多元化企业。

1993 年万科从 B 股市场上筹集资金 4.5 亿元。资金多了之后就跨地域、跨行业经营,地产项目遍及全国 12 个城市,涉足的行业有五大类,商贸、工业、地产、证券、文化。截至 1994 年底,万科拥有的子公司有 24 家,具体涉及房地产开发、物业管理、商业贸易、咨询服务、影视文化、饮料及食品生产、广告经营、印刷品设计、电分制版等若干行业。

金田更是在 1993 年 28 个子公司的基础上增加到 1994 年的 33 个子公司,横跨房地产、纺织、磁盘生产、零售、外贸、汽车出租、印刷、酒店等行业。

但是在 1994 年,两家企业的战略思想已经出现分化的迹象。由于 1993 年底国家开始进行宏观调控,实行紧缩银根、控制信贷规模等抑制经济过热的政策,原来能轻易取得高额利润的房地产业受到了剧烈的冲击。

为了应对这种情况,金田和万科采取了不同的发展战略:金田提出"继续朝着多元化、集团化、现代化的跨国公司目标迈进",希望利用多元化分散经营风险;万科却实行了"本集团以房地产为核心业务,重点发展城市居民住宅……对发展潜力较小的工业项目将重组或转让,以集中资源"的专业化经营战略。结果,1994 年万科和金田都保持了利润的一定增长,但万科的房地产业务收入占总收入的 56.92％,而金田的房地产收入只占总收入的 31.92％,比纺织和商贸收入的比例还小。

二、万科专营与金田多营的两种结果

遵循不同的发展战略,1994 年后,金田和万科走上了两条截然不同的道路:

在"坚持规模经营,多元化发展,跨地区扩张,专业化协调的经营方针"的指导下,金田不断地拉长战线,追加在房地产主业以外的各项投资,在纺织、磁盘生产、零售业、能源和运输业等多条战线上疲于奔命。在其年报中公布的子公司数量由 1993 年的 28 家、1994 年的 33 家一直增长到 1995 年的 40 家、1996 年的 47 家。每年以 20％以上的速度递增,然而子公司的营业收入和利润却以更大的比率下降,并于 1996 年出现亏损。

到了 1997 年,金田又进入新的行业,收购了林州火电厂和青海水泥厂,以求扭亏为盈,与此相对应的是,金田的主业更进一步萎缩。虽然 1997 年有少量盈利,但 1998 年、1999 年却产生巨额亏损,2000 年继续亏损,亏损额达到 60 527 万元。房地产业务几乎停滞,其他业务如纺织、巴士运输、超市等也都风光不再。同时,金田官司缠身,诉讼案达数十起,涉及金额上亿元。成为 ST 股后,2001 年金田戴上了 PT 的大帽子。

与金田相反的是,万科按照专业化的发展战略对非核心业务进行了调整,开创了万科著名的"减法理论",也就是对非核心企业关、停、并、转。转就是卖,盘活存量。例如,万科 1996 年转让深圳怡宝食品饮料有限公司、北京比特实业股份有限公司及汕头宏业股份有限公司等公司的股权,1997 年转让了深圳万科工业扬声器制造厂及深圳万科供电公司的股权。

事实上,万科的战略性调整共包括三个方面:第一个调整就是从多元化经营向专营房地产集中;第二个调整是从多品种经营向住宅集中;第三个调整就是投放的资源由 12 个城市向北京、深圳、上海和天津集中。也就是说,万科走的不仅是经营领域的专业化,也是地域专业化战略之路。结果,万科的业绩和主营房地产业务不断发展,到 2000 年,万科实现净利润 30 123 万元,同比增长 31.46％。

三、功成与功败的比较

1. 优势与劣势

正如前面所述,万科和金田有许多相似的优势,他们都发迹于中国第一个经济特区——深圳,高速增长的区域经济为他们的发展奠定了良好的基础;在企业制度上,两家企业都是早期上市的股份制企业,陆续筹款几亿元,按理说他们的大型投资都应受到约束而谨慎行事;20 世纪 80 年代和 90 年代初期,他们都在卖方市场的情况下实行多元化获得了超额利润。

就劣势来说,金田明显缺乏一个能根据市场情况变化制定正确经营战略的管理层,而万科则不然。据说,万科董事长王石 1992 年从一个企业管理培训班回来后就开始思考企业的发展战略问题了,万科时常召开由中上层管理者参加的"务虚会",探讨各种新兴理论和企业发展战略。王石说："我们的专业化探索从1992年就开始了,一直进行到1999年,一共用了7年时间。"

2. 规模经济、范围经济与核心能力

规模经济是指通过不断增加生产规模,形成单位成本优势来获取经济上的利益;范围经济是指通过充分利用现有经营资源的潜力,在较少投入的条件下获得较大的经济收益。核心能力是企业独有的、竞争者难以复制的多种技术和技能相组合的整体掌握,是企业竞争优势的核心和基础。

目前,尚没有房地产业企业达到规模经济的具体数据,但无疑它是一个急需资金、人力、经验等资源集中的行业,例如,中国香港的新鸿基地产发展有限公司1996年补交政府外转内差价费用后,地价款为100亿港币,利润大概是160亿元。在这个激烈竞争的行业里,如果不集中资源是很难获得范围经济和竞争优势的。

原本金田在上海经营的大上海花园是一个相当不错的项目,当时销售情况良好,但是由于资金和人力已经转向其他的项目当中,使得后期许多配套没有跟上,很多业主进行了投诉,但公司无暇顾及,造成长时间的纠纷,对金田房地产的声誉造成严重的负面影响。

反观万科却集中资源将房地产品牌做大做精,不断在深圳、北京和上海推出经典的楼盘,受到各城市居民的青睐。而且万科意识到,要扩大规模经济,光靠自身的力量是不够的,所以当时中国香港的华润集团已经入主万科。此举为万科更进一步的发展起到关键的作用。

3. 经营资源剩余及相关性

所谓剩余是相对于企业现经营领域而言的,相关性是指不同行业之间在经营资源方面的相关程度。多元化经营的"大数法则"告诉我们,多元化经营的成功率与经营资源剩余量及相关性正相关。

金田的失败从反面说明了这一点:从房地产业的角度来看,金田并没有足够的经营资源剩余,再者,金田新投资的项目与房地产业的关联性极差,如运输、火电厂、纺织;相反,万科把许多相关性差的项目(如食品和电器)转让出去,保留了相关的物业管理和超市项目。

4. 专业化与多元化的风险

表面上看,金田当年多元化的原因是房地产市场疲软,单一业务经营风险较大,通过多元化经营以求"东方不亮西方亮""把鸡蛋放在多个篮子里更安全"的效果。其实,专业化与多元化均是有风险的:对专业化而言,它的风险主要来自现有行业市场或技术的变化,而不存在进入新行业的风险;对多元化而言,它的确可降低来自现有行业市场或技术变化的风险,但其进入新行业本身就是风险,新行业市场或技术变化带来的风险也成为企业的风险来源。企业采取专业化还是多元化策略,应充分估计不同的风险,在综合评估基础上进行选择,同时应加强对不同风险的防范。

企业发展战略,作为一种全局性的、长远性的决策,直接决定着企业的发展、决定着企业未来的前景。任何一个企业都要制定战略,战略制定得好坏,与企业的命运息息相关。然而长期以来,我国许多上市企业,或者没有战略,或者没有好的战略,所以大量公司上市后不久就沦为ST、PT股,而有好战略的企业则能脱颖而出。金田和万科就是典型的例证。

3.4 | 人力资源

人力资源,是指企业为组织生产经营活动而录(任)用的各种人员,包括董事、监事、高级管理人员和全体员工。

《国家中长期人才发展规划纲要(2010—2020年)》把人才问题提到了前所未有的高度,明确指出"人才是社会文明进步、人民富裕幸福、国家繁荣昌盛的重要推动力量"。人力资源已经成为促进经济社会发展的第一要素。企业作为创造社会财富的主体,其组织架构和战略目标确定之后,人力资源管理应当摆在"重中之重"的位置。现代企业应当重视人力资源建设、不断优化人力资源布局,形成科学的人力资源管理制度和机制,全面提升企业的核心竞争力。

3.4.1 人力资源失控风险

企业人力资源管理至少应当关注下列风险:

(1) 人力资源缺乏或过剩、结构不合理、开发机制不健全,可能导致企业发展战略难以实现。这一风险侧重于企业决策层和执行层的高管人员。决策层和执行层的高管团队建设是企业人力资源管理的重要领域。在现代企业中,决策层和执行层对于实现企业发展战略具有十分重要的作用。当然,也不完全限于高管人员,其他人员缺乏和过剩,结构不合理等,也可能影响企业实现发展战略。

(2) 人力资源激励约束制度不合理、关键岗位人员管理不完善,可能导致人才流失、经营效率低下,或关键技术、商业秘密和国家机密泄露。这一风险侧重于企业的专业技术人员,特别是掌握企业发展命脉核心技术的专业人员。掌握企业核心技术或商业秘密,甚至国家秘密的专业人才,是企业在激烈竞争中立于不败之地的关键"资本"。就实现发展战略而言,核心专业人才的流失,无疑会给企业的正常运作和长远发展带来巨大隐患,同时也会对人力资源造成巨大损失。

(3) 人力资源退出机制不当,可能导致法律诉讼或企业声誉受损。这一风险侧重于由企业辞退员工、解除员工劳动合同等而引发的劳动纠纷。为了避免和减少此类风险,企业应根据发展战略,在遵循国家有关法律法规的基础上,建立健全良好的人力资源退出机制,采取渐进措施执行退出计划。在具体执行过程中,要充分体现人性化和柔性化。

3-4 老干妈配方泄露

3.4.2 人力资源管理目标

1. 人力资源业务目标

人力资源业务目标是指企业在岗位职责和人力资源计划、招聘、培训、离职、考核、薪酬等一系列有关人事的活动和程序中应达到的标准。人力资源业务目标如图3-1所示。

目标1	及时、合理地配置人力资源,确保员工队伍结构、素质与企业发展目标相适应
目标2	建立高效的激励约束机制,有效开发和利用人力资源
目标3	建立科学合理的人力资源考核制度,确保能够引导员工实现企业目标
目标4	建立具有竞争力的薪酬制度,保持和吸引优秀人才,并按照国家有关法律法规的要求规范薪酬发放的标准和程序
目标5	规范招聘及离职程序,引入人员聘用竞争机制,加强培训工作,提高员工道德素养和专业胜任能力

图 3-1 人力资源业务目标

2. 人力资源财务目标

企业在人力资源管理过程中需达到的财务目标如图 3-2 所示。

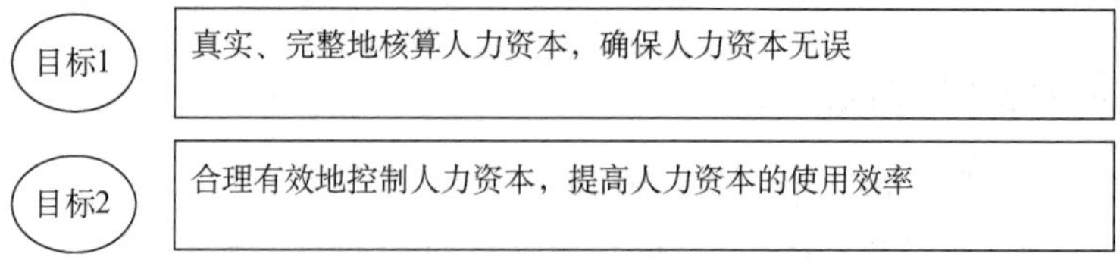

图 3-2　人力资源财务目标

　　为确保企业发展战略的实现,企业应当注重健全人力资源管理制度与机制;同时,还应当定期对其制订的年度人力资源计划执行情况进行评估,总结人力资源管理经验,分析存在的主要缺陷和不足,及时改进和完善人力资源政策,促进企业整体团队充满生机和活力,为企业的长远战略和价值提升提供充足的人力资源保障。

3.4.3　人力资源政策及实务

　　企业所有业务(包括内控)的进行都需要人来执行,人的素质、世界观、道德观、积极性都会影响业务目标的实现。对于人力资源政策企业需要在以下几方面完善:

　　(1)企业必须有完善的招聘与选拔方针及操作程序。

　　(2)对新员工进行企业文化和道德价值观的导向培训。

　　(3)对违反行为准则的任何事项,制定纪律约束与处罚措施。

　　(4)对业绩良好的员工,制订具有奖励和激励作用的报酬计划,并避免诱发不道德行为。

　　(5)根据阶段性的业绩评估结果,对员工予以晋升、指导及奖罚。

　　一个企业干不干,一个项目干不干,一个产业干不干,需要考虑三条意见,第一条不熟悉不干,第二条不考核不干,第三条不激励不干。如果不把这三条搞清楚干了也白干。不熟悉不干的意思是在企业经营过程中很重要的一个因素就是经验,如果对一项事情没有任何经验就去做,成本和风险都会很高,所以最好不要做。不考核不干的意思是对所做的工作不进行考核员工就没有压力,工作效率也就会很低,成果无从体现。不激励不干是因为人只有在受到激励的时候才会产生工作的激情和动力,否则做起事情来没有精神,付出的努力也不够,能否完成任务就会成为一个问题。

　　所以需要给员工一种推动力,这种推动力就是人力资源的政策,一般来讲分成三个层次。

　　第一个层次是基础工作和岗位任职资格,很多企业和机关都是人浮于事,没有把基础工作的岗位职责分清楚。

　　第二个层次是薪酬,不管是企业的财务人员,还是审计人员,怎样让这些人员参与到执行内部控制的行动中来,解决企业的风险威胁?这就需要大家非常切实、认真地、非常有效地去完成自己的工作。要想达到这个目标就要对这些人员从两个方面进行激励,一个是有效激励,另一个是内外公平。如果员工一个月得到一百块钱奖金,他肯定不会天天加班,如果加班能得到三万奖金,他肯定会天天努力工作,这就是激励的手段是否有效果。另外,如果同样是加班,旁边部门的人员能得到五万的加班费,而自己这边只有三万,他就会产生不公平感,这种不公平感会严重影响员工士气和工作动力。所以企业内部需要建立一种合理的激励体系。

第三个层次是员工发展,影响员工努力工作的因素不仅仅是钱的问题,有很多企业员工的工资要比在其他企业拿得少,还仍然愿意在这个单位干活,因为在这里他有更好的前途和未来,有很好的团队伙伴。

在人才的使用过程中,还要注意策略,通过对人才"压担子、给路子、搭梯子",促进人才的快速成长。

真正做到量才适用、人事相宜,什么等级的人就安排什么等级的事。切实做到人才使用科学合理,即使员工感到轻微的压力,但又不至于感到压力过大,工作职位稍有挑战性,有助于激励人才奋发进取的精神。

要尊重人才成长规律,善于克服人力资源管理的"疲劳效应"。在人才发展最好时,要适时地调整岗位和职位,使之始终处于亢奋期和临战状态。

案例讨论3-3

沃尔玛的"合伙制"人力资源管理①

自1993年以来,国际零售业巨头——沃尔玛一直以年均销售额增长30%的骄人业绩雄踞世界十大零售商排行榜首位,被世界誉为"一艘不沉的航空母舰"。

伴随着沃尔玛的全球扩张战略,20世纪90年代,沃尔玛在选拔和配置其管理人员时,根据不同的情况有选择地采取了以下四种用人政策:①民族化政策,即公司中所有重要职位均由公司所在国的本国人担任;②地方化政策,即子公司中所有重要职位均由子公司所在地的当地人担任;③区域化政策,即在一定区域范围内,如亚洲、欧洲等挑选有才干的能胜任的人担任公司的重要职位;④全球化政策,在全世界范围内遴选公司管理人员。

(1)员工录用:自由雇佣是美国式人力资源管理的基础。在沃尔玛,职工招录与选用实行企业与求职者双向选择。对于招聘一些高级管理人员,总部的总裁大多会亲自参与求职者的面试。

沃尔玛高层认为十分有必要将责任和职权下授给第一线的工作人员,尤其是清理货架和经常接触顾客的部门经理,沃尔玛采取"店中有店"的方法(每个人所负责的区域就是一个"店",每个人就是自己店的总经理),授权部门经理管理自己的业务,只要能力足够,这些"店中店"被允许有极高的销售额。在此基础上,沃尔玛认为信息共享下的授权才会真正起到作用,对于员工来说,所有的资料如经营方式、采购价格、运输成本和利润等都是透明的,以达到有效监督的目的。

在进行人力资源开发时,除了继续强化培训、职位晋升等传统手段,还辅之以以下方式,如通过引入建设性的人事管理机制,使员工工作不断地丰富化扩大化,从而使员工感到工作更富有挑战性,并尽可能地为员工提供更多的工作轮换机会。由此实现人力资源开发手段的立体化。

(2)寓教于乐的培训方式:沃尔玛采用的主要是经验式培训,以生动活泼的游戏和表演为主,训练公司管理人员"跳出框外思考"。

(3)跳跃式职位晋升:与东方的论资排辈式晋升相比,在沃尔玛,晋升主要以工作绩效为根据。

(4)技能套餐化管理:在沃尔玛,公司管理层要求每位员工都要掌握多样技能,通过加强员工对于整体工作运行的普遍性认识的多技能培训,保持工作的高效无误。

(5)工资、福利、保险:沃尔玛的工资标准由劳资双方代表谈判,签订集体合同而定。员工们的工资一般由基本工资与浮动工资组成。基本工资是根据岗位测评和市场风险确定的相对稳定的报酬。浮动工资包括激励性工资和福利性津贴。提高附加福利包括年金计划、医疗保险、人寿保险、病假工资、信贷协会及

---

① 罗勇.企业内部控制规范解读及案例精析[M].上海:立信会计出版社,2009.

其他职业安全健康项目。

1971年,沃尔玛开始实施一项利润分享计划,在公司1年以上以及每年至少工作1 000小时的员工都有资格参与利润分享。沃尔玛运用一个与利润增长相关的公式,把每个够格的员工工资的一个百分比归入他的计划,员工们离开公司时可取走这个份额——或以现金方式,或以沃尔玛公司股票的方式。"雇员拥有股票计划"是沃尔玛劳资关系中员工参与管理的一种做法。

我们认为,沃尔玛的人力资源控制的成功之处在于以下事项。

(1) 沃尔玛的四种用人政策:民族化政策、地方化政策、区域化政策、全球化政策,是根据不同的情况采取不同的用人政策,符合企业的发展战略。

(2) 招聘一些高级管理人员,总部的总裁大多会亲自参与求职者的面试。这样进行的招聘有利于降低招聘风险。

(3) 沃尔玛将责任和职权下授给第一线的工作人员,适当的授权调动了每一个员工的积极性和创造性。同时,信息共享下的授权,体现了企业高层与员工之间的相互信任,能使员工产生责任感和参与感。

(4) 沃尔玛采用立体化的人力资源开发手段,使员工得到全面发展;采用寓教于乐的培训方式,使培训效果更好;采用技能套餐化管理,使每一位员工的能力都更加全面;工作的不断扩大化以及轮换制度,使员工感到工作具有挑战性。但是,沃尔玛的人力资源开发手段具有其独特性,技能多样化与技能专业化有可能矛盾的,并不是每个企业都适用技能多样化这一套培训方式。

(5) 沃尔玛的薪酬与激励机制:工资标准由劳资双方代表谈判,签订集体合同而定,使薪酬制定具有一定的合理性;晋升与绩效挂钩,提高员工工作的积极性;全员参与利润分享计划、雇员拥有股票计划,体现了一种长期行为的激励方式,使员工成为企业的主人翁,调动员工的积极性,同时也是吸引员工、留住员工的一种方式。

3.5 社 会 责 任

社会责任,是指企业在经营发展过程中应当履行的社会职责和义务,主要包括安全生产、产品质量(含服务,下同)、环境保护、资源节约、促进就业、员工权益保护等,另外企业还应当积极履行社会公益方面的责任和义务,关心帮助社会弱势群体,支持慈善事业。企业应当重视履行社会责任,切实做到经济效益与社会效益、短期利益与长远利益、自身发展与社会发展相互协调,实现企业与员工、企业与社会、企业与环境的健康和谐发展。

3.5.1 企业为什么要履行社会责任

首先,企业在价值创造的过程中就在履行社会责任。企业创造利润或财富,要依法纳税、向股东分红,并向管理者和员工发放年薪或工资,企业创造的利润或财富越多,上缴税收和分红就越多,年薪和工资也就随之升高,从而为国家、股东和员工作出贡献,同时促进客户发展,等等,这在本质上也属于履行社会责任。在这过程中,要做到安全生产,提升产品质量,重视环境保护和资源节约,促进就业和保护员工权益,属于企业直接为社会相关方面作出贡献。价值创造与责任履行之间的目标是一致的,不应将两者对立起来。正确处理两者的关系,实现两者的有机统一,企业才能进入良性发展的轨道。反之,如果单纯为了追求利润或财富而不履行社会责任,就难以实现发展战略。

其次,履行社会责任可以提高企业经济效益。企业承担社会责任,并不必然导致企业竞争力的削弱,反而会有助于改善企业形象、吸引更多的客户及强化企业的经济效益。当公众的社会责任意识强化到足以转化为消费者的货币选票时,企业实施社会责任这一战略便会成为企业利润的源泉,承担社会责任将成为企业的内在动因,此时不重视社会责任的企业将遭到公众(消费者)抵制,受到市场惩罚,给企业造成利润损失,从而影响企业的价值;承担社会责任的企业将得到消费者的"褒奖",提升企业价值,为企业持续经营提供发展空间。因此,企业只有把生产理念、核心竞争力、可持续发展能力与应尽的社会责任有机结合,把企业内外关系统筹兼顾,才可以实现互利双赢和多赢。

3.5.2 企业履行社会责任的主要风险

企业至少应当关注在履行社会责任的下列风险:

(1)安全生产措施不到位,责任不落实,可能导致企业发生安全事故。

(2)产品质量低劣,侵害消费者利益,可能导致企业要作出巨额赔偿、形象受损,甚至破产。

(3)环境保护投入不足,资源耗费大,造成环境污染或资源枯竭,可能导致企业要作出巨额赔偿、缺乏发展后劲,甚至停业。

(4)促进就业和员工权益保护不够,可能导致员工积极性受挫,影响企业发展和社会稳定。

3.5.3 安全生产内部控制运行

1. 建章建制,建立健全安全生产管理机构

近年来,国家立法部门相继制定了《安全生产法》等近30部关于安全生产的专门法律和行政法规,企业应当依据国家有关安全生产方面的法律法规规定,结合本企业生产经营的特点,建立健全安全生产方面的规章制度、操作规范和应急预案。建章建制的关键是落实到位。近年来重大安全事故频发,原因并不是没有建章建制,而是在巨大的经济利益驱动下,无视规章制度。人为因素往往是重大安全事故频发的重要原因,这是值得深思的。如果将国家和企业制定的一系列涉及安全生产的规章制度落实到位,就能够有效杜绝安全事故的发生。

2. 不断加大安全生产投入和经常性维护管理

企业特别是处于高危行业的企业,应当将安全生产投入列为首位,"磨刀不误砍柴工",急于求成、急功近利是不足取的。

企业一定要重视在安全生产方面的投入,将员工的生命安全视为头等大事,加大安全生产的技术更新,保证安全生产所需的资金、人力、财物投入及时和足额到位。企业还应组织开展生产设备的经常性维护管理,及时排除安全隐患,切实做到安全生产。

3. 开展员工安全生产教育,实行特殊岗位资格认证制度

加强对员工进行安全生产培训教育至关重要。通过培训教育,让员工牢固树立"安全第一、预防为主"的思想,提高他们防范灾害的技能和水平。培训教育应当经常化、制度化,做到警钟长鸣,不能有丝毫放松和懈怠。对于特殊作业人员和有特殊资质要求的生产岗位,因工作接触的不安全因素较多,危险性较大,容易发生事故,必须依法实行资格认证制度,持证上岗。

4. 建立安全生产事故应急预警和报告机制

企业必须要建立事故应急处理预案,建立专门的应急指挥部门,配备专业队伍和必要的专业器材等,在发生安全生产事故时做到临危不乱,按照预定程序有条不紊地处理好发生的安全生产事故,尽快消除事故产生的影响,同时按照国家有关规定及时报告,不得迟报、谎报和瞒报。安全生产必须实行严格的责任追究制度。

3.5.4 产品质量内部控制运行

产品质量是企业长久发展的生命线。如何保证产品质量,结合社会责任指引要求,企业至少应做到以下几点。

1. 建立健全产品质量标准体系

产品质量不过关造成的危害不言而喻,一害自己,二害他人,损人不利己。为了更加有效地提升产品质量,企业应当根据国家法律法规的规定,结合企业产品的特点,制定完善的产品质量标准体系,包括生产设备条件、生产技术水平、原料组成、产品规格、售后服务等,努力为社会提供优质安全健康的产品和服务,最大限度地满足消费者的需求,对社会和公众负责。

2. 严格质量控制和检验制度

从原材料进厂,一直到产品销售等各个环节和流程,都必须有严格的质量控制标准作保证。企业应当加强对产品质量的检验,严禁未经检验和检验不合格的产品流入市场。如果每个企业都能把好市场准入关口,严防假冒伪劣产品进入市场,不仅对企业自身有利,而且能够推动社会进步。

3. 加强产品售后服务

企业售后服务不仅是一种经营,更是一种文化、一种理念,是企业与客户、消费者沟通、联系的一个纽带。企业通过优质的售后服务,使其与客户、消费者的关系更加紧密,树立企业形象,提高产品信誉,扩大产品影响,培养客户的忠诚度。企业应当把售后服务作为企业采取有效竞争策略、为产品服务增值的重要手段,重视和加强售后服务,创新售后服务方法,力争做到件件有结果、有分析、有整改、有考核。

对有缺陷的产品,企业应当及时召回、实行"三包"等,从而赢得消费者对企业产品的信赖和支持,维护消费者的合法权益。

3.5.5 环境保护与资源节约内部控制运行

环境保护与资源节约是为了建设资源节约型、环境友好型企业,社会责任指引从以下方面提出了要求。

1. 转变发展方式,实现清洁生产和循环经济

企业要在快速增长中破解资源与环境的双重约束,在市场竞争中争取主动,必须转变发展方式,重视生态保护,调整产业结构,发展低碳经济和循环经济。加大对环保工作的人力、物力、财力的投入和技术支持,不断改进工艺流程,加强节能减排,降低能耗和污染物排放水平,实现清洁生产。加强对废气、废水、废渣的自行回收、利用和处置等综合治理,推动生产、流通和消费过程中对资源的减量化、再利用、资源化,以最小的资源消耗、最少的废物排放和最小的环境代价来换取最大的经济效益。

2. 依靠科技进步和技术创新,着力开发利用可再生资源

企业发展离不开能源和资源。随着我国经济的高速发展,能源、资源对企业经济发展的"瓶颈"制约作用也越来越凸显。企业只有不断增强自主创新能力,通过技术进步推动替代技术和发展替代产品、可再生资源,降低资源消耗和污染物排放,实现低投入、低消耗、低排放和高效率,才能有效实现资源节约和环境保护。

3. 建立完善监测考核体系,强化日常监控

资源节约和环境保护人人有责。只有建立环境保护和资源节约监测考核体系、完善激励与约束机制,明确职责,各司其职、各尽其责,严格监督,落实岗位责任制,才能保证将环境保护和资源节约等各项工作落到实处。企业要加强日常监控,定期开展监督检查,发现问题,及时采取措施予以纠正。发生紧急、重大环境污染事件时,应当立即启动应急机制,同时根据国家法律法规的规定,及时上报,并依法追究相关责任人的责任。

3.5.6 促进就业与员工权益保护内部控制运行

保护员工合法权益是企业生存发展的内在动力。不断提高员工的素质,维护员工的合法权益,既是社会和谐稳定的需要,也是企业长远发展的需要。企业应当尊重员工,关爱员工,维护员工权益,促进企业与员工的和谐稳定和共同发展。为此,社会责任指引作出了以下要求:

(1) 建立完善科学的员工培训和晋升机制。培训的目的是让员工得到尽快发展。企业应当保证晋升对每个人的公平、公正,每个人主宰自己的命运,适应快、能力强的人能迅速掌握各阶段的技能,自然能得到更快的晋升。不同员工个性化的培训,保持员工及时获得必要的知识储备,才能通过公平竞争和优越的机会吸引大批有能力的员工为企业真诚服务。企业应当按照产学研用相结合的社会需求,积极创建实习基地,大力支持社会有关方面培养、锻炼社会需要的应用型人才。

(2) 建立科学合理的员工薪酬增长机制。薪酬的高低,无疑是吸引和争夺人才的一个关键性因素。企业应当与员工签订并履行劳动合同,遵循按劳分配、同工同酬的原则,建立科学的员工薪酬制度和激励机制,不得克扣或无故拖欠员工薪酬。企业应当建立高级管理人员与员工薪酬的正常增长机制,切实保持合理水平,维护社会公平;结合内外部因素和员工自身表现等,建立科学有效的薪酬正常增长机制,最大限度地激发员工工作热情、敬业精神和工作绩效。员工工资等薪酬应当及时发放,员工各类社会保险应当及时足额缴纳,不得无故拖欠和克扣。企业应当积极缩小高管薪酬与员工的收入差距,促进企业高管人员与员工的薪酬有机协调统一。

(3) 维护员工的身心健康。企业应当按照有关规定做好健康管理工作,预防控制和消除职业危害;按期对员工进行非职业性健康监护,对从事有职业危害作业的员工进行职业性健康监护。企业应当遵守法定的劳动时间和休息休假制度,确保员工的休息休假权利。现代社会的激烈竞争和快节奏,导致员工身心高度紧张,承受过重的职业压力,很多员工处于亚健康状态,企业应当关心员工身体健康,保障员工充分的休息休假权利,广泛开展娱乐休闲活动。加强职工代表大会和工会组织建设,通过企业内部员工热线、信访接待、内部媒体、员工建议箱等渠道,保证员工与企业上层的信息畅通,帮助员工减压,不断提高员工的身体素质。企业还要加强对职业病的预防、控制和消除,贯彻落实国家有关职业卫生的法律法规,加强生产安全管理工作,定期对劳动者进行体检,建立职业健康档案等,预防、控制和有效消除职业危害,确保员工身心健康。

(4) 企业应当加强职工代表大会和工会组织建设,维护员工合法权益,积极开展员工职业教育培训,创造平等发展机会。企业应当尊重员工人格,维护员工尊严,杜绝性别、民族、宗教、年龄等各种歧视,保障员工身心健康。

案例讨论 3-4

近几年,中国南方航空工业(集团)有限公司工会与公司宣传部、企业文化部等部门立足于促进企业科研生产经营和改革、发展、稳定的工作大局以及维护职工合法权益的重点,全面落实国家和全国总工会、省总工会第五个五年法制宣传教育依法治理工作计划。普法依法治理工作做到了有规划指导、有措施落实、有经费保证、有活动创新,为公司步入良性发展的快车道营造了浓厚的法治氛围和环境,依法维护了职工的合法权益,构建了和谐劳动关系与和谐企业。

公司、公司工会将法律知识纳入领导干部和工会干部培训必修课程。建立健全了领导干部和工会干部法制讲座制度、理论中心组学法制度、法律培训考试制度、学法用法与干部使用挂钩制度、重大决策前的法律咨询审核制度和总法律顾问制度,积极推进领导干部、工会干部学法用法的制度化。

公司和公司工会通过举办法律知识抢答赛、有奖答卷、板报比赛、劳动合同管理工作检查、组织职工收看安全生产警示教育片等活动,加强对职工群众的法制教育。对新进厂的员工,公司都要实行三级入厂教育,法律知识就是当中重要的一环;在《中航动力》开辟了《法制纵横》《生活与法》《看案说法》等专栏,解读典型案例,用身边的事例教育员工。

(引文来源:国务院国有资产监督管理委员会.航二集团第五个五年法制宣传教育依法治理划[EB/OL].(2006-10-25)[2022-03-25].http://www.sasac.gov.cn/n2588025/n2588124/c3945825/content.html。)

3.6 | 企 业 文 化

企业文化,是指企业在生产经营实践中逐步形成的、为整体团队所认同并遵守的价值观、经营理念和企业精神,以及在此基础上形成的行为规范的总称。

著名经济学家于光远先生站在战略高度精辟指出,国家富强在于经济,经济繁荣在于企业,企业兴旺在于管理,管理优劣在于文化。可见企业文化对于企业发展壮大的关键作用。企业有了积极向上的优秀文化,它就会重视创新、尊重知识、尊重人才、赢得客户、打响品牌,终成“百年老店”;反之,企业缺乏优秀的文化,它就像一个没有个性和创业激情的人,终将在市场竞争中湮没沉沦,失去竞争力,为市场所唾弃。正是由于企业文化在促进企业发展战略实现过程中的灵魂和支柱作用,财政部等五部委在《企业内部控制应用指引第5号——企业文化》中单独立项加以规范。

内部控制与企业文化是一种相互促进的关系,一方面,企业内部控制的执行有赖于企业文化建设的支持,因为企业文化能增强员工的认同感,提高员工的自觉性与主观能动性;另一方面,完善的内部控制制度能够推动企业文化的进一步发展。只有将两者紧密地结合起来才能完善企业的管理、提高企业竞争力。

3.6.1 企业文化失控风险

加强企业文化建设至少应当关注下列风险:

(1) 缺乏积极向上的企业文化,可能导致员工丧失对企业的信心和认同感,企业缺乏凝聚力和竞争力。

（2）缺乏开拓创新、团队协作和风险意识,可能导致企业发展目标难以实现,影响可持续发展。

（3）缺乏诚实守信的经营理念,可能导致舞弊事件的发生,造成企业损失,影响企业信誉。

（4）忽视企业间的文化差异和理念冲突,可能导致并购重组失败。

3.6.2　企业文化建设的关键环节

企业应当采取切实有效的措施,培育具有自身特色的企业文化,引导和规范员工行为,打造主业品牌,形成整体团队的向心力,促进企业长远发展。关键环节主要有以下两个方面。

1. 企业文化的建设

企业应当重视企业文化建设在实现发展战略中的不可或缺的作用,加大投入力度,健全保障机制,防止和避免形式主义。

2. 企业文化的评估

企业应当建立文化评估制度,分析总结文化在企业发展中的积极作用,研究发现不利于企业发展的文化因素,及时采取措施加以改进。

3.6.3　企业文化评估内部控制设计及运行

1. 企业文化评估的原则

企业文化评估应当把握以下原则:

（1）全面评估与重点评估相结合,注重评估指标的导向性。要突出关键指标,确保评估指标的可操作性。

（2）定性与定量相结合,注重评估方法的科学性。要根据评估内容和指标功能,量身定制不同的评估标准。

（3）内部评价与外部评价相结合,注重评估结果的有效性。

2. 企业文化评估的内容

企业应当定期对企业文化建设工作以及取得的进展和实际效果进行检查和评估,着力关注以下主要内容:

（1）董事、监事、经理和其他高级管理人员在企业文化建设中的责任履行责任情况。

（2）公司价值以及全体员工对企业核心价值观的认同感。

（3）企业经营管理行为与企业文化的一致性。

（4）企业品牌的社会影响力。

（5）参与企业并购重组各方文化的融合度。

（6）员工对企业未来发展的信心等。

3. 企业文化评估的实施

企业应当建立企业文化评估制度,明确评估的内容、程序和方法,落实评估责任,避免企业文化建设流于形式。企业文化评估,应当重点关注董事、监事、经理和其他高级管理人员在企业文化建设中的责任履行情况、全体员工对企业核心价值观的认同感、企业经营管理行为与企业文化的一致性、企业品牌的社会影响力、参与企业并购重组各方文化的融合度,以及员工对企业未来发展的信心。

企业应当重视企业文化的评估结果,巩固和发扬文化建设成果,针对评估过程中发现的问题,研究影响企业文化建设的不利因素,分析深层次的原因,及时采取措施加以改进。

案例讨论 3-5

松下:经营之神的精髓①

松下电器公司是全世界有名的电器公司,松下幸之助是该公司的创办人和领导人。松下是日本第一家用文字明确表达企业精神或精神价值观的企业。松下精神,是松下及其公司获得成功的重要因素。

一、松下精神的形成和内容

松下精神并不是公司创办之日一下子产生的,它的形成有一个过程。松下有两个纪念日:一个是1918年3月7日,这天松下幸之助和他的夫人与内弟一起,开始制造电器双插座;另一个是1932年5月,他开始理解到自己的创业使命,所以把这一年称为"创业使命第一年",并定为正式的"创业纪念日"。两个纪念日表明,松下公司的经营观、思想方法是在创办企业后的一段时间才形成的。直到1932年5月,在第一次创业纪念仪式上,松下电器公司确认了自己的使命与目标,并以此激发职工奋斗的热情与干劲。

松下幸之助认为,人在思想意志方面,有容易动摇的弱点。为了使松下人为公司的使命和目标而奋斗的热情与干劲能持续下去,应制定一些戒条,以时时提醒和警诫自己。于是,松下电器公司首先于1933年7月,制定并颁布了"五条精神",其后在1937年又议定附加了两条,形成了松下七条精神:产业报国的精神、光明正大的精神、团结一致的精神、奋斗向上的精神、礼仪谦让的精神、适应形势的精神、感恩报德的精神。

二、松下精神的教育训练

松下电器公司非常重视对员工进行精神价值观即松下精神的教育训练,教育训练的方式可以做如下的概括:

一是反复诵读和领会。松下幸之助相信,把公司的目标、使命、精神和文化,让职工反复诵读和领会,是把它铭记在心的有效方法,所以每天上午8时,松下遍布日本的87 000名员工同时诵读松下七条精神,一起唱公司歌。其用意在于让全体职工时刻牢记公司的目标和使命,时时鞭策自己,使松下精神持久地发扬下去。

二是所有工作团体成员,每人每隔1个月至少要在他所属的团体中,进行10分钟的演讲,说明公司的精神和公司与社会的关系。松下认为,说服别人是说服自己最有效的办法。在解释松下精神时,松下有一名言:如果你犯了一个诚实的错误,公司非常宽大,把错误当做训练费用,从中学习,但是你如果违反公司的基本原则,就会受到严重的处罚——解雇。

三是隆重举行新产品的出厂仪式。松下认为,当某个集团完成一项重大任务的时候,每个集团成员都会感到兴奋不已,因为从中他们可以看到自身存在的价值,而这时便是对他们进行团结一致教育的良好时机。所以每年正月,松下电器公司都要隆重举行新产品的出厂庆祝仪式。这一天,职工身着印有公司名称字样的衣服大清早来到集合地点,作为公司领导人的松下幸之助,常常即兴挥毫书写清晰而明快的文告,如:"新年伊始举行隆重而意义深远的庆祝活动,是本年度我们事业蒸蒸日上兴旺发达的象征。"在松下向全体职工发表热情的演讲后,职工分乘各自分派的卡车,满载着新出厂的产品,奔赴各地有交易关系的商店,商店热情地欢迎和接收公司新产品,公司职工拱手祝愿该店繁荣,最后,职工返回公司,举杯庆祝新产品出厂活动的结束。松下相信,这样的活动有利于发扬松下精神,统一职工的意志和步伐。

四是"入社"教育。进入松下公司的人都要经过严格的筛选,然后由人事部门开始对其进行公司的"入社"教育,首先要郑重其事地诵读、背诵松下宗旨、松下精神,学习公司创办人松下幸之助的"语录",学唱松下公司之歌,参加公司创业史"展览"。为了增强员工的适应性,也为了使他们在实际工作中体验松下精神,

---

① 佚名.经营之神的精髓[J].计算机周刊,2001(34):33.

新员工往往被轮换分派到许多不同性质的岗位上工作,所有专业人员,都要从基层做起,每个人至少用3～6个月时间在装配线或零售店工作。

五是管理人员的教育指导。松下幸之助常说:"领导者应当给自己的部下以指导和教诲,这是每个领导者不可推卸的职责和义务,也是在培养人才方面的重要工作之一。"与众不同的是,松下有自己的"哲学"并且十分重视这种"哲学"的作用。松下哲学既为松下精神奠定思想基础,又不断丰富松下精神的内容。按照松下的哲学,企业经营的问题归根到底是人的问题,人是最为尊贵的人,人如同宝石的原矿石一样,经过磨制,一定会成为发光的宝石,每个人都具有优秀的素质,要从平凡人身上发掘不平凡的品质。

松下公司实行终身雇佣制度,认为这样可以为公司提供一批经过二三十年锻炼的管理人员,这是发扬公司传统的可靠力量。为了用松下精神培养这支骨干力量,公司每月举行一次干部学习会,互相交流、互相激励,勤勉律己。松下公司以总裁与部门经理通话或面谈而闻名,总裁随时会接触到部门的重大难题,但并不代替部门作决定,也不会压抑部门管理的积极性。

六是自我教育。松下公司强调,为了充分调动人的积极性,经营者要具备对他人的信赖之心。公司应该做的事情很多,然而首要一条,就是经营者要给职工以信赖,人在被充分信任的情况下,才能勤奋地工作。从这样的认识出发,公司把在职工中培育松下精神的基点放在自我教育上,认为教育只有通过受教育者的主动努力才能取得成效。上司要求下属要根据松下精神自我剖析,确定目标。每个松下人必须提出并回答这样的问题:"我有什么缺点?""我在学习什么?""我真正想做什么?"等,从而设置自己的目标,拟订自我发展计划。有了自我教育的强烈愿望和具体计划,职工就能在工作中自我激励,思考如何创新,在空余时间自我反省,自觉学习。为了便于互相启发,互相学习,公司成立了研究俱乐部、学习俱乐部、读书会、领导会等业余学习组织。在这些组织中,人们可以无拘无束地交流学习体会和工作经验,互相启发、互相激励奋发向上的松下精神。

三、松下精神——公司的内在力量

日本1984年的经济白皮书写道:"在当前政府为建立日本产业所做的努力中,应该把哪些条件列为首要的呢?可能既不是资本,也不是法律和规章,因为这二者本身都是死的东西,是完全无效的。使资本和法规运转起来的是精神……因此,如果就有效性来确定这三个因素的分量,则精神应占十分之五,法规占十分之四,而资本只占十分之一。"

松下精神,作为使设备、技术、结构和制度运转起来的科学研究的因素,在松下公司的成长中形成,并不断得到培育强化,它是一种内在的力量,是松下公司的精神支柱,它具有强大的凝聚力、导向力、感染力和影响力,它是松下公司成功的重要因素。这种内在的精神力量可以激发与强化公司成员为社会服务的意识、企业整体精神和热爱企业的情感,可以强化和再生公司成员各种有利于企业发展的行为,如积极提合理化建议,主动组织和参加各种形式的改善企业经营管理的小组活动;工作中互相帮助,互谅互让;礼貌待人,对顾客热情服务;干部早上班或晚下班,为下属做好工作前的准备工作或处理好善后事项等。

本 章 小 结

企业内部环境与内部控制之间,是一种互动关系,而非单向的传递或影响的主从关系。两者在企业运作过程中密不可分,即完善的内部环境对内部控制运行至关重要。反过来,内部控制也并不是被动地适应内部环境,而是可以根据内部环境的特性及动态变化的一般规律,通过内部控制的深入和创新,改善和优化内部环境。健全有效的内部控制通过产生高质量的会计信息能够逐渐完善内部环境。

重 要 概 念

内部环境　组织架构　发展战略　人力资源　社会责任　企业文化

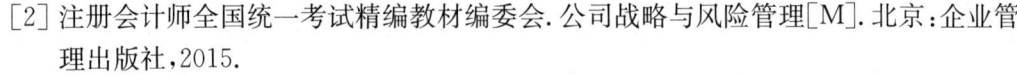

推荐阅读资料

[1] 张俊民.内部控制理论与实务[M].大连:东北财经大学出版社,2015.

[2] 注册会计师全国统一考试精编教材编委会.公司战略与风险管理[M].北京:企业管理出版社,2015.

3-5　课后
练习题

3-6　案例
分析

第4章　风险评估与应对

内容提要

　　企业必须制定目标,该目标必须和销售、生产、行销、财务等作业相结合。为此,企业也必须设立可辨认、分析和管理相关风险的机制,以了解自身可能面临的各种风险,并适时加以控制和处理。这些风险包括来自企业外部的政治、经济、社会、文化与自然等方面的风险和企业内部的决策失误、执行不力、生产故障等方面的风险。

重点难点

　　本章的重难点在于要求学生掌握企业风险评估的含义;掌握风险的应对方式;熟悉企业风险评估的方法;熟悉基于风险管理内部控制的特点。

学习目标

　　风险评估使主体能够考虑潜在事项影响目标实现的程度。管理当局从两个角度——可能性和影响——对事项进行评估,并且通常采用定性和定量相结合的方法。企业应该个别或分类考察整个主体中潜在事项的正面和负面影响,基于固有风险和剩余风险来进行风险评估。在评估了相关的风险之后,管理当局就要确定如何应对,应对包括风险回避、降低、分担和承受。在考虑应对的过程中,管理当局应评估对风险的可能性和影响的效果,以及成本效益,选择能够使剩余风险处于期望的风险容限以内的应对。管理当局识别所有可能存在的机会,从主体范围或组合的角度去认识风险,以确定总体剩余风险是否在主体的风险容量之内。

知识框架

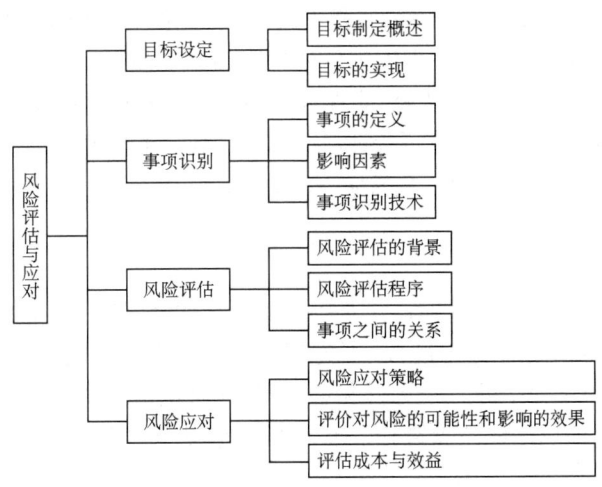

引入　识别企业风险

企业的风险是有规律的,而这种规律需要我们运用各种方法去学习和认知。要想做好基于风险管理的企业内部控制,首先要认识企业风险的特征和企业在不同的发展阶段的风险特点。

在企业初创阶段,对企业产生致命影响甚至是毁灭性打击的是产品。企业需要对市场作出一种判断,利用现有技术生产出适合客户需求的优质产品。

在企业发展到一定规模的时候,对企业影响较大的就是销售渠道的拓宽和市场销售量的增加。

当企业发展到更高的阶段、打下了较为坚实的基础的时候,决定企业发展命运的就是内部的人、财、物的配置和利用,我们称之为管理。

现在很多的企业都会发出感叹:业务大了,人多了,收入高了,利润增加了,但是人心变坏了,企业难管了,干得没意思了,勾心斗角多了。这些问题都会给企业带来不确定性的风险,造成一定的损失。事实上,这些问题归结起来就是企业管理的问题。如何对人、财、物进行合理配置和利用才有利于企业的健康发展,这需要一个系统的管理过程。

如果企业在发展到更高阶段的时候,一切都处于稳定的运行状态,管理理顺了,岗位理顺了,职责理顺了,并不能说企业就可以放松管理了。这个时候,企业需要居安思危。市场竞争无处不在,企业必须要不断地改进和发展,才能长久生存下去。

4.1 | 目 标 设 定

由于现代社会活动甚为复杂,每个人及各行各业每天都必须面对各种不同的风险。在实务中,人们从不同的角度对风险进行理解。一般来说,风险的定义主要可分为以下两种:第一,事件发生的不确定性,这是一种主观的看法,着重于个人及心理状况。由于对未来事情的发生难以预测,在企业的经营活动中常会遭遇到许多的不确定性,令企业经营者产生恐惧、忧虑,使得企业经营的绩效降低。相反地,不确定性并非全是风险,亦有充满希望的一面,可以为企业经营者带来希望、光明、迈向成功,获得盈利。因此,从主观观点而言,风险是指在一定情况下的不确定性,此不确定性意指:①发生与否不确定;②发生的时间不确定;③发生的状况不确定;④发生的后果严重性程度不确定。第二,事件遭受损失的机会,这是一种客观的看法,着重于整体及数量的状况。该观点认为风险是指在企业经营的各种活动中发生损失的可能性,亦即企业在某一特定期间内的经营活动,如某企业一年中遭受损失的概率介于 0 与 1 之间。若概率为 0,即表示该企业的经营活动不会遭受损失;若概率为 1,则该企业的经营活动必定会发生损失;若该企业在经营活动中发生火灾损失的概率为 0.5,亦表示该企业遭受火灾损失的风险可能在未来的两年中发生一次。因此,企业经营活动损失的概率越大,风险也越大。

目标设定是事项识别、风险评估和风险应对的前提。在管理当局识别和评估实现目标的风险并采取行动来管理风险之前,首先必须有目标。

4.1.1　目标设定概述

目标设定亦称目标制定,是企业内部控制中的第二大要素。企业的内部控制在受到环境影响之后,会发生实质性的变化过程,首先就是要制定目标。这个目标是大家努力的方向,也是内部控制实施过程中的一个标杆和矫正器,同时也是考核评价的依据。所以目标的设定关乎企业未来,一招不慎,满盘皆输。制定目标很重要,也是作为企业内部控制的第一个实施操作环节。

内部控制制定的目标,在企业战略和业务的操作环节之间起到承上启下的作用和功能。从整体到局部来看这个体制,可以把企业内部控制的目标分为四大目标。第一大目标是战略目标,第二大目标是营运目标,第三大目标是报告目标,第四大目标是合法性目标。

1. 战略目标的制定

一个主体的使命从广义上确定了该主体希望实现什么。不管采用什么术语,诸如"使命"(mission)、"愿景"(vision)或是"目的"(purpose),重要的是管理当局——在董事会的监督下——明确确定了主体存在的广泛意义上的原因。由此,管理当局设定战略目标,进行战略规划,并为组织确定相关的经营、合规和报告目标。尽管一个主体的使命和战略目标一般是稳定的,但是它的战略和许多相关的目标却更多是动态的,并且会随着内部和外部条件的变化而调整。随着它们的变化,战略和相关的目标会重新调整以便与战略目标相协调。

战略目标是高层次的目标,它与主体的使命、愿景相协调,并支持后者。战略目标反映了管理当局就主体如何努力为它的利益相关者创造价值所作出的选择。

在考虑实现战略目标的备选方式时,管理当局要识别与一系列战略选择相关联的风险,并考虑它们的影响。本节和后续章节讨论的各种事项识别和风险评估技术,可以应用到战略制定过程中。通过这种方式,企业风险管理技术被应用到制定战略和目标过程中。

战略目标是企业的高层次目标,与企业的任务和预期相联系并支持企业的任务和预期。根据企业确定的任务或预期,管理者制定企业的战略目标,选择战略并确定其他与之相关的目标在企业内层层分解和落实。其中,其他相关目标是指战略目标之外的其他三个目标,其制定应与企业的战略相联系。管理者必须首先确定企业的目标,才能够确定对目标的实现有潜在影响的事项。而企业风险管理就是提供给企业管理者一个适当的过程,既能够帮助制定企业的目标,又能够将目标与企业的任务或预期联系在一起,并且保证制定的目标与企业的风险偏好相一致。

经验证明企业内部财务人员和技术人员对企业战略通常会不以为然,认为没有脚踏实地去做些事情,没有业务的支撑,空搞一些语言文字。财务部门所关心的是如何赚钱,要一点一滴地聚集资金,技术部门所关心的是能否研发出产品来,而战略部门关心的是怎样赚更多的钱,做哪个产业更合适,有没有更好的做事办法等。如果各个部门之间,我看不起你,你也看不起我,在企业内部就形成了相互斗争的恶性循环。要打破这种僵局,每个部门就需要从局部看到整体,从微观转向宏观,站到企业战略的高度思考总体目标,再转为本部门的具体目标。

知识拓展 4-1

中粮集团进行组织重组之后,财务部无所适从,不知道该怎么去进行新的工作。宁高宁上任新领导,对集团进行了新的战略部署,成立五大运营中心。这个时候财务要如何跟上集团业务的步伐,是财务部面临的紧迫问题。这要求首先要知道集团的重大变革是怎样的,了解企业的战略方向,同时确定财务部门的战略方向,如对集团财务进行分析后作出判断,是到美国上市,还是到中国香港上市或者在大陆上市,这就是财务部的战略,集团需要股权融资还是债权融资,也是战略。

深圳华强集团曾经有几项业务,其中一项业务是华强音响,当时在市场上还很有名气。但是这项业务在华强集团内部并没有作为重点。因为音响业务的门槛太低,利润率也太低,不能作为集团长远的发展方向。在经过高层讨论之后,集团把生物工程这种高科技产业作为未来的发展方向,在最初决策的时候,考虑的不是目前能否赚钱,而且投资初期肯定是亏损的。财务部门如果对企业的这种做法不理解,在财务方面不表示支持,很有可能影响到企业所做的这种战略决策的贯彻执行。

（引文来源：豆丁网.企业内部控制和风险管理[EB/OL].(2014-11-27)[2022-03-27].https://www.docin.com/p-972164113-f3.html。）

2. 营运目标的制定

相对于主体的所有活动而言,制定支持选定的战略并与之相协调的正确的目标是成功的关键。通过首先关注战略目标和战略,主体可能建立主体层次上的相关目标,它们的实现将会创造和保持价值。主体层次的目标与更多的具体目标相关联和整合,这些具体目标贯穿于整个组织,细化为针对诸如销售、生产和工程设计等各项活动和基础职能机构所确立的次级目标。

通过设定主体和活动层次的目标,主体能够识别关键成功因素(critical success factors)。要想达到目的,就必须正确处理好这些关键的事情。关键成功因素存在于主体、业务单元、职能机构、部门或分部之中。通过设定目标,管理当局能够根据对关键成功因素的关注来确定业绩的计量标准。

如果目标与以前的活动和业绩相一致,各项活动之间的联系就是已知的。但是,如果目标与主体过去的活动相背离,管理当局就必须指明这种联系或者应对更大的风险。在这种情况下,就更需要与新的方向相一致的业务单元目标或次级目标。

目标需要得到充分了解和可计量。企业风险管理要求各个层级的人员根据各自影响范围的不同对主体的目标有必要的了解。所有员工都必须对要实现什么有共同的认识,并且有办法去计量实现的情况。

尽管不同主体的目标各不相同,但是大致上可以分成以下几类:

(1)营运目标——这些目标与主体经营的有效性和效率有关,包括业绩和盈利目标和保护资源不受损失。它们因管理当局对结构和业绩的选择而异。

(2)报告目标——这些目标与报告的可靠性有关。它们包括内部和外部报告,可能涉及财务和非财务信息。

(3)合规目标——这些目标与符合相关法律法规有关。它们取决于外部因素,在一些情况下对所有主体而言都很类似,而在另一些情况下则在一个行业内有共性。

特定的目标取决于主体所从事的经营业务。例如,一些公司向环境机构提交信息,而公开上市的公司则向证券监管机构申报信息。这些外部施加的要求是通过法律法规的形式建立的,它们属于报告目标或合规目标,或者像这些例子中的那样两者都是。

相反,营运目标,以及那些内部管理报告目标,更多地建立在偏好、判断和管理风格的基础上。它们在不同的主体之间存在着广泛的区别,因为知情、胜任和诚实的人可能会选择不同的目标。例如,在产品开发方面,一个主体选择去充当早期的改进者,而另一个则选择作为一个快速的跟随者,而再另外的一个则选择迟缓的落伍者。这些选择会影响研究与开发职能机构的结构、技能、人员招录和控制。因此,对所有主体而言都是最优的目标模式是不会有的。

营运目标也称经营目标,关系到主体经营的有效性和效率。它们包括相关的次级经营目标,其目的在于在推动主体实现其终极目的的过程中提高经营的有效性和效率。

经营目标需要反映主体运营所处的特定的经营、行业和经济环境。例如,经营目标需要与有关质量的竞争压力、缩短将产品投入市场的周转时间或者技术的变革相关。管理当局必须确保这些目标反映了现实和市场需求,并且以有利于进行有意义的业绩计量的方式表达出来。一套与次级目标相关联的清晰的经营目标,对成功而言是至关重要的。经营目标为引导所配置的资源提供了一个焦点，如果一个主体的经营目标不清晰或者构想不完善，它的资源就可能会被误导。

知识拓展 4-2

新浪是国内知名门户网站，但它的CEO频频换人，因为一个老总上台后没有赚到钱，就要求增加投资，再给一百万，然后说保证赚钱。可中途说要再给一百万才能赚钱，已经投入一百万了，只能继续增加，后来又给一百万，再后来就给一千万。这样不断地给钱却没有赚到钱，股东就不耐烦了，亏钱的网站，谁不会做啊？这么好的网站让你经营，却只知道投钱，所以一任又一任的CEO被换掉。

企业要把经营目标分解到各个部门和个人，只有各个微观目标完成之后，总体的宏观目标才能够完成。在金融市场上，投资人有了回报，才能吸引更多的投资者。企业股票供不应求，股价才会上涨，整个企业的融资环境就会更宽松，企业的交易成本也会随之降低；如果企业的股东获得的回报低，投资方会选择其他的投资目标，企业的股价就会下跌，整个信用环境也会受到影响，企业的资金成本也会提高，这对于企业来说就是雪上加霜。所以企业做好营运目标的管理，就要把营运目标落实到每个部门和经营的每个环节当中去。

3. 报告目标的制定

报告目标是指企业报告的有效性，包括内部报告和外部报告，既涉及财务信息，也涉及非财务信息。报告内容包括各种业务进展的描述，生产经营管理效率的描述等，企业在内部控制里必须做好对报告目标的控制。

例如，销售要和收款联系在一起，对收款的控制就是要对销售的报告进行核查，以及对仓储保管、运输、订单、销售额等多项内容进行核查，确认应收账款的数量。如果没有这些相关信息的核对比照，单凭销售部一个数字报告说销售了一千万或者两千万就下结论，是没有任何依据的。

因此，会计信息和报告是整个企业管理的灵魂。销售部门给企业带来的效益的体现很大程度上就要依靠应收账款的回收，而应收账款的回收过程就会在银行对账的会计信息中体现出来。如果财务部做报告的时候"陷害"销售部门，在报告上做手脚，说一分钱账款都没收回，就会给企业的管理带来问题。所以，企业的会计信息要与业务信息相衔接。

内部控制的财务目标就是要达到企业预期的结果，财务风向标的意思是一切以财务为指向。不管企业是进行兼并收购，还是进行新产品研发，或者生产管理的研讨，还有企业经营效率和效果的总结，以及人事任免、工资奖金分配等，都需要财务最先提供相关的会计信息，才能够开展后面的相关工作。只有这样，员工工作的时候才会有动力，完成任务才会有效果，企业才能够发展。因此，企业在做内部控制的时候，必须要形成一套完整的会计信息的功能体系和机制，订立财务报告的目标。

知识拓展 4-3

企业的销售部门跟大客户谈判的时候，双方要讨价还价，这时候需要公司的财务主管帮忙算账，分析客户提出的要求对企业来说意味着什么。例如，原来是预付账款，现在改成现付，这意味着企业要贷更多的款才能维持原有的生产经营活动。企业进行贷款的时候，银行利息有多高，跟预付账款之前相比需要多付出的利息数是多少。如果是赊销，则要计算不同的赊销额度对企业又会产生怎样的影响。

还有账期的问题，账期一般是3个月到半年，在这个账期里，企业的生产循环和周转需要的资金是多少，成本有多高，这个成本跟赊销相比哪个对企业更为有利一些？这些都需要财务主管帮助分析，以作出有利于业务谈判的决策。

财务部在公司业务中体现的作用不只是本部门的成绩，还关系到其他业务部门的工作成效，因此财务的报告目标十分重要。

事实上企业内的各种方案都跟财务有密切的衔接,需要财务部门提供非常有效的指导信息,也就是报告目标。财务部首先要制定报告目标,企业的内部控制才会有效。如果制定不好,财务部只会毁掉自己。

所以,企业在实行内部控制的过程中,就是要把业务信息科学地、真实地、及时地反映到会计信息当中。

4. 合法性目标的制定

合法性目标是指企业符合相关法律法规。一个企业要发展,就要抓住机遇,做别人做不来的事情,干别人没有做过的,等到别人已经干过了,已经赚了很多钱,你再去追着干的时候,肯定挣不到很多钱,企业也不会见得在这上面会有太大的发展,可能时机已经晚了,所以企业需要依靠创新获得发展。但是企业在进行创新的时候,就会与原有的旧思想和观念意识,与原有的企业制度中的条条框框产生冲突。企业需要化解这种冲突,突破陈旧观念制度的束缚,颠覆不再适合企业的一些传统。这种颠覆行动意味着两种效果,一种是企业在创新中得到更高层次的飞跃,达到更高境界上的资源配置模式,企业运行效率会更高。这是人们都希望看到的结果,但是还有一种结果就是打破了自有的平衡。企业在原有的旧模式下已经形成了一种平衡状态,在进行创新的时候就需要对原有平衡的内部结构作些调整和改革,打破这种平衡状态。

例如,企业的财务部里面没有一个人懂英文,大家都不懂美国的会计准则,没有在美国做会计的经验。一个老的国有企业,财务处的领导层最小的45岁,最大的58岁,只懂得国内的财务运作经验,没有国际企业运作的经验,就着手操作企业在美国上市,这样的做法非常危险。这样的人员结构是无法帮助企业在美国上市,给美国投资者一个很好的交代的。企业需要打破原有的平衡结构,吸纳富有海外上市经验的人员来帮助企业做这件事情。

企业要做一个新业务,在进行业务转型的时候,需要企业内部各种资源跟上转型的步伐。例如,企业进行信息系统革命,这就需要信息人才的到岗,相关硬件的配置,而首先要进行的就是人才的革命。

在中国的企业中,信息化革命进行起来十分艰难,因为它会带来资源使用效率的提高,工作人员的数量减少,那就意味着很多人要被解雇,因此受到这些人的反对,给企业的变革造成阻力。如果企业的做法违背了整个社会的平衡,就可能引发社会冲突。就像中航油新加坡公司陈久霖先生一心一意想把企业干好,要为国争光,结果为中国企业丢脸。本想做些更赚钱的事情,结果上了别人的圈套一错再错,因为他打破了企业的平衡。

也就是说每个企业都有它平衡的边界,企业在进行变革的时候需要考虑这个界限在什么位置,如果变革超出了企业大方向上的平衡,突破企业的约束条件,就会给企业带来相当大的风险。如果没有很好的补救措施,或者说为之已晚,大大地超出企业的能力,就会使得企业的发展受到威胁。

变革创新的这种结果小而言之是指企业自身的平衡,大而言之就是国家和行业的均衡,以及业务和资金均衡,这些均衡从根本上来说就是法律法规和市场经济规划。

知识拓展4-4

有一段时间,在中国的一个美国外资企业集团向北京市和天津市的反贪局举报我国某些医院的院长受贿。人们都感到奇怪,这个外资企业前面送完礼,打开了中国市场,回过头来又告发我们的院长接受了他送的贿赂。这不是自揭伤疤吗?看起来没有任何理由和逻辑。

但是外资企业是这样想的,现在他要自救。因为公司总部的内审部门进行核查的时候,发现了有两笔钱给了医院的院长,并且中国区的主管也已经认罪了,如果企业不主动向中国的有关部门通报并进行处理的话,这个企业就违反美国的反贿赂法,将受到更为严厉的处罚。

主体从事活动必须符合相关的法律法规,通常还必须采取具体措施。这些要求可能涉及市场、定价、税收、环境、员工福利和国际贸易。适用的法律法规确定了最低的行为准则,主体应将其纳入合规性目标之中。例如,岗位健康和安全法规导致一家公司将其目标确定为"根据法规包装和标注所有的药品"。在这种情况下,要制订政策和程序来处理沟通项目、现场检查和培训。一个主体的合规记录可能会对它在社会和市场上的声誉产生极大的正面或负面影响。

(引文来源:百度文库.E14企业内部控制与风险管理范文[EB/OL].[2022-5-10].https://wenku.baidu.com/view/773b4746aa8271fe910ef12d2af90242a895ab31.html。)

4.1.2 目标的实现

恰当的目标设定过程是企业风险管理的一个至关重要的构成要素。尽管目标为主体从事活动提供了可计量的基准,但是它们的重要性和优先程度各不相同。因此,虽然一个主体应该合理保证实现特定的目标,但是并不是对所有目标而言都这样。

有效的企业风险管理为主体的报告目标得以实现提供合理保证。同样,必须合理保证合规目标的实现。报告和合规目标的实现更多的是在主体的控制范围之内。也就是说,一旦确定了目标,主体对其从事满足目标所需要的活动的能力具有控制力。

但是如果说到战略目标和经营目标,就有所不同,因为它们的实现并不完全在主体的控制范围之内。主体可能像预期的那样运作,也可能会被竞争者所超越。这是由于外部事项,例如,政府的变动、恶劣的天气及类似的情况的发生超出了它的控制范围。在目标设定过程中甚至可能已经考虑了某些这类事项,并将它们当作具有较低可能性的事项,一旦它们发生就采用一项权变计划来处理。但是,这种计划只能缓解外部事项的影响。它不能确保目标的实现。

针对经营的企业风险管理主要专注于确定贯穿于整个组织的目标和目的的一致性,识别关键成功因素和风险,评估风险并作出知情的应对,实施恰当的风险应对并建立必要的控制,以及及时报告业绩和期望。对于战略和经营目标,企业风险管理能够合理保证管理当局和履行监督职责的董事会及时地知悉主体实现这些目标的程度。

1. 选定的目标

作为企业风险管理的一部分,管理当局不仅要选择目标并考虑它们如何支持主体的使命,而且要确保它们与主体的风险容量相协调,不协调会导致不能承受足够的风险以便实现目标,或者与之相反,承受了太多的风险。有效的企业风险管理并不是指明管理当局应该选择什么目标,而是管理当局应当制定程序来使战略目标与主体的使命相协调,并且确保所选择的战略和相关的目标与主体的风险容量相一致。

2. 风险容量

管理当局在董事会的监督下所确定的风险容量是战略制定的指向标。公司可能将风险容量表述为增长、风险和报酬之间可接受的平衡,或者风险调整的股东增加值指标。一些主体,如非营利组织,将风险容量表述为它们在向其利益相关者提供价值的过程中所愿意承受的风险水平。

主体的风险容量与它的战略之间存在着一种关系,通常可以设计许多不同战略中的任何一个来实现期望的增长和报酬目的,每一个都有着不同的风险。应用在战略制定过程中的企业风险管理能帮助管理当局选择一个与它的风险容量相一致的战略。如果与一个战略相关的风险与该主体的风险容量不一致,这个战略就需要修改。当管理当局先前所规划的战略超出了主体的风险容量,或者战略没有容纳使得主体实现其战略目标和使命的足够的风险时,这种情况就会发生。

主体的风险容量反映在主体的战略之中,进而指导资源配置。管理当局在考虑主体的风险容量和各个业务单元的战略计划的基础上,在业务单元之间配置资源,以使投入的资源产生一个理想的报酬。管理当局试图使组织、人员、流程与基础结构相协调,以便促成成功的战略实施,并确保主体保持在它的风险容量之内。

3. 风险容限

风险容限是相对于目标的实现而言所能接受的偏离程度。风险容限能够被计量,而且通常最好采用与相关目标相同的单位来进行计量。

业绩计量指标可以用来帮助确保实际的结果处于既定的风险容限之内。例如,一家公司的目标是 98% 按时送达,可接受的时间偏离范围是 97%～100%;它的培训目标是 90% 的通过率,可接受的成绩是至少 75%;它希望员工在 24 小时之内答复所有的客户投诉,但是接受最多 25% 的投诉可以在 24～36 小时内得到答复。

在确定风险容限的过程中,管理当局要考虑相关目标的相对重要性,并使风险容限与风险容量相协调。在风险容限之内经营能够就主体保持在它的风险容量之内向管理当局提供更大的保证,进而就主体将会实现其目标提供更高程度的慰藉。

4. 平衡计分卡

平衡计分卡表明了企业员工需要什么样的知识技能和系统,分配创新和建立适当的战略优势和效率,使企业能够把特定的价值带给市场,从而最终实现更高的股东价值。具体而言,平衡计分卡平衡了短期与长期业绩,外部与内部的业绩,财务与非财务业绩,以及不同利益相关者之间的关系。

平衡计分卡是评价企业经营效果的方法之一,具体的指导思想就是在企业战略的统领下,从企业的财务、内部营运、创新与学习、客户角度,通过指标的分解设计将四者有效地链接起来,共同为企业的发展战略负责。平衡计分卡示意图如图 4-1 所示。

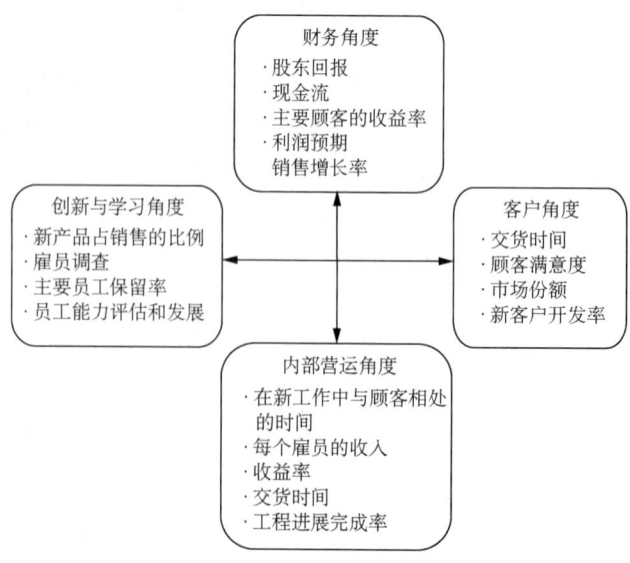

图 4-1 平衡计分卡示意图

知识拓展4-5

海尔的免费售后服务

海尔提出免费售后服务的承诺在最初让所有消费者感到非常吃惊,对企业财务部门来说有一定的损失,但海尔得到的是更多的客户和广大的市场。这个客户和市场就是海尔的一个战略目标,从财务战略出发,实现它的业务战略,进而实现品牌战略。

打出品牌之后,海尔的产品价格自然提升上去,与品牌同时运行。所以现在海尔的产品价格比一般的产品高出20%~30%,消费者还愿意买海尔的产品,因为对产品和服务满意。

这时候企业的业务就像一条项链,它产生的不只是使用价值,还有品牌价值。最后品牌给企业带来的价值远远超出免费售后服务所带来的人工费用的增加,财务上也得到了弥补。这就是更高境界的一种财务战略。

如果仅仅从财务部门的角度去考虑,那么企业是不会去做免费售后服务这件事情的。当然在进行免费售后服务的时候,极大地打乱了海尔的营运体系。它要成立专门的服务部门,但是这个部门又不赚钱,还得让他们到处跑。如何对这些人做培训,怎样在部门不赚钱的时候给它钱。海尔的售后服务人员到客户家里去的时候,一分钱都不要,一支烟都不抽,一杯水都不喝。这对工作人员来说是一种极大的挑战,这个时候靠的就是公司的激励和管理,要实现这种激励和管理,对企业内部运营来讲难度会增加,因为要提高人员素质要求,就需要进行投入,这等于增加了营运和交易成本,同时也增加了财务成本。这样的成本增加是必要的,如此企业才能够获得市场。

所以,企业在内部控制的时候,要考虑长远和近期、宏观和微观、财务和业务之间,怎样去有效地配合,才能实现企业整体的目标战略。

企业要想办法,把战略目标、营运目标、合法性目标和报告目标之间进行衔接,只有各个大的目标之间进行衔接之后,才能够在企业内部落地生根,实现企业的内部控制。

4.2 | 事 项 识 别

制定企业内部控制目标的目的不仅仅是完成目标,而是完成企业的整个整体战略,实现企业的价值,完成企业的使命。企业制定好这些目标之后,就要思考如何完成这些目标,实现价值的增值。尽管业务和目标之间有分解落实的关系,但是明确的目标跟现实的业务之间会有一些不确定性因素存在,这种不确定性就是风险。

所以,企业在进行内部控制过程中,需要了解业务都有些什么特点,这体现在风险管理和内部控制框架中就是事项的识别。

4.2.1 事项的定义

事项是源于内部或外部的影响战略实施或目标实现的事故或事件。事项可能带来正面或负面影响,或者两者兼而有之。

在事项识别的过程中,管理当局认识到不确定性的存在,但是并不知道一个事项是否会发生,或什么时候发生,或者它所带来的确切影响。管理当局最初只考虑源于外部和内部的一系列潜在事项,而没有对它们的影响是正面的还是负面的作必要的关注。管理当局按照这种方法识别的不仅仅是具有负面影响的潜在事项,而且还包括那些代表着应该追逐的机会的事项。

事项有的很明显,有的很隐晦,所产生的影响有的微不足道,有的十分重大。为了避免忽略相关的事项,最好把对事项的识别与对其发生的可能性及影响的评估区分开来,后者属于风险评估的范畴。但是,在实践中存在着局限,而且通常很难知道到底应该把界线画在哪儿。但是如果对一个重要目标的实现有重大影响的话,即使事项发生的可能性比较低,也不应该被忽略。

4.2.2 影响因素

在商业活动的层面上,企业可能面对的风险可分为两大类:行业风险和经营风险。

1. 行业风险

行业风险是指在特定行业中与经营相关的风险。企业选择在哪个行业中经营显得非常关键。在考虑企业可能面对的行业风险时,以下几个因素是非常关键的:

(1)生命周期阶段。行业有生命周期。企业会经历起步期、成长期、成熟期及最后的衰退期。显然,处于成长期的行业会比处于成熟或衰退期的行业有利得多。

(2)波动性。波动性是与变化相关的一个指标。波动性行业是指成长迅速变化,充满上下起伏的行业。波动性行业会涉及较大的不确定性,使计划和决策变得更难。波动性行业包括电子业、软件业、房地产业和建筑业。

(3)集中程度。对企业来说,比较好的情况是在一个受保护的行业中处于垄断地位,就像某些国家公用事业公司或国家政府所管理的公司一样。但是,随着大多数国家的发展、国家企业私有化、关税壁垒降低,以及新兴行业与成熟公司的相互竞争,这些垄断地位已经被推翻,而且各行业变得更具竞争性。

2. 经营风险

经营风险可简单定义为经营企业时面临的风险。从某种程度上来说,企业所作的所有决策都具有风险,管理层不能保证所作的每一个决策都是正确的。例如,每次雇佣新的员工,他们都会面临风险。如果该员工表现不良怎么办? 如果他不遵守指示并且在工作中不断犯错误怎么办?

但是,在很多情况下,公司和个人为了获取利润也会承担风险。如果他们能盈利,那么企业就会发展并为股东及其他权益持有者创造财富。

经营风险的广义标准定义是指由于采用的战略不当,资源不足,或者经济环境或竞争环境发生变化而不能达成经营目标的风险。它包括市场风险、政治风险、操作风险、法律及合规性风险、项目风险、信用风险、产品风险、流动性风险、环境风险和声誉风险。

1)市场风险

市场风险,有时也称为财务风险或价格风险,它是指由于市价的变化而导致亏损的风险。企业需要管理的主要市场风险有利率风险、汇率风险、商品价格风险和股票价格风险。

(1)利率风险。利率风险是指因利率提高或降低而产生预期之外损失的风险。

(2)汇率风险。汇率风险或货币风险是由汇率变动的可能性,以及一种货币对另一种货币的价值发生变动的可能性导致的。

(3)商品价格风险。主要商品的价格出人意料地上涨或下跌,可能使业务面临风险。提供商品的公司,如石油公司和农产品公司,会直接受到价格变动的影响。同样,依靠使用日用品的公司,也会遭受来自价格变动的风险。

商品价格风险会影响到消费者和最终用户,如制造商、各国政府、加工商和批发商。如果商品价格上升,商品采购成本增加,减少交易利润。如果商品价格下降,生产收入也会降低,从而减少企业所得。价格风险也会影响到商品生产者,价格风险是影响商品生产者的最大风险,因此应加以管理。

商品价格可能由本国货币决定,便于本地客户业务的进行。然而,当一个商品通常由另一种货币进行交易却由本国货币定价时,汇率将会影响商品总价格,因此,汇率风险仍需要加以考虑。一些公司通过提供国内商品价格帮助他们的客户进行风险管理。企业可在一段时间内制定商品价格,或者可以转嫁商品价格变化,但允许用户使用固定汇率计算国内价格。对于后者,供应商有效地承担了汇率风险。两种情况对于小型企业或那些只偶尔购买商品并且自己不愿管理风险的企业来说都是有所帮助的。

(4) 股票价格风险。股票价格风险影响企业股票或其他资产的投资者,其表现是与股票价格相联系的。例如,若企业须为员工保持足够的养老基金,则会暴露股票价格风险,因其回报率取决于一系列的股票红利以及股票价格变动产生的资本利得。对该风险的敞口可能是一只股票或几只股票,也可能是一个行业或整个市场。股票价格风险也影响到企业通过出售股票和相关证券进行融资的能力。因此,股权风险与企业获取足够资本或流动资金的能力有关。

对以上四类风险而言,利率风险与汇率风险可能会互相关联。对于承包商来说,这些市场风险可能会极其严重。当对一项完工时间较长的合同进行投标时,必须对利率、汇率和原材料(商品)价格作出相应假设。除非这些价格的所有变化能完全转移到客户身上,否则承包商必须承担这些风险。

对大多数风险而言,时间范围越大,越难预测相关价值;而且据我们所知,对这些风险进行套期的可能性也越小。承包商还需要从另一角度进行考虑。承接合同的目的是盈利,就算收到付款,而且作出了合理准确的成本估计,承包商仍可能会因接受付款之前所发生的不利的汇率变动而遭受亏损。假定最后一次付款通常是延期的,以涵盖保质期。如果在此期间突然发生贬值,则仍然会较大程度地降低预期回报率。

不幸的是,许多企业,甚至是发达国家的企业对市场风险不了解,而且有时由于无知而承担了很重大的风险。有时不作任何应对也是一种具有风险的决定。不对风险进行套期,意味着企业实际上接受了一个开放式的风险,即价格会朝着违反企业意愿的方向变化。

2) 政治风险

政治风险在很大程度上取决于企业运营的所在国家的政治稳定性,及当地的政治制度。政府的更迭,有时会导致业务出现重大变化。甚至在政治制度稳定的国家,政治改革的影响也可能是重大的。

3) 操作风险

操作风险是指出于员工、过程、基础设施或技术或对运作有影响的类似因素(包括欺诈活动)的失误而导致亏损的风险。

从本质上来说,许多已经识别出的风险是操作方面的。操作风险可组合成以下几种风险。

(1) 员工。员工风险包括员工的雇佣、培训和解雇所涉及的风险。主要的问题是要确保有足够的员工,他们有恰当的能力并且愿意执行企业所要求的任务。员工包括确定公司战略方向、控制资源分配的高级管理层和其他各运营部门的中低层员工。

（2）技术。企业是否存在和实施支持经营活动所必需的系统？是否定期为系统进行检查和评估？是否能找出系统运行不佳的情况？系统不佳是否导致企业发生亏损？以及企业是如何确保系统是最新和能够应对经营风险的？

（3）舞弊。企业是否拥有保护自身不受舞弊影响的方法？

（4）外部依赖。企业越来越依赖基础设施、电话、交通系统和能源供应商。如果这些供应商出现问题，企业如何保护各部门运作不会受到影响？

（5）过程和程序。企业未能制定程序操作要求，可能会导致员工在运营操作时采取不正确的行动。

（6）外包。外包通常被看作是减少成本和将企业资源集中在"核心业务"的方法。但是，很多企业越来越担心将公司的关键业务过程外包可能会导致失控。

4）法律及合规性风险

法律及合规性风险指不符合法律法规要求的风险。毫无疑问，所有的企业都受到相关的监管。大多数企业受到国家级、省级和地区级的监管，也可能受到职业团体的监管。企业所面临的监管是无处不在的，从监管职业安全健康的法规到有关如何恰当储存危险物质的规定，到报告有关经营活动的详情以满足税收目的的要求。与法规有关的主要风险并不是指法规存在的事实。越来越多的企业认识到，法规的实施是必要的，它能为企业提供一个顺利执行商业交易的环境。实际上，与法规有关的主要风险是指法规突然发生了变化。由于法规都是强制性的，很多企业意识到最重要的是要及时应对这些法规变化所带来的风险。

5）项目风险

在企业中，有很多的项目需要进行日常管理，例如，建立新的业务线、开发新市场。由于项目的流行性，项目管理的一个重要组成部分就是风险管理。

项目管理的责任是以一定的预算，根据规格及时完成任务，从而使客户满意。项目风险管理应对项目可能无法执行、项目进度可能发生变化、项目成本可能超支、项目不能达到预定规格，或者项目成果可能会遭到顾客拒绝等风险。越来越多的经营活动是以项目为基础的，所以企业是否能对项目风险进行管理也变得越来越重要。否则，企业会发现它所启动的项目很少能达成目标。

6）信用风险

多数企业生产产品或提供劳务，并将其提供给买家的同时，企业会允许买家在一定时间内付款。这一过程被称为赊销。赊销会产生不予支付的风险。因而，信用风险是指交易对方在账款到期时不予支付的风险。

确定允许赊销的对象以及允许赊销的金额是公司经理应当考虑的最为重要的决策之一，且这一决策通常决定着企业的存亡。这一决策之所以重要，是因为多数企业在每一项达成的交易中或产品销售中只能取得适度毛利。即使最终应收账款会被支付，但延迟支付期间所产生的额外成本或收回应收账款所需的成本会极大地降低交易的利润。对小规模企业而言尤其如此，因为小规模企业经常面临延期支付，而且其几乎无法补偿这些额外费用。

7）产品风险

所有销售产品、提供劳务的企业都会涉及产品风险。可以用以下基本问题来识别产品风险：当公司将一项产品投放市场时，该产品是否有销路？显然，这一问题是引入新产品的公司最为关心的问题。新产品所面临的问题就是这些产品没有经验可循。管理层不知道新产品对客户是否具有吸引力。新产品越具有创新性,引入该产品所面临的风险就越大。在新产品开发过程中,无法排除现在取胜的产品在上市后失败的可能性,但是新产品一旦取得成功就能赚取大额利润。

除了新产品,成熟的产品也会面临产品风险。例如,一旦产品变得商业化,若企业的产品无法与竞争者的产品区别开来,其能否在市场上取得成功在很大程度上取决于产品价格。以电脑为例,电脑价格越低其销量就越大。产品价格能否降低取决于运营部门而非营销部门。

8)流动性风险

流动性风险是指由于缺乏可用资金而产生的到期无法支付应付款项的风险。值得注意的是,即使企业报告了令人满意的利润,但一旦发生流动性危机,企业也会很快走向下滑。在金融领域更为如此,尤其是当银行和金融机构过多地依赖于银行间融资时。

到期时及时偿还债务对于维持信誉度以及消费者信心都是非常重要的,因为这能够确保企业的商业信用不受影响。无法按时偿还债务很可能意味着信用的丧失。不仅受直接影响的各方会对企业的信用丧失信心,许多潜在的客户也会丧失信心,因为在这种情况下坏消息传播得很快。在偿还债务时,企业可采用不同的方式筹集资金,包括现有的现金余额、借款或企业资产出售。

9)环境风险

环境风险在近几年来逐渐赢得了广泛关注,这主要源于"绿色行动"的环保者提高了公众的环保意识,并使其更加关心人类行为有意或无意造成的环境破坏。环境风险是指企业由于其自身或影响其业务的其他方造成的环境破坏而承担损失的风险。

我们需要关注的不仅包括企业对环境造成的直接影响,还应包括企业与客户和供应商之间的联系而对环境造成的间接影响。项目过程可能并不会导致环境破坏,但产品本身却可能造成环境破坏。

直接的环境影响通常比较明显,例如,石油泄漏或排放到河流造成的污染、烟囱产生的空气污染、垃圾处理场的废物倾倒等产生的环境破坏;而间接的环境影响就不太明显,例如,公司的产品达到了其使用寿命,则产品的处理就会产生环境问题,如核废弃物。

10)声誉风险

声誉风险是指企业声誉会受到负面影响的风险。声誉风险产生的负面影响会非常重大,能导致企业的经营陷入严重衰退,极端情况下还可能导致企业被接管或倒闭。在某些情况下,这种影响会比较缓慢,而在其他情况下影响也可能非常迅速。

负面传闻或公共信息通常会导致声誉缓慢下滑,声誉缓慢下滑会对企业产生长远的影响。例如,对一家制造型企业而言,由于其客户担心公司按期交货的能力,公司的订单数量会出现下降。随着销售量的下降,盈利能力以及现金流量都会受到影响,而这又会带来更多的负面传闻,从而引发订单量和利润的螺旋式下滑。此外,贸易以及品牌信用供应商会变得焦虑,并制定更为严格的条款或取消原有的支持,从而导致可能的流动性问题。螺旋式下滑会不断持续,直到管理层采取一致行动扭转这一趋势。

在金融服务领域声誉是至关重要的,并且任何负面的影响都会迅速产生严重后果。

值得重点注意的是,声誉风险主要是二级风险,其产生的原因来自企业未能有效地控制其他类型的风险。例如,因违背法律而采取的法律行动,或绿色环保者对企业造成的环境破坏提出的抗议等都会导致负面的公众形象。声誉的建立需要很长时间,但声誉的破坏却只在一时,因此,企业中各层员工都必须认真对待声誉风险。

4.2.3　事项识别技术

环境、技术创新、敏感性、股东关系、政治变化、法律监管、市场的变化这些都是环境的风险,经营操作、授权、采用信息技术、财务等内容对人财物的配置会产生影响,这叫作过程风险。

决策所需的信息就是合同协议业务报告,环境、战略等,这些都会影响企业进行资源配置,影响企业战略的实现。企业要对这些不确定性的风险事项进行科学识别。

我们把识别这种科学体系,进行企业内部控制设计和风险管理设计的过程称为风险管理文档。风险管理文档是一个规范的体系,首先对风险的类别进行划分,其次对风险进行描述,对类型进行确认,最后作出具体的控制目标,按照这个目标确定采取的形式。

职业经理人还有企业的领导人需要考虑风险在资产关联的因素和成本关联的因素中的不确定性是怎么发生的,要怎样去衔接。这就是企业内部控制的风险识别。

在具体的财务风险里面有一种是现金流风险,这种现金流的风险是企业最致命的一种风险。要使现金的流入、现金的流出和资金的存量,跟企业发展的经营预期和资金使用的预期有效衔接起来,以形成良好的循环机制。

企业内部控制要对照风险事项的识别,判断导致企业失败的风险。一般来说企业内有以下三种风险:①效果性风险,就是目标偏离或者错误,企业所选择的产业或者项目的错误。②效率性风险,资源浪费或者无效使用,如对企业的装备、固定资产等生产资料的使用,如果更新换代过快就会造成资源的浪费,而不能充分利用现有资源也是一种浪费;库存增加,或者原材料采购太大,超过企业的需求,这些都属于资产的效率性风险。③缺乏标准和规范的无标准风险,给企业带来的是生产的无序和产品质量出现缺陷,最后导致成本增加、效率降低。

新加坡法院在审理中航油新加坡公司的陈久霖案件的过程中,发现他和他所领导的团队,乃至中航油集团的领导层,对整个金融衍生产品的风险和金融期权都认识不足,没有科学地认识风险的内涵,结果才弄得一败涂地。

知识拓展 4-6

事项目录(event inventories)——这些是一个特定行业内的公司所共通的潜在事项或者不同行业之间所共通的特定过程或活动的详细清单。软件产品能够列出共性潜在事项的有关清单,一些主体利用它作为事项识别的出发点。例如,从事一项软件开发项目的公司编制了一份目录,详细列示了与软件开发项目有关的共性事项。

内部分析(internal analysis)——它可以作为常规性经营规划循环过程的一部分来完成,典型的是通过一个业务单元的员工会议。内部分析有时利用来自其他利益相关者(客户、供应商、其他业务单元)的信息,或者针对具体问题征询外部专家(内部或外部职能机构的专家或内部审计师)的意见。例如,一家正在考虑引入一个新产品的公司利用它自己的历史经验以及外部市场调研来识别那些曾经影响竞争者产品成功的事项。

扩大或底限触发器(escalation or threshold triggers)——这些触发器通过将现在的交易或事项与预先

确定的标准进行对比,提醒管理当局关注的领域。一旦被触发,可能就需要对一个事项进行进一步的评估或者立即予以应对。例如,一家公司的管理当局针对新的营销或广告计划监控市场上的销售量,并根据其结果重新调配资源。另一家公司的管理当局追踪竞争者的定价结构,并考虑在达到一个特定的底限时变更自己的价格。

推进式的研讨与访谈(facilitated workshops and interviews)——这些技术通过经过设计的讨论,利用管理当局、员工和其他利益相关者所积累的知识和经验来识别事项。推进者主导有关可能会影响主体或单元目标实现的事项的讨论。例如,一名财务主计长与会计团队的成员一起召开了一个研讨会,来识别那些对主体的对外报告目标有影响的事项。通过结合团队成员们的知识和经验,能够识别出否则就会被遗漏的重要事项。

过程流动分析(process flow analysis)——这种技术考虑构成一个过程的输入、任务、责任和输出的组合。通过考虑影响一个过程的投入或其中的活动的内部和外部因素,主体能识别那些可能影响过程目标实现的事项。例如,一家医学实验室绘制了血液样本的接收和测试流程图。它利用流程图来考虑那些可能影响输入、任务和责任的因素的范围,识别与样本标注、过程中的传递以及人员换班变动有关的风险。

首要事项指标(leading event indicators)——主体通过监控与事项有相互关系的数据,来识别可能导致一个事项发生的情形是否存在。例如,金融机构很早就认识到延迟偿还贷款与最终的贷款违约之间的相互关系,以及及早干预的积极作用。对偿还方式的监控使违约的可能性得以通过及时的行动而降低。

损失事项数据方法(loss event data methodologies)——有关过去单个损失事项的数据库是识别趋势和根本原因的一个有用的信息来源。一旦确定了根本原因,管理当局就会发现它比致力于单个事项更加有效地进行评估和处理。例如,一家经营大型车队的公司维护了一个事故投诉的数据库,通过分析发现事故的百分比在数量和货币金额上不成比例,它与特定单元、地域和年龄结构的驾驶员工有关联。这个分析使管理当局能够确定事项的根本原因并采取行动。

4.3 | 风 险 评 估

4.3.1 风险评估的背景

企业的资源在配置运行的过程中,会出现一种不确定性,这种不确定性是一种风险。从企业的资源配置和运行过程来看,我们把这种风险分为三个层次的风险,即模式的变动、模式的实施、影响决策的信息这三大风险。

事项的识别反映的就是对企业里存在的不确定性进行研究,明确这些不确定性会从哪些角度和哪些方面影响企业目标的实现。企业是社会的微观主体,它有自己的组织结构、自己的资源,有自己的运行模式和方式,这些模式和资源以什么样的方式运营,才能够在市场当中获取效率和效益?这需要企业选择一种在市场上有效的运行模式,对不确定性的事项时时刻刻进行追踪、反馈,从而作出方案调整。

企业这种调整体系的建立需要相关信息的支持,也就是在内部控制的时候,把不确定性的来源归为三大类,分别是环境、过程和信息。其中,环境影响模式,过程影响实施,信息影响决策。

外部和内部因素影响会发生什么事项以及事项将影响主体目标到怎样的程度?尽管一些因素对于一个行业中的公司而言是共同的,但是其他的事项对于特定的主体而言通常是独特的,其原因在于它的既定目标和过去的选择。在风险评估过程中,管理当局在决定主体风险特征的问题,如主体的规模、经营的复杂性以及对其活动进行管制的程度等这样的背景下,考虑与主体及其活动相关的潜在未来事项的组合。

在评估风险时,管理当局考虑预期事项和非预期事项。许多事项是常规性的和重复性的,并且已经在管理当局的计划和经营预算中提到,而其他的事项则是非预期的。管理当局评估可能对主体有重大影响的非预期的潜在事项以及如果尚未这么做的话预期事项的风险。

虽然"风险评估"这个术语有时与一次性活动联系起来使用,但是在企业风险管理中,风险评估这个构成要素是在整个主体中所发生的活动的一个持续性和重复性的互动。

4-1 风险分析方法

4.3.2 风险评估程序

风险评估程序可分为四个步骤:第一步是风险识别;第二步是对主要风险进行评估;第三步是确定风险评级和应对计划;第四步是风险监察。

风险评估程序要求识别和了解企业面临的各种风险,以评估风险的成本、影响及发生的可能性,并针对出现的风险制定应对办法,制定文件记录程序以描述发生的情况以及实施的纠正举措。

风险评估程序应覆盖整个企业,包括各级人员和各个部门。大型企业可能会组建一个由风险管理专业人员构成的部门,而小型企业亦会安排一些人员负责管理整个企业内部的风险管理程序。无论是设立了正规的风险管理部门或是指定了专门的管理者,企业风险管理均涉及众多人员。上述风险评估程序中的四个步骤应在企业的各层面得以执行,并且不同工种的人员均应参与。无论是设在小地方且各种设施不完善的小型企业还是大型企业,均应制定常见的风险管理方法。这对于当今普遍出现的全球机构来说尤为重要。全球机构可能设立了多个经营单位,开展不同的商业经营活动,并在不同国家建立多种设施。一个单位内的风险可能直接对另一单位的风险产生影响或与之相关,但是对其他风险的考虑实际上却可能是独立的。

管理当局既考虑固有风险,也考虑剩余风险。固有风险是管理当局没有采取任何措施来改变风险的可能性或影响的情况下,一个主体所面临的风险。剩余风险是在管理当局的风险应对之后所残余的风险。一旦风险应对已经就绪,管理当局接下来就要考虑剩余风险。

1. 估计可能性和影响

潜在事项的不确定性从两个方面进行评价——可能性和影响。可能性表示一个给定事项将会发生的或然率,而影响则代表它的后果。可能性和影响是通常使用的术语,尽管一些主体使用诸如概率、严重性、严重程度或后果等术语。有时这些词语有着更具体的含义,"可能性"表示一个给定的事项从定性的角度将会发生的或然率,如高、适中、低,或其他判断性的衡量尺度;而"概率"则表示一个定量的测度,如百分比、发生的频率或者其他的数量性尺度。

决定应该在多大程度上关注对主体所面临的一系列风险的评估很困难,而且具有挑战性。管理当局认识到发生的可能性低且潜在的影响小的风险一般毋庸多虑,发生的可能性高且潜在影响重大的风险则需要相当关注。介于这两个极端之间的情况一般需要艰难的判断,因此合理而仔细的分析是很重要的。

评估风险的时间范围应该与相关战略和目标的时间范围相一致。因为许多主体的战略和目标着眼于短期到中期的时间范围,因此管理当局自然就关注与这个时间范围相关的风险。然而,战略方向和目标的某些方面却延伸到较长的时期。因此,管理当局需要认识到较长的时间范围,并且不能忽略那些可能延伸的风险。

管理当局在确定目标的完成程度时常常采用业绩指标,并且在考虑风险对一项特定目标实现的潜在影响时,通常采用相同的或适合的计量单位。例如,一家有着一项维持特定水平客户服务目标的公司,将会为这项目标设计出一个排序或其他测度指标,如客户满意度指数、投诉的数量或者对重复性业务的测度。在评估一项可能会影响客户服务的风险如公司的网站在一段时期内可能无法使用的可能性的影响时,最好采用相同的指标来确定其影响。

2. 评估技术

对风险的可能性和影响的估计值通常利用来自过去的可观察事项的数据来确定,它提供了一个比完全主观的估计值更加客观的依据。根据一个主体自己的经验,内部生成的数据可能会反映较少的主观个人偏见,并提供比来自外部渠道的数据更好的结果。但是,即使在内部生成的数据是主要数据来源,外部数据作为一个印证或者对于增进分析可能很有用。例如,一家公司的管理当局在评估由于设备故障所导致的生产中断风险时,首先看它自己的制造设备先前发生故障的频率和影响。接下来用行业基准来补充数据。这样就能够对故障的可能性和影响进行更精确的估计,从而能够制订更有效的防护性维护计划。当利用过去的事项来对未来进行预测时,应该保持谨慎,因为影响事项的因素可能随着时间的推移而发生变化。

管理人员通常对不确定性作出主观判断,在这么做时他们应该认识到固有局限。心理学研究的发现表明,不同能力的决策者,包括经营管理人员,都对他们的估计能力过度信任,而且没有认识到实际存在的不确定性的数量。研究表明存在显著的"过度信任偏差"(overconfidence bias),从而导致所应用的方法中,如在风险价值(value at risk)方法中,估计数量或可能性存在不恰当的狭义信任差距(narrow confidence intervals)。这种在估计不确定性中过度信任的倾向可以通过有效地利用内部和外部生成的经验性数据来使其最小化。如果缺乏这些数据,对这种偏差的敏锐察觉能力能够帮助降低过度信任的影响。

关于决策的人性倾向可以用另一种方法来展示,那就是对于追求利得和避免损失,人们一般都会作出不同的选择。通过认识这些人性倾向,管理人员可以定格信息以增加风险容量和强化贯穿主体的行为。

一个主体的风险评估方法包含定性和定量技术的结合。在不要求他们进行定量化的地方,或者在定量评估所需的充分可靠数据实际上无法取得或者获取和分析数据不具有成本效益性时,管理当局通常采用定性的评估技术。定量技术能带来更高的精确度,通常应用在更加复杂和深奥的活动中,以便对定性技术进行补充。

定量评估技术一般需要更高程度的努力和严密性,有时采用数学模型。定量技术高度依赖于支持性数据和假设的质量,并且与有着已知历史和允许作可靠预测的风险暴露高度相关。

知识拓展4-7

设定基准(benchmarking)——作为一组主体之间的协作过程,设定基准着眼于具体的事项或过程,采用共通的标准比较计量指标和结果,并且识别改进的机会,建立有关事项、流程和计量指标的数据来比较业绩。一些公司利用设定基准来在整个行业中评估潜在事项的可能性和影响。

概率模型——概率模型根据特定的假设将一系列事项以及所造成的影响与这些事项的可能性联系起来。在历史数据或反映对未来行为的假设的模拟结果的基础上,对可能性和影响进行评估。概率模型的例子包括风险价值、风险现金流量、风险盈利以及信贷和经营损失分布的计算等。概率模型可以采用不同的时间范围,以估计诸如不同时期金融工具的价值范围等结果。概率模型还可以用来评估期望的或平均的结果,以及极端的或非期望的影响。

非概率模型——非概率模型在估计没有量化相关可能性的事项的影响时,利用主观的假设。根据历史或模拟数据和对未来行为的假设对事项的影响进行评估。非概率模型的示例包括敏感性指标、压力测试以及情景分析。

为了采用定性评估技术获得有关可能性和影响的一致意见,主体可以使用与在识别事项时所采用的相同的方法,如访谈和研讨。风险的自我评估过程通过使用描述性的或者数量性尺度,获取参与者对未来事项潜在的可能性和影响的观点。

一个主体不需要在所有的业务单元使用共同的评估技术。相反,对技术的选择应该反映对精确度的需要和该业务单元的文化。例如,一家公司在识别和评估一个流程层次的两个单元的风险时,对一个业务单元采用自我评估问卷方式,而对另一个则采用研讨会方式。对固有风险和剩余风险进行评估,然后按照风险类型和每个业务单元的目标进行整理和分组,尽管采用了不同的方法,它们为促进整个主体的风险评估提供了足够的一致性。

当针对某个事项的所有个别风险评估都以定量的方式表示时,管理当局就能够获得该事项在整个主体范围内的定量的影响指标。例如,分别计算出各个业务单元中能源价格变动对毛利的影响,就可以确定主体范围内的影响。在定性和定量指标相混合的领域,管理当局开发一种跨越定性和定量指标的定性评估,从而得出用定性的术语来表示的复合评估。在整个主体范围内确定共通的可能性和影响术语以及针对定量指标的共通的风险类别,有助于这些复合的风险评估。

4.3.3　事项之间的关系

如果潜在的事项并不相关,管理当局就对它们分别进行评估。例如,一家公司的不同业务单元面临着不同的价格波动风险,如纸浆和外币的风险,它会针对与市场波动相关的风险分别进行评估。但是当事项之间存在相互关联,或者事项结合或相互影响产生显著不同的可能性或影响时,管理当局就要把它们放在一起来评估。尽管单个事项的影响可能很轻微,但是事项的次序或组合的影响可能更大。

举例来说,导致一场事故的事项有:配送仓库中丙烷罐上的一个有缺陷的阀门会导致丙烷泄露;仓库的门保持关闭以便保持隔壁办公室的热度;一辆正在开近的卡车的司机开启遥控装置来打开仓库的门。丙烷气体的存在和车库门马达所产生的火花共同引发了一场爆炸。这些不同的事项相互影响并导致了重大的风险。在另一个例子中,一家进入一个国外市场的公司在当地新聘任了管理人员,其报告体系未经验证,总部管理当局用来判断相关业绩的依据不足,就会导致错误或欺诈性报告方面的重大风险。

如果风险可能会影响多个业务单元,管理当局可以将它们归入共通的事项类别中,并且首先分单元逐个考虑,其次再从整个主体的范围把它们放在一起加以考虑。例如,一家金融服务公司的业务单元面临着政府利率变动的风险,它的管理当局不仅从每个业务单元的角度分别评估风险,而且将它们组合起来从整个主体的角度进行风险评估。一家制造业的公司有多个业务单元,分别都面临黄金价格波动的风险。管理当局把黄金价格潜在变动的风险汇总到一个单一的指标中,以反映在它的全部黄金库存量中每盎司的价格变动1美元的净影响。

事项的性质以及它们是否相关联可能会影响所采用的评估技术。例如,在评估可能有极端影响的事项的影响时,管理当局可以采用压力测试(stress testing);而在评估多重事项的影响时,管理当局可能会发现模拟或情景分析更加有用。

关注风险的可能性和影响之间的相互关系是管理当局的一项重要责任。有效的企业风险管理不仅要求针对固有风险进行风险评估,而且还要与接下来的风险应对(将在下一节中予以讨论)相结合。

4.4 风险应对

面对同一种风险时,不同的企业有不同的处理方式,例如,海尔、TCL、格兰仕都在海外发展,面对海外发展的风险,三个企业的反应是不一样的。仅就财务相关的因素而言,海尔的对外投资方式是合资与独资,TCL采用收购与新建的方式,格兰仕采用的是的独资方式。

从价格上来讲,海尔用较高的价格,TCL用较低的价格,格兰仕也采用较低的价格战略。这就是企业内部控制应对风险的多样性。财务风险的化解,可以通过报表合并和母公司报表的蛛丝马迹,从而判断出资金运营的效率。

要增强企业运营的效果,增加财务运营的成效,就要进行财务的各种风险处理和风险的化解,通过集中资金的方式,不仅减少资金运营的风险和财务的各种风险,包括投资、资金运用、支付等这些风险,同时也可以极大地加强资金的流动性,进行资金盈余和缺乏的调节,减少财务费用。

知识拓展4-8

神华集团财务集中模式是造就这个煤炭公司走向世界,成为世界一流煤炭企业的有效保障。神华集团通过四个统一、两个集中和一个优化实现财务集中。四个统一是指统一核算业务,统一税费管理,统一预算管理,统一财务制度。神华集团拥有的十几个矿井的大小不一样,地质条件不一样,成立运行的时间、生产力的状况、结构也不一致。这种情况下企业对财务进行统一的过程中遇到了极大的困难。但恰恰是突破了这种困难,才使神华的财务呈现高效率的状态。神华集团通过资金集中和人员集中两大集中方式,极大地减少了各个分属矿井的资金使用风险,既满足了生产的需要,同时也减少了资金运用的风险,实现了企业社会化的责任。神华的另一个优化就是信息优化,不断加强信息建设的投入,使信息化的财务管理融合到企业的现代化管理当中,加强信息化系统的建设。神华集团的财务集中模式极大地顺应了企业的现代化管理的要求,企业煤炭的产量直线上升,成本和库存则保持在平稳的下降状态。这就是财务控制的效果。

和全国同行业的大型企业集团进行比较可以看出,神华集团在财务的管理中进行财务创新,采用财务集中模式进行财务活动的控制,在资本运用中呈现很好的效果。企业内部控制必须要分析风险,认识风险,但目的不是为了风险应对而应付工作,而是要采取风险对策解决风险。

4.4.1 风险应对策略

管理层可针对已评估的关键性风险作出回应。可选的应对风险策略有风险降低、风险消除、风险转移和风险保留。管理层可以选择一个或多个策略结合使用。

1. 风险降低

"风险降低"的风险应对策略,亦称作风险缓解。不同的实际情况适用不同的风险降低方法。常用的一种形式是风险分散,即通过分散的形式来降低风险,如在多种股票而非单一股票上投资。不愿"将所有的鸡蛋放在一个篮子里"的企业会采用的是风险分散策略。

风险降低的概念是基于企业不愿意被动接受特定的后果分布状态,而通过自身努力改变不利后果的概率。为改变后果分布状态所做的努力,称为风险缓解。企业成功地降低风险后,其成果分布状态将不再是极端的。

缓解风险可以采取多种形式,包括采用套期。套期是交易商建立证券、商品或货币对冲持仓,从而抵消所面临的风险。企业还可以采用其他许多方法降低风险敞口,包括市场研究、地区及产品线的多样化、筛选和监控客户、外包、给产品定价时分配风险酬金、存货或股权计入生产量中,以及推行已制定的程序,以将经营风险降至最低。但这种策略在很大程度上取决于套期成本、企业承受风险及潜在损失的能力。为进行套期开展的交易活动,不应出于交易可能被误解为投机行为的担忧而放弃。但是,不同的套期工具对于各个公司及环境来说,成本效益可能不同,是否合适也另当别论。

2. 风险消除

"风险消除"策略包括风险避免、风险化解、风险排斥和风险终止。采用风险消除的目的是,预期出现不利后果时,一并化解风险。

3. 风险转移

采用风险转移的目的是,将风险转移给另一家企业、公司或机构。合同及财务协议是转移风险的主要方式。转移风险并不会降低其可能的严重程度,只是从一方移除后转移给另外一方。

转移风险时,管理层应考虑各方的目标、转移的能力、存在风险的情景及成本效益。其中一种转移风险的方式是购买保险,购买保险具体来说就是企业通过向非关联的第三方付款,让其代为承担风险。接受被转移风险的一方,通常要收取保费。问题是,所支付的保费是否低于风险发生时吸收风险的财务影响的可能成本。即使企业相信其转移了风险,但通常它并不能完全不受影响。例如,如果将某一工程项目的风险转移给承包人,而承包人未能管理风险,导致项目推迟交付。即使承包人可能因推迟交付而面临处罚,但是项目推迟已是在所难免。

4. 风险保留

风险保留包括风险接受、风险吸收和风险容忍。采取风险保留的策略,或者是因为这是比较经济的策略,或者是因为没有其他备选方法(如降低、消除或转移)。采用风险保留时,管理层需考虑所有的方案,即如果没有其他备选方案,管理层需确定已对所有可能的消除、降低或转移方法进行分析来决定保留风险。此外,商业环境从来不是一成不变的,因此,企业在短期内可能出现新的备选方法,如保险合同、外包或开发其他市场斗通过定期风险复核,控制风险情景并清楚何时应作出决策,这是非常重要的。要确保不会与备选措施失之交臂,企业需进行积极的风险管理。而且,如果已经特意作出了保留风险的决策,那么管理层应对付诸实施的影响及风险发生的可能性十分清楚。

总之,风险策略是风险管理总体程序至关重要的一部分,应参照以前的活动制定风险对策。由于情况是不断发生变化的,必须紧跟风险识别和评估,立即实施应对策略。企业应仔细分析四种风险应对策略,即风险降低、风险消除、风险转移和风险保留,一旦为一种特殊风险确定了风险应对类型,则必须制定具体措施,以落实这一应对策略。一般来说,风险不可能被完全消除。因此,如果能将风险降低至可接受的范围,且风险应对措施的成本未超过收益,那么,可在保留风险的同时,执行风险降低策略。

4.4.2 评价对风险的可能性和影响的效果

回避应对意味着所确定的应对方案都不能把风险的影响和可能性降低到一个可接受的水平。降低和分担应对把剩余风险降低到与期望的风险容限相协调的水平,而承受应对则表明固有风险已经在风险容限之内。

对于许多风险而言,适当的应对方案是明显的和很好接受的。对于不能计算可利用性的风险,一个典型的应对方案就是实施一项业务持续性计划。对于其他的风险,可采用的方案可能不那么明显,需要调查和分析。例如,与降低竞争者在品牌价值方面的活动的影响有关的应对方案,可能需要市场调研和分析。

在确定风险应对的过程中,管理当局应该考虑下列事项:

(1)潜在应对对风险的可能性和影响的效果,以及哪个应对方案与主体的风险容限相协调。

(2)潜在应对的成本与效益。

(3)除了应付具体的风险,实现主体目标可能的机会。

对于重大风险,主体通常从一系列应对方案中考虑潜在的应对。它使应对选择更具深度,并且对"现状"(status quo)提出了挑战。

分析固有风险和评价应对的目在于使剩余风险水平与主体的风险容限相协调。通常,某些应对中的任何一个都将带来与风险容限相一致的剩余风险,而有时应对的组合能带来最优的效果。相反,有时一个应对能够影响多重风险,在这种情况下管理当局可以决定不需要再采取其他的措施来处理某个特定的风险。

在评价应对方案的过程中,管理当局同时考虑对风险的可能性和影响的效果,认识到一个应对可能会对可能性和影响产生不同的效果。举例来说,一家公司有一个位于强暴风雨地区的计算机中心,它制订了一个经营持续性计划,一方面,这个计划尽管对暴风雨发生的可能性起不到任何效果,但是能够减轻建筑物损坏或人员不能上班的影响。另一方面,把计算机中心迁移到另外一个地区的选择不能降低同等暴风雨的影响,但是能够降低暴风雨发生的可能性。

在分析应对的过程中,管理当局可以考虑过去的事项和趋势,以及潜在的未来情景。在评价备选的应对时,管理当局通常要利用与衡量相关目标相同的或适合的计量单位。

4.4.3　评估成本与效益

资源总是有约束的,因而主体必须考虑备选风险应对方案的相关成本与效益。对实施风险应对所作的成本与效益计量的精确度水平各不相同。一般说来,处理方程式的成本计量比较容易,在很多情况下可以非常精确地予以量化。通常考虑与开展一项应对相关的所有直接成本,以及可以实际计量的间接成本。一些主体还将与使用资源相关的机会成本也纳入考虑。

但是,在某些情况下很难量化风险应对的成本。量化的挑战来自估计与一个特定应对相关的时间和效果,例如,获取有关客户偏好的变化、竞争者的行动等市场信息或其他外部生成的信息,就是这种情况。

效益一方通常涉及更多的主观评价。例如,有效的培训计划的效益一般很明显,但是难以量化。然而,在许多情况下,一项风险应对的效益可以在与实现相关目标有关的效益的背景下予以评价。

在考虑成本—效益关系时,把风险看作是相互关联的,有助于管理当局汇集主体的风险降低和风险分担应对。举例来说,在通过保险分担风险时,把风险组合到一个险种之下可能是有利的,因为把组合后的风险投保到一个财务协议之下通常可以降低定价。

4.2事项识别一节讲述了管理当局如何识别对主体目标的实现产生正面或负面影响的潜在事项。具有正面影响的事项代表机会,并被反馈到战略或目标制定过程中。

同样,在考虑风险应对时也可以识别机会。风险应对所考虑的内容不应该仅仅限于降低已经识别出来的风险,而且还应该考虑给主体带来的新的机会。管理当局可以识别创新的应对,尽管它们仍然适用在本章前面所讲述的类别,但是对于该主体乃至一个行业来讲可能完全是新的。当现有的风险应对方案正处在到达其有效性的极限时,以及进一步的改进可能只能对风险的影响或可能性带来些许细微的变化时,这种机会可能会显现出来。一个例子是一家汽车保险公司针对在特定的道路交叉口所发生的大量事故的创造性应对,它决定投资增加交通信号灯,以降低事故投诉,进而提高毛利。

在评价了备选风险应对的效果之后,管理当局决定它打算如何管理风险,选择一个旨在使风险的可能性和影响处于风险容限之内的应对或者应对组合。应对并不是必须达到最低数量的剩余风险。但是如果一个风险应对会导致剩余风险超过风险容限,管理当局就要对该应对进行相应的反思和修改,或者,在特定的情形下,重新考虑既定的风险容限。因此,平衡风险与风险容限可能涉及一个反复的过程。

评价针对固有风险的备选应对,要求考虑应对可能带来的附加风险。这也会导致管理当局在完成决策之前,需要经过一个反复的过程,它要考虑这些附加的风险,包括一些可能不会立即显现出来的风险。

一旦管理当局选择了一个应对,它就可能需要制订一项实施计划来执行该应对。实施计划的一个关键部分是确定控制活动(将在后续章节中讨论)以确保风险应对得以实施。

管理当局认识到总是会存在一定程度的剩余风险,这不仅是因为资源是有限的,而且还因为所有的活动都固有未来的不确定性和局限性。

📁 **知识拓展 4-9** ....

企业风险管理要求从整个主体范围或组合的角度去考虑风险。管理当局通常所采取的方法是首先从各个业务单元、部门或职能机构的角度去考虑风险，让负有责任的管理人员对本单元的风险进行复合评估，以反映该单元与其目标和风险容限相关的剩余风险。

通过对各个单元风险的了解，一个企业的高层管理当局能够很好地采取组合观来确定主体的剩余风险和与其目标相关的总体风险容量是否相称。不同单元的风险可能处于各该单元的风险容限之内，但是放到一起以后，风险可能会超过该主体作为一个整体的风险容限，在这种情况下需要附加的或另外的风险应对，以便使风险处于主体的风险容量之内。相反，主体范围内的风险可能会自然地相互抵消，例如，一些单个单元的风险较高，而其他的则对风险比较厌恶，这样整体风险就在主体的风险容量之内，从而不需要另外的风险应对。

风险组合观可以用多种方式来描述。组合观可以通过关注各个业务单元的主要风险或事项类别，或者该公司作为一个整体的风险，运用类似风险调整资本(risk-adjusted capital)或风险资本(venture capital)等标准来获取。在计量通过盈利、增长以及有时与已配置的和可利用的资本相关的其他业绩指标表述的目标上的风险时，这种复合性指标尤其有用。这种组合观的指标能够为在业务单元之间重新配置资本和修改战略方向提供有用的信息。

一个例子是一家制造业公司对于它的经营性盈利目标采用风险组合观。管理当局采用通用的事项类别来获取各个业务单元的风险。接下来它按照类别和业务单元编制了图表，说明用一个时间范围内的频率来表示的风险可能性，以及对盈利的相对影响。其结果是对公司所面临风险的一个复合性的或组合的观点，管理当局和董事会据此考虑风险的性质、可能性和相对大小，以及它们可能对公司的盈利产生怎样的影响。

另外一个例子是一家金融机构，它号召各个业务单元都从风险调整资本报酬的角度去制定目标、风险容限和业绩指标。这个一贯应用的程度帮助管理当局把各个单元的组合风险评估结合起来，形成把该机构作为一个整体的风险组合，从而使管理当局能够按照目标去考虑各个单元的风险，并确定主体是否处于其风险容量之内。

如果从组合的角度看待风险，管理当局就可以考虑它是否处于既定的风险容量之内。此外，它能够重新评价它所愿意承担的风险的性质和类型。在组合观显示风险显著低于主体的风险容量的情况下，管理当局可以决定鼓励各个业务单元的管理人员去承受目标领域的更大的风险，以便努力增进主体的整体增长和报酬。

（引文来源：道客巴巴.风险应对[EB/OL].（2015-11-02）[2022-03-30]. http://www.doc88.com/p-9902136278697.html。）

本 章 小 结

在 COSO 委员会发布的《内部控制——整合框架》中，控制环境是其他内部控制元素的根基，它的构成元素包括董事会、组织结构、权责分配方式、员工胜任能力、管理层的哲学及人力资源政策。2004 年发布的《企业风险管理——整合框架》，以"内部环境"代替了"控制环境"。与控制环境相比，内部环境是控制环境在内容上的扩展，引入了风险管理和风险偏好两个概念。内部环境是确立企业对待风险的态度和可能采取的应对策略。企业风险评估涉及的风险和机会影响价值的创造或保持。它是一个从战略制定到日常经营过程中对待风险的一系列信念与态度，目的是确定可能影响企业的潜在事项，并进行管理，为实现企业的目标提供合理的保证。

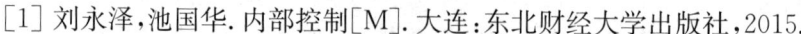

重 要 概 念

目标设定　事项识别　风险评估　风险应对　风险保留　风险转移

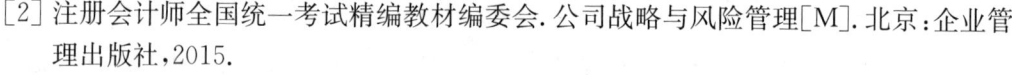

推荐阅读资料

［1］刘永泽,池国华.内部控制［M］.大连:东北财经大学出版社,2015.

［2］注册会计师全国统一考试精编教材编委会.公司战略与风险管理［M］.北京:企业管理出版社,2015.

4-2　课后
练习题

4-3　案例
分析

第5章 控制活动

内容提要

控制活动是帮助确保管理当局的风险应对得以实施的政策和程序。控制活动的发生贯穿于整个组织,遍及各个层级和各个职能机构。它们包括一系列不同的活动,例如,批准、授权、验证、调节、经营业绩评价、资产安全以及职责分离。

重点难点

本章重点为内部控制的方法,即批准、授权、验证、调节、经营业绩评价、资产安全及职责分离。本章难点为不相容职务分离。

学习目标

控制活动就是能够有效地实现风险反应的措施和方法。对控制活动的分析可以从两个方面来展开,一个是纵向,另一个是横向。纵向是把控制活动分为决策层、管理层、执行层和操作层四个层次;横向是指各个部门人、财、物之间的衔接。企业的内部控制活动就是在纵向和横向交错作用的过程中展开的。本章需要学生从高层管理人员的角度对企业的绩效分析、部门管理、对信息处理的控制、实物的控制、绩效指标的比较和分工等几方面来分析内部控制的内容。

知识框架

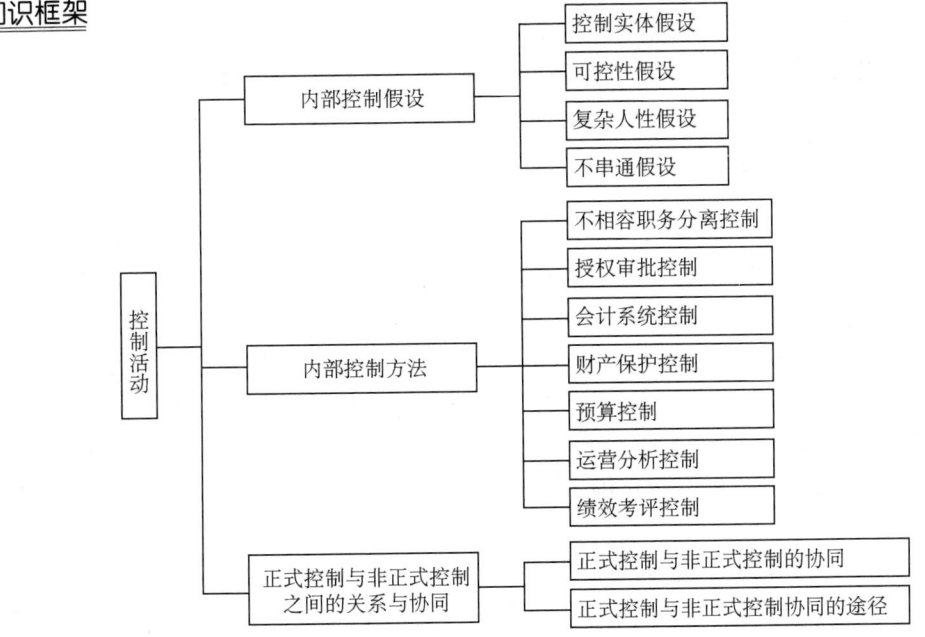

引入　中餐与麦当劳、肯德基

做饺子和做快餐哪一个更容易？中国人会说做饺子容易，可是外国人学做饺子怎么学不会。一个外国人千里迢迢到中国来学做馅饼，怎么都搞不明白，最后实在不行，就把所有的馅料放在饼的上面一烤，就成了今天的"pizza"。

中餐非常好吃，但是中国菜不好做，因为差异性很大，口味很丰富，所以没有任何一家中餐企业能把中国饮食做成国际性的大企业，最重要的原因就是中餐没有固定的标准。这给我们带来了一个深层次的思考，就是在企业管理过程当中，如果没有标准、没有规范、工作程序无法复制，工作就可能效率低和效果差，就不能满足现代工业社会最基本的规模化要求。企业需要依靠产品的稳定性达到规模效益。

为什么麦当劳、肯德基到中国来能迅猛的发展？就是因为它的产品非常规范，有统一的成本和业务流程标准，包括它的原料、生产工艺、服务也都采取标准化模式，很容易进行复制，所以连锁店开遍全国，遍地开花。

（引文来源：搜狐网.包子饺子与肯德基麦当劳，不会有本质差别，一谈 SCORE[EB/OL].（2018-01-16）[2022-03-30].https://www.sohu.com/a/217009017_796783。）

5.1 | 内部控制假设

在进行理论研究时，首先要建立一些必要的研究假设，然后在此基础上提出一些经济现象并构建经济理论。内部控制也不例外，内部控制这门学科也是建立在一定假设基础之上的，内部控制的基本假设有：控制实体假设、可控性假设、复杂人性假设和不串通假设。

5.1.1　控制实体假设

控制实体是指内部控制为之服务的特定单位或部门。控制实体假设是对内部控制活动的空间范围所作的限定。它要求内部控制应当以特定单位或部门的人、财、物及其在经营过程中所形成的一系列组合关系和组合形式进行控制。控制实体由于控制主体的不同而不同，可以是企事业单位，也可以是单位内部某个部门。控制实体假设即是对内部控制活动空间范围所作的界定，并直接影响着控制对象的确定、控制目标的制定、控制责任主体的明确和控制绩效的评价等。

5.1.2　可控性假设

在确定各级控制主体的控制范围时，只有主体能够控制的对象，才能够纳入内部控制体系。各项内部控制制度都是在这一前提的基础上建立起来的。内部控制是控制主体对控制客体所实施的控制。相对于控制主体而言，控制客体必须是可以控制的，否则内部控制将形同虚设，因此提出了可控性假设。当然，要使内部控制系统真正可控还是要基于一定的前提。由于组织结构的变化将直接影成员的行为，因此，控制实体或者控制实体所在的组织结构的相对稳定成为内部控制系统可控的必备条件之一。此外，控制主体是否拥有相应的控制权，所确立的控制目标是否正确，所选取的控制手段是否恰当等也会对可控性产生影响。

可控性假设为内部控制系统有效发挥作用规定了前提，直接影响内部控制要素的确定，如控制环境中的组织结构设计和权责划分，风险评估中的目标设定，信息与沟通和监控等。

同时,它也为内部控制活动适用性原则和有效性原则的制定奠定了基础。

5.1.3 复杂人性假设

内部控制的实质是对人进行约束和激励的一种机制。这种机制必须建立在对人性假设的基础之上。人性假设就是关于人的本质是什么的假设。1965 年。薛恩(E. H. Sein)将此前关于人性方面的观点归为三类,即理性经济人假设、社会人假设、自我实现假设。薛恩在分析了这些人性假设理论之后提出复杂人性假设,他认为,人性是复杂的,人们的需要与潜在欲望是多种多样的,而且这些需要会随着各种条件的变动而不断改变。

复杂人性假设认为,人是有限理性的,因此他们都具有双重人格,经济的一面导致其具有最大化自身利益的动机和机会主义倾向,道德的一面又使其具有能导致其有意识地克制私欲、纠正行为偏差的倾向。前者解释了内部控制存在的必要性,后者解释了内部控制能有效发挥作用的原因。

5.1.4 不串通假设

内部控制的核心是内部牵制,即不相容职务恰当分离。这样可以避免或减少一人单独从事和隐瞒不合规行为的机会。但是,如果两个或更多的人串通舞弊,则可以逃避控制,使内部控制形同虚设。不串通假设既是内部控制的局限之一,也是其建立的基本前提或假设。离开了这一假设,内部控制(特别是内部牵制)根本无法建立。

不串通假设认为,除非存在反证,任何控制实体的相关人员都不会合谋,这是对复杂人性假设的补充,是对内部控制固有缺陷的解释和补充。不串通假设为内部控制的有效性奠定了基础。因为不串通,所以两个或两个以上的人或部门无意识地犯同样错误的可能性很小,两个或两个以上的人或部门有意识地协同舞弊的可能性也大大降低,所以通过机构、岗位设置和权责分配能发挥积极的作用。

上述四个假设并不是孤立的,而是相互联系的。控制实体假设界定了内部控制活动的空间范围,可控性假设和不串通假设规定了内部控制有效发挥作用的前提,复杂人性假设解释了内部控制存在的必然性和合理性,它们共同对内部控制主体、客体和媒介产生作用,从而为内部控制理论研究提供支持并推动实践的发展。

5.2 | 内部控制方法

内部控制是形成一系列具有控制职能的方法、措施、程序并予以规范化和系统化,使之成为一个严密的、较为完整的体系。内部控制的基本方法主要有:不相容职务分离控制、授权审批控制、会计系统控制、财产保护控制、预算控制、运营分析控制、绩效考评控制等。

5.2.1 不相容职务分离控制

所谓不相容职务,是指那些如果由一个人担任既可能发生错误和舞弊行为,又可能掩盖其错误和舞弊行为的职务。不相容职务一般包括:授权批准与业务经办、业务经办与会计记录、会计记录与财产保管、业务经办与稽核检查、授权批准与监督检查等。对于不相容的职务如果不实行相互分离的措施,就容易发生舞弊等行为。不相容职务分离的核心是"内部牵制",因此,单位在设计、建立内部控制制度时,首先应确定哪些岗位和职务是不相容的;其次要明确规定各个机构和岗位的职责权限,使不相容岗位和职务之间能够相互监督、相互制约,形成有效的制衡机制。

5.2.2　授权审批控制

授权审批是指单位在办理各项经济业务时,必须经过规定程序的授权批准,授权审批形式通常有常规授权和特别授权之分。常规授权是指单位在日常经营管理活动中按照既定的职责和程序进行的授权,用于规范经济业务的权力、条件和有关责任者,其时效性一般较长。特别授权是指单位对办理例外的、非常规性交易事件的权力、条件和责任的应急性授权。单位必须建立授权审批体系,明确:①授权审批的范围;②授权审批的层次;③授权审批的程序;④授权审批的责任。单位对于重大业务和事项,应当实行集体决策审批或者联签制度,任何个人不得单独进行决策或者擅自改变集体意见。

5.2.3　会计系统控制

会计作为一个信息系统,对内能够向管理层提供经营管理的诸多信息,对外可以向投资者、债权人等提供用于投资等决策的信息。会计系统控制主要是通过对会计主体所发生的各项能用货币计量的经济业务进行记录、归集、分类、编报等而进行的控制。其内容主要包括:

(1) 依法设置会计机构,配备会计从业人员。从事会计工作的人员,必须取得会计从业资格证书,会计机构负责人应当具备会计师以上专业技术职务资格。大中型企业应当设置总会计师或者财务总监。设置总会计师或者财务总监的单位,不得设置与其职权重叠的副职。

(2) 建立会计工作的岗位责任制,对会计人员进行科学合理的分工,使之相互监督和制约。

(3) 按照规定取得和填制原始凭证。

(4) 设计良好的凭证格式。

(5) 对凭证进行连续编号。

(6) 规定合理的凭证传递程序。

(7) 明确凭证的装订和保管手续责任。

(8) 合理设置账户,登记会计账簿,进行复式记账。

(9) 按照《会计法》和国家统一的会计准则制度的要求编制、报送、保管财务报告。

5.2.4　财产保护控制

财产保护控制主要包括:

(1) 财产记录和实物保管。关键是要妥善保管涉及资产的各种文件资料,避免记录受损、被盗、被毁。对重要的文件资料,应当留有备份,以便在遭受意外损失或毁坏时重新恢复,这在计算机处理条件下尤为重要。

(2) 定期盘点和账实核对。它是指定期对实物资产进行盘点,并将盘点结果与会计记录进行比较。盘点结果与会计记录如不一致,可能说明资产管理上浪费、损失或其他不正常现象,应当分析原因、查明责任、完善管理制度。

(3) 限制接近。它是指严格限制未经授权的人员对资产的直接接触,只有经过授权批准的人员才能接触该资产。限制接近包括限制对资产本身的接触和通过文件批准方式对资产使用或分配的间接接触。一般情况下,对货币资金、有价证券、存货等变现能力强的资产必须限制无关人员的直接接触。

5.2.5 预算控制

预算控制的内容涵盖了单位经营活动的全过程,单位通过预算的编制和检查预算的执行情况,可以比较、分析内部各单位未完成预算的原因,并对未完成预算的不良后果采取改进措施,确保各项预算的严格执行。在实际工作中,预算编制不论采用自上而下或自下而上的方法,其决策权都应落实在内部管理的最高层,由这一权威层次进行决策、指挥和协调。预算确定后由各预算单位组织实施,并辅之以对等的权、责、利关系,由内部审计部门等负责监督预算的执行。预算控制的主要环节有:

(1) 确定预算的项目、标准和程序。
(2) 编制和审定预算。
(3) 预算指标的下达和责任人的落实。
(4) 预算执行的授权。
(5) 预算执行过程的监控。
(6) 预算差异的分析和调整。
(7) 预算业绩的考核和奖惩。

5-1 全面
预算管理

5.2.6 运营分析控制

运营分析控制要求单位建立运营情况分析制度,管理层应当综合运用生产、购销、投资融资、财务等方面的信息,通过因素分析、对比分析、趋势分析等方法,定期开展运营情况分析,发现存在的问题,及时查明原因并加以改进。

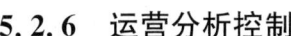 相关思考 5-1

请在网上自查中央财经大学刘姝威老师与蓝田股份(600709)的故事,蓝田股份的流动比率 0.77,速动比率 0.35,净营运资金—1.27 亿元;流动资产占资产之比为同业平均值的 1/3,而存货与流动资产之比高于同业平均值约 3 倍,固定资产占资产之比高……请继续查阅电子科技大学钟朝宏老师与长经开(122958)的故事,长经开的其他应收款占总资产一半以上……小小财务指标,揭示出了大的问题。然而,它们却在我国资本市场上演精彩的闹剧。

5.2.7 绩效考评控制

绩效考评控制要求单位科学设置考核指标体系,对单位内部各职能部门和全体员工的业绩进行定期考核和客观评价,并将考评结果作为确定员工薪酬以及职务晋升、评优、降级、调岗和辞退等的依据。

此外,常用的控制方法还有:内部报告控制、复核控制、人员素质控制等。

（1）乔彦军发表在《财会学习》上的《看〈潜伏〉话内控》：莫把家法当儿戏、吃饭算什么任务、那不是露水红颜、这枪号挂在哪儿、我不认识李海丰、会背保密守则吗。

（2）乔彦军发表在《审计与理财》上的《品〈红楼〉说内控》：事无专执多推诿，运筹谋划保永全，心中眼中尽职责，南院马棚走了水，万不可如此奢靡，寅年用了卯年的，钱费两起丢一半，秦家婆偷仓盗库，她卖了可以度日，我替妹妹配丸药，多少功夫筑始成，王子腾累上保本，园子有人包了去，命彩明定造簿册，拿钱来另买另添，按例写了文约来，把账留下细看看。

（3）五篇文章：《〈红楼梦〉中的内部控制思想初探》《浅析〈红楼梦〉中的内部控制现象》《从〈红楼梦〉中学习企业内部控制和公司治理》《从〈红楼梦〉的兴衰看企业内部控制》《从内部控制角度看贾府的衰败——〈红楼梦〉所反映的内控思想探析》。

（4）朱荣恩发表在《中国审计》上的序列关于"内部控制方式"的文章。

5.3 正式控制与非正式控制之间的关系与协同

控制活动是帮助确保管理当局的风险应对得以实施的政策和程序，后者是指人们直接或通过对技术的应用来执行政策的行动。控制活动可以根据与其相关的主体目标的性质（战略、经营、报告和合规）进行分类。

尽管一些控制活动仅仅与一个类别有关，但是通常是交叉的。根据情况，一项特定的控制活动可能有助于满足主体的多个类别的目标。例如，特定的经营控制也能帮助确保可靠的报告，对控制活动的报告能够帮助实现合规目标，等等。

选定了风险应对之后，管理当局就要确定用来帮助确保这些风险应对得以恰当地和及时地实施所需的控制活动。

目标、风险应对和控制活动的关联可以通过下面的例子展示出来：一家公司设定的一项目标是达到或超过销售任务，并将不能获取对现在和潜在的客户需求之类的外部因素的充分了解识别为一种风险。为了降低这种风险发生的可能性和影响，管理当局建立了现有客户的购买历史记录，并开展了新的市场调研活动。这些风险应对作为确定控制活动的焦点，控制活动包括根据既定的时间表跟踪客户购买历史记录发展的进展，以及采取措施确保报告数据的准确性。从这种意义上讲，控制活动直接建立在管理过程之中。

在选择控制活动的过程中，管理当局要考虑控制活动是如何彼此关联的。在一些情况下，一项单独的控制活动可以实现多项风险应对。在另一些情况下，一项风险应对则需要多项控制活动。更有另一些情况，管理当局可能会发现现有的控制活动足以确保新的风险应对得以有效执行。

尽管控制活动一般是用来确保风险应对得以恰当实施的，但是对于特定的目标而言，控制活动本身就是风险应对。例如，对于一项确保特定的交易被恰当授权的目标而言，应对可能就是类似职责分离和由监督人员审批等控制活动。

就像对风险应对的选择要考虑它们的恰当性和残留的或剩余的风险一样，对控制活动的选择或评审应该包含对它们与风险应对和相关目标的相关性和恰当性的考虑。这可以通过单独考虑控制活动的适当性来完成，也可以通过在风险应对和相关控制活动两者的背景下考虑剩余风险来完成。

控制活动是企业致力于实现其经营目标的过程的一个重要部分。控制活动的实施并不仅仅是出于它们自身的缘故,也不仅仅是因为它看起来好像是要做的"正确的或恰当的"事情。在上面的例子中,管理当局需要采取措施来确保销售任务得以实现。控制活动充当了对该项目标的实现进行管理的机制。

5.3.1 正式控制与非正式控制的协同

正式控制是内部控制制度中那些"必须"和"硬性"的规定,要求无论何时何地,无论是谁都必须遵守的规定,规范和约束着企业各层管理人员的工作行为。正式控制通常以一系列正式的、明确表述的、更为结构化的流程、制度、规范的形式表现,而非正式控制则表现为潜在的行为、心理上的管理机制和规范。正式控制与非正式控制作为企业内部控制的不同手段虽然有所不同,但是从本质上看,两者存在着紧密的联系。

正式的内部控制的实施受到了非正式控制的影响,正式控制和非正式控制有机地协同才能发挥内部控制的效力。将控制观念、作用机制从非正式控制中抽离出来,将其结构化、具体化、规范化和制度化,从而形成了正式的控制机制。非正式控制是正式控制的补充,正式控制就企业员工对内部控制达成共识的部分进行了明确的表述与规定,其控制对象的类型是受到限制的,就可度量与标准化的部分进行了控制,而对于诸如心理层面的控制则无所适从,非正式控制则可以弥补这些不足。正式控制与非正式控制是相互依存、相辅相成的。

正式控制在业务活动中被证明为有效时,企业应当强化这类正式控制。对于业务流程无法明确,过程控制、结果控制效果不明显的情况下,可依靠非正式控制引导员工按照企业价值观和行为规范,朝着企业目标努力。正式控制可能随着环境变化而失去作用,比如高管层变动、信息系统的修改、企业并购等,这些变化可能导致原来有效的正式控制失效,在新的正式控制制度确定之前,可依靠非正式控制确保员工行为不违背企业目标。

既要不断完善正式制度的规章制度,又要注意发挥非正式控制的作用。要坚持"软硬兼施",实行综合控制。在企业内部经常形成一些非正式组织,这种非正式组织成员往往拥有共同的爱好或相似的背景,非正式组织中的领导者对其成员构成潜移默化的影响,应加强对这些非正式组织领导者的引导,使其行为与组织目标一致。

例如,复星实业公司收购子公司时,公司总经理与被收购单位管理层沟通,对员工进行现场演讲等,对于稳定管理层和员工产生了重要作用,保证收购后企业的正常运转;在过渡时期,派驻的财务总监与被收购企业保持了一定距离,"监"而不"督",在正式制度实施与非正式的沟通、演讲方面进行了有效的配合,从而保证了一系列并购的成功。

5.3.2 正式控制与非正式控制协同的途径

制度具有强迫性,强迫会遇到心理抵抗。作为集体契约的制度可以具有强制性,但不能具有心理强制性。只有将制度变成每个人的理性和意志的体现,变成每个人对自己和他人的承诺时,制度才会成为被自觉遵守的规则。企业既要注重正式制度的建设,也要重视企业文化、团队管理等非正式制度的作用。建立非正式控制,需要企业高层管理人员的介入。如果高层管理人员不能通过有效措施增强基层员工参与的积极性,那么非正式控制就会流于形式。

非正式控制要求员工之间有较高的信任度。如果企业内部成员本位主义严重、观念固执、员工流动率较高、内部竞争激烈,就可能会导致企业氛围紧张,不利于团队控制的实施。人际关系对控制效果有较大影响,人际关系协调的主要方式有:综合办公协调、建立非正式组织等。综合办公协调是指把若干职能部门集中在一起集体办公,改变传统的单职能、一科一室办公制。从组织原理分析,这一方式可以改善和调节人际关系,有利于交叉监督和工作竞赛,避免重复劳动。有很多企业上至董事长、总经理,下至中层经理都没有自己单独的办公室,而是集中在一起办公。建立非正式组织是在正式组织之外,通过联谊会、业余爱好者组织等方式,达到人际关系协调目的。

控制活动一般包括两个要素:确定应该做什么的政策,以及实现政策的程序。例如,政策可能要求证券经纪商的零售分部管理人员对客户交易活动进行复核。程序就是复核本身,及时执行并注意政策中所列举的要素,如所交易的证券的性质和数量,以及它们与客户净财富和期限之间的关系。

在很多时候,政策是口头沟通的。如果政策是一项长期持续而且充分理解的惯例,以及在沟通渠道包括很少几个管理阶层而且对员工有密切互动和监督的较小的组织中,不成文的政策能很有效。但是不管是否成文,政策都必须仔细地、有意识地和一贯地执行。如果机械地执行,缺乏对政策所针对的情况的敏锐的持续关注的话,程序就不会有用。此外,根据所观察的程序和所采取的适当的矫正措施来辨别情况也是至关重要的。后续措施可能会因企业的规模和组织结构而异。它们的范围很广,从大公司的正式报告程序——各业务单元陈述任务为什么没有实现以及应该采取什么措施来防止再次发生,直到小企业的所有者兼管理人员穿过走廊与车间管理人员就什么出了问题以及需要做什么进行交谈。

📁 知识拓展 5-1

因为每个主体都有它自己的一套目标和执行方法,所以风险应对和相关的控制活动就会存在差别。即便两个主体有着同样的目标,并且在应该如何实现目标方面作出了类似的决策,它们的控制活动可能也有区别。每个主体由不同的人员进行管理,他们运用个人的判断来影响控制。此外,控制反映着一个主体经营所处的环境和行业,以及它的组织的规模和复杂性,它的活动的性质和范围,它的历史,它的文化。

有着多元化活动的大型的复杂组织可能比活动种类较少的小型的简单组织面临更艰难的控制问题。一个分散化经营、强调地区自主性和创新的主体,面临与一个高度集中化的主体不同的控制环境。影响一个主体的复杂性乃至其控制的性质的其他因素包括位置和地理分布、经营的广泛性和复杂性以及信息处理方法。

本 章 小 结

控制活动是内部控制的重要组成部分,权责配置是内部控制设计与运行的重要基础,控制活动要依据权责配置模式来设计与执行。企业可依据可否控制对内部控制活动进行分类:对于可以观察可以控制部分,通过控制程序及方法,建立控制机制;对于不可观察不可控部分,通过企业文化、价值观、信念等隐性契约,建立非正式控制机制进行引导。我国《企业内部控制基本规范》指出,控制活动是企业根据风险评估结果,采用相应的控制措施,将风险性控制在可承受度之内,需要明确董事会、监事会、经理层的职责权限、任职条件、议事规则和工作程序,确保决策、执行和监督相互分离,形成制衡。

重 要 概 念

控制活动　不相容职务分离　正式控制　非正式控制　授权审批　预算控制

推荐阅读资料

[1] 刘永泽,池国华. 内部控制[M]. 大连:东北财经大学出版社,2016.

[2] 注册会计师全国统一考试精编教材编委会. 公司战略与风险管理[M]. 北京:企业管理出版社,2016.

5-2 课后
练习题

5-3 案例
分析

第6章 信息沟通与内部监督

内容提要

有关的信息将保证人们能履行其职责的形式和时机,因此人们对信息予以识别、获取和沟通。信息系统利用内部生成的数据和来自外部渠道的信息,以便为管理风险和作出与目标相关的知情的决策提供信息。有效的沟通会在组织中向下、平行和向上的流动。对企业风险管理进行监控,即随时对其构成要素的存在和运行进行评估。这些是通过持续的监控活动、个别评价或者两者相结合来完成的。持续监控发生在管理活动的正常进程中,个别评价的范围和频率主要取决于对风险的评估和持续监控程序的有效性。企业风险管理的缺陷被向上报告,严重的问题将报告给高层管理当局和董事会。

重点难点

本章的重难点在于要求学生掌握信息传递的方式;掌握内部监督的定义;熟悉企业信息沟通的方法;熟悉基于风险管理内部监督的特点。

学习目标

在本章学习中,学生应了解每个企业都要识别和获取与管理该主体相关的涉及外部和内部事项和活动的广泛的信息。这些信息将保证员工能履行他们的企业风险管理和其他职责的形式和时机,并及时将有关信息进一步传递给员工。监控可以以两种方式进行:持续监控或者个别评价。企业风险管理机制通常被安排来进行持续的自我监控,至少在某种程度上是这样的。持续监控的有效性程度越高,就越不需要个别评价。管理当局需要用来对企业风险管理的有效性形成合理保证的个别评价,其频率是一个管理当局应当判断的问题。在作这种决定的过程中,要考虑所发生的变化的性质和程度,以及它们的相关风险;执行风险应对和相关控制的员工的能力和经验,以及持续监控的成效。通常,持续监控和个别评价的某种组合会确保企业风险管理在一定时期内保持其有效性。

知识框架

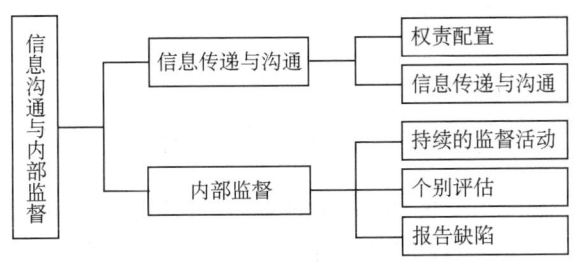

引入 中化集团运用COBIT的IT治理之道

随着信息化进程的迅速推进,信息系统成为许多企业内部管理与控制的关键工具,信息系统的可靠性、安全性已经直接影响审计工作的效率和质量。信息技术(IT)作为企业发展的重要支撑,投资额度不断加大,但对IT投资失败的风险日渐成为企业难以承受之重。为了有效控制IT运营成本,更好地提升企业价值,企业势必需要对相关IT活动加以控制。

对于中化集团这样规模庞大的集团企业而言,遍布全球的信息系统可能隐藏着一些盲点。它们随时都有可能成为企业的隐性漏洞而发生些许意外。如果发生大的意外,将可能造成无法挽回的损失。企业的属性决定了业务不允许被中断,并希望故障时间越短越好,故障越能提前预防越好。因此,如何在业务人员发现问题之前对系统实施实时监控并预先对事故进行处理和解决,控制风险并治理好IT,是中化集团需要解决的战略问题。

作为一个全面的内部控制框架,COBIT是一个在国际上公认的先进、权威的安全与信息技术管理和控制的标准。中化集团CIO彭劲松在此方面无疑是走在前列的。他是最早一批参加了由ITGov(中国IT治理研究中心)主办的,"基于COBIT的IT治理"培训,并获得由ISACA颁发的COBIT国际资格认证的人之一。

正是基于这些对IT治理的认识,彭劲松对传统信息化建设的思维范式也产生了突破性的转变。用他的话说,就是摆脱选产品、询价格、找解决方案的传统信息化建设方法,避免被供应商牵着鼻子走的局面。取而代之的是按照科学的方法,运用COBIT工具进行分析,来帮助中化集团信息技术部做项目决策。

当彭劲松把COBIT引入中化集团后,情况的确有了改观。基于COBIT标准,中化集团把IT目标总共定义为24个流程,然后对照自身企业需要达到的效果,从中确定4个流程的管理为实现目标,即确保连续性服务、管理服务台和事件、管理性能与容量、管理数据。

在整个分析和准备的过程中,每一份调研文档、每一次会议记录、每一个工作流程都严格按照COBIT的方法备案或执行。中化集团经过一段时间的"自我诊治",将以上4个流程的管理转化成了中化集团在IT系统管理方面最重要和紧迫的具体需求:其一是支持业务连续性的基本容灾能力;其二是应对日益复杂IT环境的基本治理能力,其中包括可靠的数据备份与恢复能力,初步的网络、系统和存储监控能力,初步的企业级IT综合监控台。归根结底是要保障中化集团全球各个公司网络系统基础设施无障碍运行。

曾经有一次,新加坡合资公司通过中化国际的一个专网账号,登录中化集团的邮件系统,中化集团北京总部监控图上立刻出现了一个红点。工作人员随即在监控屏幕右侧找到了发生异常的具体地点,迅速将问题锁定在新加坡公司,并确认了异常信息的性质。因为该公司具有独立的Internet出口,工作人员登录后在中化集团出现了一个新的登录端口地址,所以系统即认为是异常的。换句话说,改善后的系统可以完整地处理突发的跟踪流程,即感知、隔离、诊断、采取行动、评估。

因为引入了 COBIT 这个 IT 治理工具,同时又按照 ITIL 的指导建立起了 IT 服务流程,中化集团的 IT 服务管理变得井然有序。

(引文来源:雷赫.中化脱困"IT 蛛网"[J].中国经济和信息化,2010(06):66-67。)

6.1 | 信息传递与沟通

控制活动是企业实现内部控制目标的途径,能否实现控制目标依赖于权责的合理配置,包括信息权、监督权等。实施有效的控制活动,必然要对各种权力形态进行合理安排与限制。企业要依据权力本身不同的属性,采取不同的控制模式与控制措施,才能有效发挥内部控制的效果。

6.1.1 权责配置

内部控制涉及企业内部权力配置。权力是对资源、行为人、事件及其结果评估的控制权。权力最初源于对物质资源的拥有和控制力,后来随着人力资本的重要性逐渐凸显,由对物质资源的拥有与控制,扩展到对知识等隐性资源的控制和利用,而且影响其他行为人行为的能力也构成了权力的另一重要来源。针对第一种权力的来源,由于其控制的资源往往具有实物形态,因此对这种权力进行控制时,控制活动往往采用正式控制方式,如通过规定对资源控制的具体流程和制度等来控制;后两种权力具有无形性,难以通过具体的规章制度来限制监督其权力的行使,往往通过非正式手段施加影响,如通过文化引导来实施控制等。由于权力意味着对资源的拥有与控制以及对其他行为者行为的影响,因此,权力的配置、分割和执行会影响内部控制设计与运行。

1. 权责配置的理论分析

早期的代理理论模型指出委托人和受托人所拥有的信息是不对称的,一方是信息优势方,另一方是信息弱势方,委托人无法观测到受托人的努力程度和行为,而只能观测到相关的变量,但这些变量并不是单纯由代理人的行为决定的,还受到其他随机因素的影响。委托人无法通过契约来迫使受托人选择委托人所希望的行为,而只能通过选择满足代理人参与约束和激励兼容的合同以最大化自己的期望效用。

委托代理成本问题的研究受到许多学者的关注。简森和麦克林(1976)认为,代理成本由三部分组成:①委托人的监督成本,即委托人激励和监控代理人的成本;②代理人的担保成本,即代理人用以保证不采取损害委托人行为的成本,以及如果采取了那种活动,将给予赔偿的成本;③剩余损失,即委托人因代理人代行决策而产生的一种价值损失。授权或分权不适当,易导致本位主义,造成各分权单位之间协调难度大,有损于企业整体竞争力和绩效提高。

后来学者们研究了委托代理关系不断重复情况下,"时间"是否能够部分解决代理问题。罗宾斯泰英(Rubbinstein,1979)[1]和伦德纳(Radner,1981)[2]用重复博弈模型证明了如果

---

[1] Rubbinstein A. Equilibrium in Super-games with the Overtaking Criterion[J]. Journal of Economic Theory, 1979, 21(1): 1-9.

[2] RADNER R. Monitoring Cooperative Agreement in a Repeated Principal Agent Relationship[J]. E-conometrica, 1981, (5): 1127-1148.

委托人和代理人长期保持代理关系,帕累托一阶最优风险分担和激励是可以实现的。这是因为:第一,在长期的代理关系中,不确定性会逐渐剔除,委托人可以相对准确地从可观测的变量中推断出代理人的努力水平,代理人偷懒的机会主义动机降低,因为这样会降低其福利水平。第二,长期的契约合同为代理人提供了个人保险,可以免除其风险。第三,当代理人的行为很难被观察或者通过观测可观察的变量来推断证实时,长期的委托代理关系就可以利用"声誉效应"。双方出于声誉的考虑,会尽职尽责地履行义务。

Baliga-Sjostrom(1998)模型①主要研究最优的分权机制和在一个企业里如何授权。在他们的模型里,一个委托人雇佣两个代理人来实施一个项目,代理人行动的结果是可以观察到和证实的。项目成功与否取决于代理人工作的努力状况,委托人观察不到他们的努力程度。代理人之间存在串谋,串谋的收益可以在他们之间转移,并且这个串谋收益的大小不能完全独立于项目实施的结果。对委托人来说,他可以设定一个固定的工资总额,然后通过在代理人之间分配不同的工资额来影响代理人的行为。研究发现,在面临串谋时,分权是最优的选择。分权有两种方式:一种是线性的组织结构,即委托人可以雇佣一个代理人(项目总承包人)来负责整个项目的设计和生产活动,该项目总承包人再和另一个代理人签订代理契约,当这个项目成功时,委托人向这个项目总承包人支付一笔固定的工资总额。另一种是三角形的组织结构形式,即委托人同时向两个代理人支付报酬并让他们相互之间签订契约。模型里还提出了两种可以消除串谋的方法:秘密薪金和秘密信息。

Faure-Grimaud-Laffont-Martimort(2003)模型②里有一个委托人和两个代理人,两个代理人中一个从事生产性任务,为生产性代理人;另一个从事监督性任务,为监督人。生产性代理人有关其本身生产效率的私人信息,或者说其边际生产成本不为他人知道;监督人为风险规避者,可以观察到与生产性代理人的边际成本有关的软信息(soft information)信号。委托人观察不到两个代理人的信息。在集权的组织结构下,这两个代理人会串谋;在分权的组织结构下,委托人仅和监督人进行沟通和订约,然后授权监督人和生产性代理人订立契约。研究证明这两种组织结构的产出是一样的。研究同时表明分权组织结构是一种可能的防范集权组织结构下存在串谋的最优机制,也就是说,授权监督人设计生产性代理人的激励机制可能会获得最好的产出。此外,他们的研究还表明即使监督人和生产性代理人之间存在串谋行为,软监杆性信息对委托人来说也是很有帮助的。

Lialika-Sjostrom(1998)模型③和Faute-Grimaud-Laffont-Martimort(2003)模型存在着很多的相同点:两个代理人中,一个代理人的私人信息可以为另一个代理人所观察到,委托人观察不到两个代理人的私人信息;串谋可以带来收益,而且该收益可以在两个代理人之间转移;两个模型的分析都提出分权是可能的防范串谋的最优机制;Faure-Grimaud-Laffornt-Martimort(2003)模型也提出了一个和Baliga-Sjostrom(1998)模型相同的线性分权组织结构。

① Baliga S,T Sjostrom. Decentralization and Collusion[J]. Journal of Economic Theory,1983:196-232.

② Faure-Grimaud A,J-J Laffont,D Martimort Collusion. Del-egation and Supervision with Soft Information,University of Toulouse[J]. Review of Ecomomic Studies,2003,(70):253-280.

③ Lialika-sjostrom 即 Baliga-Sjostrom(1998)模型。

Mookherjee-Tsumagari(2004)①沿着上述两个模型的分析框架进一步分析,在模型中委托人和其中一个代理人进行沟通和订约,这个代理人就是一个中介,然后授权中介和另一个代理人订立契约。该模型把中介和代理人之间的关系分为两种:互补性和竞争性。如果代理人和中介之间是竞争性关系时,授权给中介的做法不利于委托人的利益;只有代理人和中介之间是互补性关系,并且中介机构了解充分信息时,以上的授权才有利于委托人的利益。研究表明,分权并不是一种最优的防范代理人之间串谋的组织结构。只有在特定的条件下,如当授权给一个拥有充分信息的中介并且供给的投入品和代理人的是互补的条件下,授权才会是一种最优的防范串谋的机制。他们的研究表明,授权其中的一个代理人和另一个代理人订立契约的权力,这样一种做法下,委托人所赚取的利润要低于集权下所赚取的利润。

切利克(Celik,2005)模型②里,监督人部分了解代理人的类型,他和代理人之间存在串谋。研究表明,与不存在监督时的情况相比,授权给监督人并不会提高委托人的收益,在大多数情况下,这种授权还会减少委托人的收益,这与 Mookherjee-Tsumagari(2004)模型的分析结论是一样的,原因是线性的分权组织结构存在太多的代理环节,会损耗分权带来的收益。如果委托人分别与代理人和监督人订立契约,那么就存在一种机制可以使得委托人的收益高于非监督下的收益。随着监督人的引进,整体福利水平反而可能会下降。

2. 权力配置过程

决策权、执行权、监督权是控制权的三个组成部分,在股份公司,一些决策权从股东大会转移到了董事会,随即又转移到了经理人手中,虽然经理人在法律层面上并未被授予决策权,但由于信息不对称,导致经理人拥有实际的决策权。而在执行权的配置问题上,大多数企业将其配置给经理人,此时经理人既具有了决策权也具有了执行权。在许多情况下,公司治理层面的权力配置虽然合理,但是在实践中无法形成制衡机制,需要内部控制来纠正。具体的控制活动在组织机构设计时就要考虑。当权力配置向下分解与细化的时候,不同的权力配置模式会导致不同的控制模式,应采取不同的控制活动。

根据哈耶克(Hayek,1945)③的理论,决策权是否要下放给中层管理者和基层管理者,取决于作出决策所需要的知识是否由董事会或者经理人所拥有,如果企业的经营业务多元化,需要的知识集较大,而董事会或者经理人由于个人知识边界和个人精力的限制,自身并不具备作出决策和有效控制企业所需要的知识集,为了提高决策效率和运营效率,就需要将决策权下放,配置给中下层管理人员,在这种情况下,控制人会将控制权下放给中层甚至基层管理人员。反之,如果企业的董事会或者经理人拥有企业作决策的所需的知识时,采用集权的方式可以更好地履行决策权。另外,企业面临的经营环境不确定程度较高时,决策权的配置可采用分权模式;反之则采用集权模式。授权好比放风筝,可以把风筝线放得很长,让风筝飞得更远,但风筝线要一直拿在手中。只对那些必要的事项才授权,并应掌握好授权的度。

---

① Moakherjee, Dilip, Masatoshi Tsumagari. The Organizationof Supply Networks: Effects of Delegation and Intermediation[J]. Econometrica, 2004, 72(4): 1179-1220.

② Celik, G., 2005. "Counter marginalization of information rents under collusion"UBC working paper.

③ Hayek. The use of knowledge in society[J]. The American Economic Review, 1945.

不同的业务领域和环节,往往适用不同的内部控制模式。例如,企业研发部门等从事创造性活动的部门要有较大授权,而在资金控制方面,采取高度集权控制更有利于资金的安全。一份关于中国民营企业职业经理人与所有者信任关系的调查发现,样本企业财务经理人中,企业创建者自己兼任占40.6%,企业创建者是财务经理人主要来源;外聘职业经理人占24%;创业者的子女占13.9%,其他占21.5%。民营企业内部管理岗位对外人开放的顺序分别是:①生产经理;②设计开发经理;③质管部经理;④办公室主任;⑤人事经理;⑥副总经理;⑦营销经理;⑧总经理助理;⑨采购经理;⑩财务经理。

企业管理中的很重要内容之一,是在高度授权(注重下达任务和强调结果)与高度审批权控制(不分对象、下达详细指令)之间进行权责配置。在执行权责配置方面,通常将具体的运营工作交由相应的职能部门,然后由职能部门将工作层层分解,分配给适合的人员来完成。监督权配置与前两种权力配置相似,所不同的是监督权的配置更多地集中于公司治理层面。对控制活动产生影响的权力配置主要来源于决策权的配置。

权力配置与控制活动之间的关系如图6-1所示。

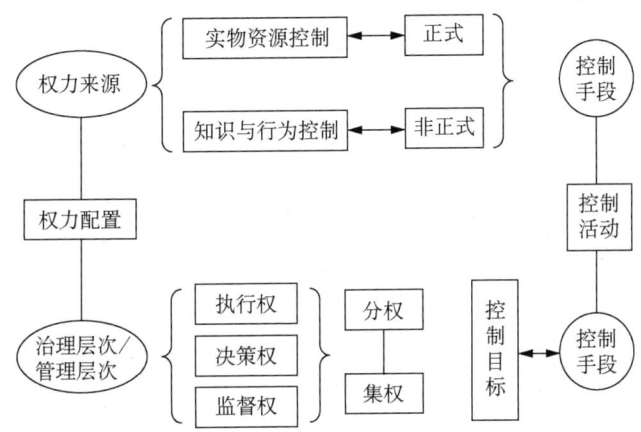

图 6-1　权力配置与控制活动之间的关系

3. 责任配置和追踪过程

管理者常常认为当权、责、利一同下放,下属无法完成任务时,失败的责任可以推卸给下属。而实际上,无论授权的程度如何,责任都不能下放,如果责任也下放,那就说明管理者要退位而不是放权。授权意味着管理者责任重大,不但要对自己还要对下属的工作绩效负责。对授权进行控制时,既不能常常干涉,以免让下属觉得缺乏信任感,挫伤其积极性,也不能放任自流,要防止被授权的成员越权、滥用职权。对授权控制时,要做到如下三点:

一是要建立奖惩措施,受托人的绩效突出、表现良好时,管理者一定要给予奖励,对其出色的表现及时予以肯定,并对不足之处提出建议,促使其为完成目标继续努力工作,当受托人行为偏离原来轨道,甚至给企业造成损失时,委托人应该分析原因,如果是因为受托人能力不匹配,应及时停止授权,以免造成更大损失。

二是要防止权力滥用或授权不当、执行不力。授权不当可能会出现下属滥用权力的问题。在旧社会的衙门里,县令总是在更换,可衙门是长期服务的。县令可以依法定罪,定罪是明的,但衙役在大堂上的执行是暗的,如县令让衙役责打犯人30大板是明的,衙役执行这

30大板可轻可重,是暗的。这种授权的结果具有可操纵性,如果县令没有亲自观察或派人观察,衙役可能置犯人于死地,犯人也可能毫发无损。管理者向执行者下达任务,执行者也按照管理者的要求做了,但结果可能完全不同,需要对执行者的行为进行控制。因此,应该建立业务抽查制度,确保受托人行为不偏离预定轨道,并对任务的具体情况、进度和完成情况等核实。

三是要进行过程控制。过程控制是对目标实现过程的控制,过程控制可以及时发现偏差,并采取措施进行纠正,防止失控。如果目标周期过长,应该将目标进行分解,在分解后的每个阶段性目标完成时提交报告,以保证受托人的行为被限定在委托人的预定轨道之内。台塑集团总裁为了追踪考核各单位执行情况,定期安排"午餐汇报",每个单位主管都有轮到汇报的机会,定期"压迫"管理团队,保证任务在执行过程中按计划执行。一些公司在关键的工作间安装了电子装置,从而有利于过程控制。

传统的职能型组织是经典管理理论中常见的形式。组织由分层级的岗位所组成,每一个岗位都有自身的责任(要负责完成的工作和各种义务)、权力(是该岗位可使用的人、财、物、信息的资源)和利益(岗位相应的报酬),每个岗位的责权利都要写进企业的岗位手册中。责任是岗位的核心,是企业战略、目标、计划和任务分解到岗位的义务;权力是责任得以执行和完成的物质保证和资源;利益是岗位完成了预期任务获得的补偿和激励,是岗位完成任务的动力机制。企业管理中很大的难题是要保证每一个岗位的权、责、利相匹配,承担了一定责任,就一定要赋予相应的权力,并给予适当的补偿。如果岗位的权、责、利不相匹配,如权大责小,或者责大权小,以及不相配套的利益机制,就必然会造成岗位上的员工感觉苦乐不均、奖惩不公等,导致员工的跳槽或怠工。

6.1.2 信息传递与沟通

一个组织中的各个层级都需要信息,以便识别、评估和应对风险,以及从其他方面去经营主体和实现其目标。要利用与一个或多个目标类别相关的大量信息。

来自内部和外部来源的经营信息,包括财务的和非财务的,与多个经营目标相关。例如,财务信息不仅用来编制财务报表以实现报告目的,还用于经营决策,如监控业绩和配置资源。可靠的财务信息对于计划、预算、定价、评价卖主的业绩、评估合营企业和联盟,以及一系列其他的管理活动而言是十分重要的。

同样,经营信息对于编制财务和其他报告也是必不可少的。它包括常规性的活动——购买、销售和其他交易,以及有关竞争者的产品投放或经济情况等方面的信息,它们能影响存货和应收账款的估价。而合规目标所需的信息,如有关粉尘散发的信息或人员数据,也能满足财务报告目标。

信息有许多来源——内部和外部,以定量或定性的形式出现,以便对变化的条件作出反应。管理当局的一项挑战是处理和提炼大量的数据以形成可资行动的信息。这项挑战可以通过建立一套信息系统基础结构来追溯、获取、处理和报告相关信息的方式予以解决。这些信息系统,通常被计算机化但同时也包含人工输入或界面,常常被看作是处于处理内部生成数据的背景下。但是信息系统有很广泛的应用,它们还处理与外部事项相关的信息,例如,表明对一家公司的产品或服务需求的变化的特定市场或行业的经济数据,有关生产过程所需的物品和服务的数据,有关变动的客户偏好或需求的市场认识,有关竞争者的产品开发活动的信息，以及立法或监管行动。

信息系统可能是正式的，也可能是非正式的。与客户、供应商、监管者和主体的员工之间的交谈，常常能提供识别风险和机会所需的重要信息。同样，出席专业性或行业性的研讨会，以及在行会和其他协会中的会员资格，也能够提供有价值的信息。

当一个主体面临根本性的行业变迁、高度创新和快速变动的竞争者或者重大的客户需求变化时，保持信息与需要的一致性尤其重要。信息系统根据需要而变化，以便支持新的目标。它们识别和获取财务和非财务信息，并且以有助于控制主体活动的时机和方式去处理和报告这些信息。

1. 信息的传递

信息传递与沟通，是指企业及时、准确地收集、传递与内部控制相关的信息，确保信息在企业内部、企业与外部之间进行有效沟通。通过建立和完善信息系统，实现信息传递与有效沟通。信息系统是指企业对信息进行加工、集成、传递、运用的系统，包括利用计算机、通信技术建立的信息系统和该系统以外的其他信息收集、传递系统。

《企业内部控制应用指引第 17 号——内部信息传递》指出，企业内部信息传递至少应当关注下列风险：一是内部报告系统缺失、功能不健全、内容不完整，可能会影响生产经营的有序运行；二是内部信息传递不通畅、不及时，可能会导致决策失误、相关政策措施难以落实；三是内部信息传递中泄露商业秘密，可能会削弱企业的核心竞争力。

在建立企业信息系统的过程中，企业需要注意以下几点：①建立良好的信息系统支持策略；②信息系统与企业营运应有效结合；③选择更新信息系统的最佳时间；④有很好的信息品质。

 知识拓展 6-1

国内电力企业的"信息孤岛"和国家电网公司的"SC186 工程"

2002 年以来，国内电力行业信息化整体建设一直呈现迅速上升的态势，各地电网公司、发电企业对信息化的投资力度也在不断增大，ERP、OA、计费系统、营销系统等各种应用在电力企业中逐渐普及。

这种建设热潮也带来了一个直接的恶果：各省市电网企业独立规划和运作，始终没有形成统一的信息化标准规范。复杂的专业应用也使得同一企业各职能部门只根据自身的需求单独立项，开发功能单一、开放性较差的专用系统。一个电网公司内往往同时运行着成百上千的计算机系统。这些不同的系统功能不同，开发工具不同，其结构也存在很大差异，而最大的问题就是数据的不可兼容，最终形成了数量众多的"信息孤岛"。

这种情况给企业的经营和决策带来了很大的混乱。看似简单的数据交换和信息共享，由于没有统一的信息平台，成为公司信息化发展的瓶颈。事实上，电力行业信息化的统一规划、统一标准问题已经谈了很多年，但因为种种原因一直没有落在实处。

由于缺乏统一规划，各地电网公司在建设时有很大的随意性，因此，导致企业的应用系统经常需要"完善和 N 次开发"；重复投资的现象十分普遍，导致人力、物力以及资金的浪费。

在饱受"信息孤岛"之痛后，为整合现有系统，国家电网公司于 2006 年提出了一个雄心勃勃的 SC186 工程，要求在 2006—2009 年完成以下工作：

"1"：一体化企业级信息集成平台。

"8"：财务(资金)管理、营销管理、安全生产管理、协同办公管理、人力资源管理、物资管理、项目管理、综合管理等八大业务应用。

"6"：信息化安全防护体系、标准规范体系、管理调控体系、评价考核体系、技术研究体系和人才队伍体系等六大保障体系。

SC186 工程主要集中于四大目标:一是建成"纵向贯通、横向集成"的一体化企业级信息集成平台,实现公司上下信息畅通和数据共享;二是建成适应公司管理需求的八大,业务应用,提高公司各项业务的管理能力;三是建立健全规范有效的六个信息化保障体系,推动信息化健康、快速、可持续发展;四是力争到"十一五"末,公司的信息化水平达到国内领先、国际先进,初步建成数字化电网、信息化企业。

(引文来源:饕餮. 电力企业信息化:集成路上的梦与痛[EB/OL].(2014-12-08)[2022-03-30]. https://www.doc88.com/p-7098899481742.html?r=1。)

2. 信息沟通

信息传递与沟通渠道包括文件、刊物、网络、培训、交谈、考核等,我国《企业内部控制基本规范》指出,企业应当建立信息与沟通制度,明确内部控制相关信息的收集、处理和传递程序,确保信息及时沟通,促进内部控制有效运行。企业应当对收集的各种内部信息和外部信息进行合理筛选、核对、整合,提高信息的有用性。企业可以通过财务会计资料、经营管理资料、调研报告、专项信息、内部刊物、办公网络等渠道,获取内部信息。企业应当运用信息技术加强内部控制,建立与经营管理相适应的信息系统,促进内部控制流程与信息系统的有机结合,实现对业务和事项的自动控制,减少或消除人为操纵因素。

沟通是信息系统内生出来的活动。有效的沟通也是广义上的沟通,包括企业内自上而下、自下而上以及横向的沟通。有效的沟通还包括将相关的信息与企业外部相关方的有效沟通和交换,如客户、供应商、行政管理部门和股东等。企业的信息系统提供有效信息给适当的人员,通过沟通,使员工能够知悉其业务、财务报告及法律的责任。

(1)内部沟通。企业内所有的员工都需要从管理者那里收到相关的工作指令信息,作好防范风险的准备。员工还需要通过自己的活动与他人的工作活动之间存在的联系,确保信息传递的有效性,如此才能够有效地做好各项业务活动。

(2)外部沟通。企业不仅需要内部的沟通活动,对外部也要保持良性持续的沟通,建立与外部联系的沟通渠道。例如,跟客户之间的发货、收货和账单确定等业务联系,都需要健全的沟通机制才能保证工作的顺利进行。

再好的信息系统在实施的过程中也会碰到很多的问题和挑战。企业处于的状态永远是从无序向有序发展,这种无序就是一种风险,所以要做好沟通。沟通是一个永恒的话题。

也就是说主体的数量越多,沟通的成本越高,效率也越低。一个企业的组织过于庞大臃肿的时候,执行的效率就会很低。现在很多的企业集团在对总工程师、总设计师们进行培训,因为企业的经营管理必须从董事会抓起,内部控制要从总经理抓起,成本管理要从总工程师、总设计师抓起。

3. 信息的深度与及时性

信息系统通常充分地结合到经营的诸多方面。网络和基于网络的系统很普遍,许多公司有企业范围的信息系统,如企业资源计划(ERP)。这些应用有助于获得以前被职能机构或部门所截留的信息,使它可以用于广泛的管理用途。交易被实时地记录和跟踪,使管理人员立即更有效地获得财务和经营信息,以便控制经营活动。例如,一家从事多个大型项目的建筑公司使用一个整合的、基于广域网的系统,以满足市场和效率期望。这个系统帮助管理人员跟踪供应给客户的存货和部件,识别多个工地的物料供应过剩或短缺,从通用物料供应商处获取成本节约或者把类似的组织联合起来以获取批量折扣,以及监督分包商的活动。

它还使员工能够无缝隙地与建筑师和工程师、客户、分包商和监管者共享当前的图纸，同时保持图纸的版本控制。此外，这个系统包含知识管理能力，它允许公司员工在整个组织中分享创新的解决方案。

为了支持有效的企业风险管理，主体获取和利用历史的和现在的数据。历史数据使主体能够对照任务、计划和期望来追踪实际的业绩。它们提供了有关在不同的条件下主体如何表现的认识，使管理当局能够识别相互关系和趋势，并预测未来的业绩。历史数据还能够针对那些提请管理当局注意的潜在事项发出及早的警告。

现在或当前状态的数据使一个主体能够确定它是否保持在既定的风险容限之内。这些数据使管理当局能对一个过程、职能或单元范围内现有的风险取得一个实时的认识，并确定偏离期望的差异。

信息系统的发展提高了许多组织在整个企业的层次上计量和监控业绩以及提交分析性信息的能力。随着新技术的兴起，组织利用新技术的能力随之提高，系统的复杂性和整合也在持续。但是，在战略和经营层次对信息系统的不断加大的依赖，带来了必须整合到主体的企业风险管理之中的新的风险，如信息安全故障或网络犯罪。

信息基础结构以与主体的需要相一致的时机和深度来追溯和获取信息，以便识别、评估和应对风险，并保持在它的风险容限之内。信息流动的及时性需要与主体的内部和外部环境的变动程度保持一致。

数据深度的重要性可以通过观察影响一家位于一座容易遭受洪灾的城市的经纪公司的不同事项来予以说明。为了制订经营持续性计划，管理当局对潜在的洪灾情况要保持总体意识，并且负责提醒员工什么时候要搬迁到后备场所。在这种高层次上所获取的信息足以使该公司充分地管理风险。相反，作为一个经纪商，该公司追溯和持续获取股票、债券和商品价格在几位小数上的变动。这种数据的及时性和详细程度与该公司立即对可能陷入风险的价格变动作出反映的需要相一致。

信息基础结构把原始数据转换成相应的信息，以帮助员工履行他们的企业风险管理和其他职责。信息以利于行动的、易于使用的方式和时机予以提供，并与所界定的责任相关联。

数据搜集、处理和储存的进步导致数据量呈指数增长。有更多的数据，通常是实时的，可供组织中更多的人利用，挑战在于通过确保正确的信息、以正确的形式、按正确的详细程度、在正确的时间流向正确的人，来避免"信息超载"（information overload）。在开发知识和信息基础结构的过程中，应该考虑各个使用者和部门不同的信息需求，以及不同的管理层级所需要的不同概略程度的信息。

一个有着诚信经营的历史、其文化被整个组织中的人员充分理解的主体，可能会发现沟通信息并不困难。而没有这种传统的主体就需要在沟通信息的方式上倾注更多的努力。

6.2 | 内 部 监 督

一个主体的企业风险管理随着时间而变化，曾经有效的风险应对可能会变得不相关；控制活动可能会变得不太有效，或者不再被执行；主体的目标也可能变化。这些可能是由于新员工的到来、主体结构或方向的变化或者引入新流程所造成的。面对这些变化，管理当局需要确定企业风险管理的运行是否持续有效。

监控可以以两种方式进行:持续监控或者个别评价。企业风险管理机制通常被安排来进行持续的自我监控,至少在某种程度上是这样的。持续监控的有效性程度越高,就越不需要个别评价。管理当局需要用来对企业风险管理的有效性形成合理保证的个别评价,其频率是一个需要管理当局判断的问题。在作这种决定的过程中,要考虑所发生的变化的性质和程度,以及它们的相关风险;执行风险应对和相关控制的员工的能力和经验,以及持续监控的成效。通常,持续监控和个别评价的某种组合会确保企业风险管理在一定时期内保持其有效性。

持续监控包含于一个主体正常的、反复的经营活动之中。持续监控被实时地执行,动态地应对变化的情况,并且植根于主体之中。因此,它比个别评价更加有效。由于个别评价发生在事后,所以通过持续监控程序通常能够更迅速地识别问题。许多主体尽管有着良好的持续监控活动,也会定期对企业风险管理进行个别评价。需要经常性的个别评价的主体,应该集中精力去改进持续监控活动。

6.2.1 持续的监督活动

在正常的经营过程中,许多活动可以起到监控企业风险管理的有效性的作用。它们来自定期的管理活动,可能包括差异分析、对来自不同渠道的信息的比较,以及应对非预期的突发事件。

持续监控活动一般由直线式的经营管理人员或职能式的辅助管理人员来执行,以便对他们所接收的信息的含义予以深入考虑。通过关注关系、矛盾或其他的相应含义,他们提出问题并追查必要的其他员工,以确定是否需要矫正或其他措施。持续监控活动应与经营过程中的政策所要求执行的活动区分开来。例如,作为信息系统或会计程序所要求的步骤来执行的交易审批、账户余额调节,以及验证主要文件的准确性,最好界定为控制活动。

持续的监督活动在营运过程中发生,它包括例行的管理和监督活动,以及其他员工为履行职务所采取的行动。持续的监督活动主要包括以下几方面的内容:

(1)管理层取得能使内部控制系统持续发挥功能的资料。当营运报告、财务报告与他们所得到的资料有大偏离时,可对报告质疑。

(2)来自外界团体的沟通,可以验证内部信息的正确性,并能及时反映问题的所在。

(3)适当的组织机构及监督活动,可用来辨识缺失。

(4)各个职务的分离,使不同员工之间可以彼此相互检查,以防止舞弊。

(5)把信息系统所记录的资料同实际资产核对。

(6)内、外部稽核人员定期提出强化内部控制系统的建议。

(7)通过培训课程、规划会议和其他会议,可把控制是否有效的重要信息反馈给管理阶层。

(8)定期要求员工陈述他们是否了解企业的行为准则,遵守情况如何。对于负责业务和财务的员工,则要求他们陈述某些特定控制是否都予执行,管理层或内部稽核人员还必须验证这些陈述是否确实。

持续的监督活动包含两层意思,第一个是持续改进,第二个是监督作用。

6.2.2　个别评估

尽管持续监控程序通常能提供有关企业风险管理的其他构成要素的有效性的重要反馈,但是有时候采取一种新的思路直接关注企业风险管理的有效性可能是很有用的。它也能提供一个考察持续监控程序的持续有效性的机会。

尽管持续监督程序可以有效地评价内部控制体系,但企业有时需要组织例外评估以直接监视控制系统的有效性,这种做法可评估持续性监督程序。评估的范围和频率,视风险的大小及控制的重要性而定。

理顺整个内部控制体系之后,就要开始对里面的每一个业务环节进行测试评价。这里面哪些业务是重要的呢?

如果要销售一个产品,形成应收账款或者赊销的时候,其中一点就是对客户的信用进行调查,这就是个关键点。看对应收账款的管理,先看有没有对客户进行信用调查,通过这一点去判断应收账款的风险,测试评价就落实到每一个点。一个企业里面的测试点多的有五六千个,少的也有两三千个。

1. 范围和频率

企业风险管理评价的范围和频率各不相同,取决于风险的重大性以及风险应对和管理风险过程中的相关控制的重要性。优先程度较高的风险领域和应对往往更经常被评价。对企业风险管理整体的评价———一般比对特定局部的评估所需的频率更低———可能是由许多原因所促成的:主要的战略或管理当局更迭,收购或处置,经济或政治情况变化,或者经营或处理信息的方法的变更。当作出决定要对一个主体的企业风险管理采取全面评价时,应该将注意力引导到着眼于它在战略制定中以及相关的重大活动中的应用。评价的范围还将取决于要致力于战略、经营、报告和合规中的何种目标类别。

2. 评价过程

评价通常采取自我评估的形式,负责一个特定单元或职能机构的人员决定针对他们的活动的企业风险管理的有效性。例如,一个分部的首席执行官指导对其企业风险管理活动的评价。他亲自评估与战略选择、高层次目标、内部环境要素相关的风险管理活动,而负责该分部的各项经营活动的人员评估与他们的职责范围有关的企业风险管理构成要素的有效性。直线式管理人员关注经营和合规目标,而分部的管理人员则关注报告目标。高层管理当局结合公司其他分部的评价,来考虑该分部的评估情况。

内部审计师执行评估通常是他们的常规性职责的一部分,有时则是应高层管理当局、董事会或者子公司或分部管理层的特殊要求。同样,管理当局在考虑企业风险管理的有效性时,可以利用来自外部审计师的工作。在执行管理当局认为必要的任何评价程序时,都可以结合采用各种方式。

评价企业风险管理是在它自身之中的一个过程。尽管方法或技术各不相同,但是应该利用其中固有的特定基础,把一套规程引入这个过程之中。

评价者必须了解所着眼的主体的每一项活动以及企业风险管理的每一个构成要素。首先关注企业风险管理据称是如何运行的———有时涉及诸如系统或程序设计,可能是有帮助的。

评价者必须确定系统实际上运行得怎么样。设计出来以特定的方式运行的程序随时可能会被修改以便以其他方式运行,或者可能不再被执行。有时制定了新程序,但是那些讲述这些过程的人员并不知道,或者没有包含在可利用的文档之中。确定实际运行可以通过与执行或受到企业风险管理影响的人员进行讨论的方式来完成,也可以通过检查业绩记录的方式来完成,或者结合采用这些程序。

评价者分析企业风险管理过程的设计,以及所执行的测试的结果。这种分析要以管理当局针对每个构成要素所制定的标准为背景来进行,其最终目的在于确定该过程是否为相关的既定目标提供了合理保证。

有一系列评价方法和工具,包括核对清单、调查问卷和流程图技术。作为它们的评价方法的一部分,一些公司将它们的企业风险管理与其他主体相比较,或者以其他主体的企业风险管理作为标杆。例如,一个主体可能会对照那些因为拥有特别好的企业风险管理而著称的公司,来测度它的企业风险管理。可能会直接与另一家公司进行比较,或者在行业或产业协会的主导下进行比较。其他组织可能会提供比较的信息,而一些行业中的同业复核(peer review)职能机构能够帮助一家公司对照同业来评价它的企业风险管理。需要注意的是,在进行比较时,必须考虑到目标、事实和情况总是会存在差别。需要记住企业风险管理的所有八个构成要素,以及企业风险管理的固有局限。

6.2.3　报告缺陷

一个主体的企业风险管理的缺陷可能会通过多个来源表现出来,包括主体的持续监控程序、个别评价和外部方面。缺陷是企业管理中值得注意的一种情况,它可能表示一个已察觉到的、潜在的或实际的缺点,或者一个强化企业管理以便提高主体目标实现的可能性的机会。内部控制的缺失应由下往上报告,某些缺失应报告给高层管理阶层及董事会。

在经营活动的进程中产生的信息通常通过正常的渠道报告给直接的上级。他们会顺次在组织中向上或横向沟通,以便使信息最终到达能够和应该采取行动的人员那里。还应该存在其他的沟通渠道,以便报告类似非法或不当行径等敏感信息。所发现的企业风险管理缺陷通常不仅应该报告给负责所涉及的职能或活动的人员,而且还应该报告给该人员之上的至少一个层级的管理当局。这个较高层级的管理当局为采取矫正措施提供所需的支持或监督,并且要与组织中的其活动可能会受到影响的其他人员进行沟通。如果所发现的问题超出了组织边界,报告也就应该相应超出,并且直接呈交给足够高的层级,以确保采取适当的措施。

向适当的方面提供所需的有关企业风险管理缺陷的信息至关重要。应该制定规程,以便确定一个特定的层级为了有效地作出决策需要什么信息。

这些规程反映了一般的规则,管理人员应该收到那些影响他们的职责范围之内的人员的行动或行为的信息,以及实现特定目标所需的信息。例如,一位首席执行官一般希望知悉对政策和程序的严重违反行为。他还希望获得有关有重大财务影响或战略意义或者会影响主体的声誉的问题的支持性信息。

高层管理人员应该知悉影响他们的单元的风险管理和控制缺陷。例如,包括具有特定货币价值的资产没有得到充分保护、员工的胜任能力欠缺或者没有正确地进行重要的财务调整等情形。从组织结构中越往下走,管理人员就应该越详细地知晓他们的单元中的缺陷。

上级为下级规定报告规程。具体程度各不相同,通常在组织中的层级越低就越详细。尽管如果报告规程规定得太细致可能会制约报告的有效性,但是如果具有足够的灵活性,它们就能改善报告。

向高层管理者沟通缺陷的方面有时会就应该报告什么提供具体的指引。例如,董事会或审计委员会可能仅仅要求管理当局或者内部或外部审计师沟通那些符合特定的严重性或重要性下限的缺陷。

有了内部控制,还要重视其实施过程和实施效果。内部监督是企业对内部控制建立与实施情况的监督检查,评价内部控制的有效性,发现内部控制缺陷时,应当及时加以改进。《基本规范》指出,企业应当根据本规范及其配套办法,制定内部控制制度,明确内部审计机构(或经授权的其他监督机构)、其他内部机构在内部监督中的职责权限,规范内部监督的程序、方法和要求。内部监督分为日常监督和专项监督。日常监督是指企业对建立与实施内部控制的情况进行常规、持续的监督检查;专项监督是指在企业发展战略、组织结构、经营活动、业务流程、关键岗位员工等发生较大调整或变化的情况下,对内部控制的某一或者某些方面进行有针对性的监督检查。专项监督的范围和频率应当根据风险评估结果以及日常监督的有效性等予以确定。

企业应当制定内部控制缺陷认定标准,对监督过程中发现的内部控制缺陷,应当分析缺陷的性质和产生的原因,提出整改方案,采取适当的形式及时向董事会、监事会或者经理层报告。内部控制缺陷包括设计缺陷和运行缺陷。企业应当跟踪内部控制缺陷整改情况,并就内部监督中发现的重大缺陷,追究相关责任单位或者责任人的责任。企业应当以书面或者其他适当的形式,妥善保存内部控制建设与实施过程中的相关记录或者资料,确保内部控制建立与实施过程的可验证性。

知识拓展 6-2

.....

银保监会对中信银行泄露客户账户信息一事立案调查

日前,脱口秀演员池某发文吐槽中信银行泄露隐私信息引发热议。

银保监会网站 2020 年 5 月 9 日发布《银保监会消费者权益保护局关于中信银行侵害消费者合法权益的通报》称,2020 年 3 月,中信银行在未经客户本人授权的情况下,向第三方提供个人银行账户交易明细,违背为存款人保密的原则,涉嫌违反《中华人民共和国商业银行法》和银保监会关于个人信息保护的监管规定,严重侵害消费者信息安全权,损害了消费者合法权益。银保监会消保局将按照相关法律法规,启动立案调查程序,严格依法依规进行查处。

5 月 6 日,脱口秀演员池某通过微博发布长文称,在处理与笑果文化的合约纠纷时收到来自对方的案件材料,里面包含本人在中信银行的个人账户交易明细。池某通过律师函表示,笑果文化涉嫌在未经允许的情况下查看个人银行账户信息,目前他已向公安局报案,且向银保监会等政府监管机关投诉,要求相关方进行赔偿并公开道歉。

5 月 7 日凌晨,中信银行在官方微博上发布致歉信称:经核实,近期上海笑果文化传媒有限公司联系开户支行,要求查询其为员工支付劳务工资记录时,我行员工未严格按规定办理,提供了该员工的收款记录。并称该行已按制度规定对相关员工予以处分,并对支行行长予以撤职。

中信银行表示,在客户信息保护方面,该行建立了一整套制度及流程,但个别员工未严格按照制度操作,反映出该行个别机构在制度执行上不到位。"我行将举一反三,全面检查,加大培训,强抓制度执行,坚决避免此类问题再次发生,切实保护金融消费者合法权益。"

国家金融与发展实验室特聘研究员表示,中信银行作为一家全国性股份制商业银行,在个人信息保护方面建立了规章制度。此次事件,是分支机构在具体的执行过程中出现了违规操作而导致的。虽然性质恶劣,但其发生具有偶然性,不应过度放大。总体而言,我国银行业对客户个人信息保护工作是到位的,客户信息是安全的。但同时也看到,部分银行基层机构和经办人员保护客户隐私的意识淡薄,制度流程仍然存在漏洞,有章不循、违规操作等现象,需要引起高度重视。

　　该研究员表示,保护客户隐私、确保信息安全,关系重大,不能有丝毫的马虎。他建议:一是在思想上,要高度重视客户信息保护。这既是维护客户合法权益的重要内容,也是银行取信于社会和客户的基础工作。二是在制度上,要继续完善客户信息保护相关制度办法。客户信息什么情况下不可以查询、什么情况下可以查询等,必须要进一步明确。三是在操作上,要细化客户信息查询流程。如果需要查询个人信息,查询权限如何设置、谁来审批要严格规定,还要在技术上有一定约束,比如建立分级审批、双人控制等要求。总之,要将保护客户隐私的理念融入银行企业文化之中,内化于心、外化于行,以最严格的标准确保客户信息安全。

　　与此同时,金融机构应当按照国家档案管理和电子数据管理规定,采取技术措施和其他必要措施,妥善保管和存储所收集的消费者金融信息,防止信息遗失、毁损、泄露或者篡改。金融机构及其工作人员应当对消费者金融信息严格保密,不得泄露或者非法向他人提供。在确认信息发生泄露、毁损、丢失时,金融机构应当在72小时以内采取补救措施并告知金融消费者。

　　(引文来源:陈莹莹,欧阳剑环.中国证券报.银保监会对中信银行立案调查:泄露池子账户信息支行行长被撤职[EB/OL].(2020-05-09)[2022-03-30].https://baijiahao.baidu.com/s?id=1666216042534808322&wfr=spider&for=pc。)

本 章 小 结

　　内部控制按照运行方式的不同分为正式控制与非正式控制。正式控制是通过正式的组织结构和制度程序实施的;非正式控制是通过诸如信任、非正式沟通等途径来实施的,非正式控制和正式控制都很重要。非正式控制只是正式控制的补充,不能代替正式控制,正式控制是维持一个企业正常运行的制度保证。对企业风险管理的监控是指评估风险管理要素的内容和运行,以及一段时期的执行质量的一个过程。企业可以通过两种方式对风险管理进行监控——持续监控和个别评估。持续监控和个别评估都是用来保证企业的风险管理在企业内各管理层面和各部门持续得到执行,监控还包括对企业风险管理的记录。对企业风险管理进行记录的程度是根据企业的规模、经营的复杂性和其他因素的影响而确定的。

　　所以说,内部控制的实质和内部控制的形式要合一,通过加强监督与控制,保证内部控制的有效性。

重 要 概 念

信息传递　信息沟通　内部监督　报告缺陷　持续改进　个别评估

推荐阅读资料

6-1 课后
练习题

[1] 刘永泽,池国华.内部控制[M].大连:东北财经大学出版社,2015.

[2] 注册会计师全国统一考试精编教材编委会.公司战略与风险管理[M].北京:企业管理出版社,2015.

6-2 案例
分析

第 7 章　企业主要业务内部控制

内容提要

　　资金活动,是企业筹资、投资和资金营运等活动的总称。本章以采购业务、销售业务、资产管理、销售业务为主进行介绍。影响资金活动因素众多且不确定性较大,加强这些业务活动风险控制,对促进企业有效地组织资金活动、防范和控制资金风险、保证资金完整和安全具有重要意义。

重点难点

　　本章的重难点在于要求学生掌握企业内部控制应用指引——资金活动、采购业务、资产管理、销售业务、财务报告,并能结合风险点阐述该内容。

学习目标

　　企业应当建立科学的资金管控制度,采取切实有效的措施,提高资金使用效率,严格控制资金在筹集、投放、营运过程中的重大风险。加强各项资产管理,保证资产安全完整,提高资产使用效能,对于维持企业正常生产经营以及促进企业发展战略的实现有着重要的意义。确保财务报告的真实、完整,对于改进经营管理、促进资本市场稳定等至关重要。

知识框架

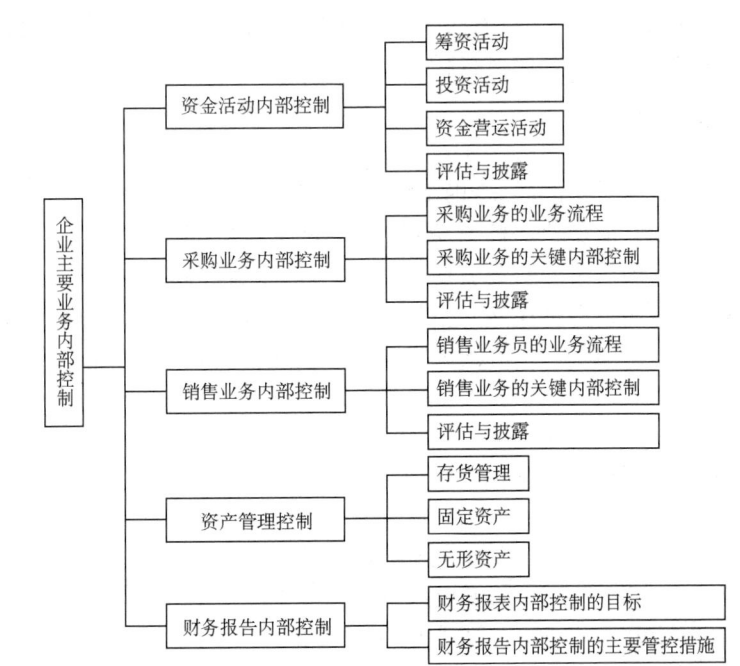

引入 轻虑浅谋，自食恶果

　　2007 年 9 月，位于上海市普陀长风生态商务区的 4C 东南地块招标。民营企业 S 公司以 11.04 亿元的价格从国美名下的鹏润地产、华润集团和上海新黄浦集团等地产大鳄口中抢下了这一块地。其楼板价竟高达 1.645 6 万元/平方米，甚至超过周边次新二手房的价格。随着国家一系列宏观政策的出台和金融危机对房地产市场的影响，S 公司最终不得不以牺牲 1.1 亿元保证金为代价在其网站上宣布退地。2008 年 8 月，该土地重新上市。上海赢华以 7.64 亿元底价收获此地。

　　该公司在投资方案论证和审批时，没有充分考虑国家政策变化及金融危机的影响，盲目以高价买下该地块，导致最后的投资失败，充分暴露出企业投资活动内部控制中的问题。在投资活动中，企业应全面考虑各种因素（如政策动态），拟订投资方案，对方案进行严格的可行性论证和审批，并加强项目的跟踪管理等。只有这样，才能尽量避免投资损失。

（引文来源：高菊芳.房地产工程项目风险控制探讨[J].财会学习，2009(05)：28-30。）

7.1 | 资金活动内部控制

　　资金是企业生存和发展的重要基础，被视为企业生产经营的血液，决定着企业的竞争能力和可持续发展能力，一直受到企业的高度重视。资金活动，是企业筹资、投资和资金营运等活动的总称。影响资金活动的因素众多且不确定性较大。资金活动中的潜在风险大多为重要性风险。一旦风险转变为现实，对企业危害重大。加强资金活动风险控制，对于促进企业有效地组织资金活动、防范和控制资金风险、保证资金完整和安全、提高资金使用效益等具有重要意义。

　　对资金活动实施内部控制，需要建立健全相应的内部控制制度：企业根据国家和地方有关法律法规和监管制度的要求，结合生产经营的实际需要，设计科学合理、重点突出便于操作的业务流程；同时还要有针对关键控制点以及主要风险来源的内控措施。资金活动内部控制的总体要求可以概括为：科学决策是核心、制度建设是基础、业务流程是重点、风险控制点是关键、资金集中管理是方向、严格执行是保障。

7.1.1 筹资活动

　　筹资活动是企业资金活动的起点，也是整个企业经营活动的基础。通过筹资活动，企业取得投资和日常生产经营活动所需的资金，从而使企业投资、生产经营活动能够顺利进行。企业应当根据经营和发展战略的资金需要，确定融资战略目标和规划，结合年度经计划和预算安排，拟订筹资方案，明确筹资用途、规模、结构和方式等相关内容，对筹资本和潜在风险作出充分估计，如果是境外筹资，还必须考虑所在地的政治、经济、法律市场等因素。

　　知识拓展 7-1

　　(1)"粤美的"MBO 融资问题案例研究。

　　(2)马普托港项目融资案例的启示。

　　(3)应收账款融资问题研究——山东省菏泽市应收账款融资案例分析。

　　(4)爱生药业美国 OTCBB 买壳上市与融资案例分析。

　　(5)非加价模式的融资问题与对策——海西美旗城的案例。

筹资活动的内部控制,不仅决定着企业能不能顺利筹集生产经营和未来发展所需资金,而且决定着企业能以什么样的筹资成本筹集资金,能以什么样的筹资风险筹集所需要资金,并决定着企业所筹集资金最终的使用效益。较低的筹资成本,合理的资本结构和较低的筹资风险,能够使企业应付自如、进退有据,不至于背负沉重的压力,可以从容地追求长期目标,实现可持续发展。而较高的筹资成本,不合理的资本结构和较高的筹资风险,使企业经营压力倍增,一方面,企业要保持更高的资金流动性以应付不合理资本结构带来的财务风险;另一方面,企业要追求更高的投资收益以补偿高额的筹资成本。

1. 筹资活动的业务流程

企业筹资活动的内部控制,应该根据筹资活动的业务流程,区分不同筹资方式,按照不同业务流程中不同环节体现出来的风险,结合资金成本与资金使用效益情况,采用不同措施进行控制。因此,设计筹资活动的内部控制制度,就必须深入分析筹资业务流程。具体流程一般包括以下几点。

1)提出筹资方案

一般由财务部根据企业经营战略、预算情况与资金现状等因素,提出筹资方案,一个完整的筹资方案应包括筹资金额、筹资形式、利率、筹资期限、资金用途等内容,提出筹资方案的同时还应与其他生产经营相关业务部门沟通协调,在此基础上才能形成初始筹资方案。

2)筹资方案论证

初始筹资方案还应经过充分的可行性论证。企业应组织相关专家对筹资项目进行可行性论证,可行性论证是筹资业务内部控制的重要环节,一般可以从下列几个方面进行分析论证:

(1)筹资方案的战略评估。主要评估筹资方案是否符合企业整体发展战略;控制企业筹资规模,防止因盲目筹资而给企业造成沉重的债务负担。企业应对筹资方案是否符合企业整体战略方向进行严格审核,只有符合企业发展需要的筹资方案才具有可行性。另外,企业在筹资规模上,也不可过于贪多求大。资金充裕是企业发展的重要保障,然而任何资金都是有成本的,企业在筹集资金时一定要有战略考虑,切不可盲目筹集过多的资金,造成资金闲置同时给企业增加财务负担。

(2)筹资方案的经济性评估。主要分析筹资方案是否符合经济性要求,是否以最低的筹资成本获得了所需的资金,是否还有降低筹资成本的空间以及更好的筹资方式,筹资期限等是否经济合理,利息、股息等水平是否在企业可承受的范围之内,如筹集相同的资金,选择股票与选择债券方式,就会面临不同的筹资成本;选择不同的债券种类或者期限结构,也会面临不同的成本,企业必须认真评估筹资成本,并结合收益与风险进行筹资方案的经济性评估。

(3)筹资方案的风险评估。对筹资方案面临的风险进行分析,特别是对于利率、汇率、货币政策、宏观经济走势等重要条件进行预测分析,对筹资方案面临的风险作出全面评估,并有效地应对可能出现的风险。如若选择债权方式筹资,其按期还本付息对于企业来说是一种刚性负担,带给企业的现金流压力较大;若选择股权筹资方式,在股利的支付政策上企业有较大的灵活性,且无须还本,但股权筹资的成本也是比较高的,而且股权筹资可能会使得企业面临较大的控制权风险。所以,企业应在不同的筹资风险之间进行权衡。

3)筹资方案审批

通过可行性论证的筹资方案,需要在企业内部按照分级授权审批的原则进行审批,重点关注筹资用途的可行性。重大筹资方案,应当提交股东(大)会审议,筹资方案需经有关管理部门批准的,应当履行相应的报批程序。审批人员与筹资方案编制人员应适当分离。在审批中,应贯彻集体决策的原则,实行集体决策审批或者联签制度,在综合正反两面意见的基础上进行决策,而不应由少数人主观决策。筹资方案发生重大变更的,应当重新履行可行性研究以及相关审批程序。

4)筹资计划编制与执行

企业应根据审核批准的筹资方案,编制较为详细的筹资计划,经过财务部门批准后,严格按照相关程序筹集资金:通过银行借款方式筹资的,应当与有关金融机构进行洽谈,明确借款规模、利率、期限、担保、还款安排、相关的权利与义务和违约责任等内容,双方达成一致意见后签署借款合同,据此办理相关借款业务。通过发行债券方式筹资的,应合理选择债券种类,如普通债券还是可转换债券等,并对还本付息方案作出系统安排,确保按期、足额偿还到期本金和利息。通过发行股票方式筹资的,应当依照《中华人民共和国证券法》等有关法律法规和证券监管部门的规定,优化企业组织架构,进行业务整合,并选择具备相应资质的中介机构,如证券公司、会计师事务所、律师事务所等协助企业做好相关工作,确保符合股票发行条件和要求。同时,企业应当选择合理的股利支付方式,兼顾投资者的近期与长远利益,调动投资者的积极性,避免分配不足或过度;股利分配方案最终应经股东大会审批通过,如果是上市公司还必须按信息披露要求进行公告。

5)筹资活动的监督、评价与责任追究

要加强筹资活动的检查监督,严格按照筹资方案确定的用途使用资金,确保款项的收支、股息和利息的支付,股票和债券的保管等符合有关规定。筹资活动完成后要按规定进行筹资后评价,对存在违规现象的,严格追究其责任。

2. 筹资活动的主要风险管控措施

筹资活动主要由借款交易和股东权益交易组成,其主要风险管控措施如下。

(1)企业应当根据发展战略和经营计划拟定筹资方案,明确筹资用途、规模、结构和方式等相关内容,对筹资环节的潜在风险作出充分估计并提出可行的应对策略。境外筹资还应考虑所在地的政治、经济、法律、市场等因素。对拟定的筹资方案进行分析论证,并履行相应的审批程序。必要时,可聘请外部专业机构提供咨询服务。企业对于重大筹资方案,应当提交股东(大)会审议,实行集体决策审批或者联签制度。企业筹资方案需经有关管理部门或上级主管单位批准的,应及时报请批准。筹资方案发生重大变更的,应当重新履行审批程序。

(2)企业应当根据批准的筹资方案,按照规定的权限和程序筹集资金。筹集的资金应当严格按照筹资方案合理安排和使用,不得随意改变资金用途。企业应当强化筹资信用管理,确保筹集的资金按期偿付。

(3)企业应当按照筹资方案所规定的用途使用对外筹集的资金。由于市场环境变化等特殊情况导致确需改变资金用途的,应当履行审批手续,并对审批过程进行完整的书面记录,严禁擅自改变资金用途。

(4)企业应建立持续符合筹资合同、协议条款的控制制度,其中应包括预算不符合条款要求的预警和调整制度。国家法律、行政法规或者监管协议规定应当披露的筹资业务,企业应及时予以公告和披露。

（5）企业应当指定财会部门严格按照筹资合同或协议规定的本金、利率、期限及币种计算利息或租金，经有关人员审核确认后，与债权人进行核对。本金与应付利息必须和债权人定期对账。如有不符，应查明原因，按规定及时处理。企业支付筹资利息、股息、租金等，应当履行审批手续，经授权人员批准后方可支付。企业通过向银行等金融机构举借债务筹资，其利息的支付方式也可按照双方在合同协议中约定的方式办理。

授权审批是企业内部控制制度中一项非常重要的环节。在筹资偿还过程中，对于偿付资金利息、股息等款项的支付都是必须经过授权人员批准的，以保证资金使用安全和款项按期偿付。

加强对财务收支的审核监督。对财务收支监督的内容包括：资金来源、资金管理渠道、资金支出管理范围和支出标准项目等。监督的重点是合法性问题。资金在对支出审核监督时应注意审核财务支出的内容是否符合法律、法规、规章和制度；相关资金有无挪用、截留或改变资金使用性质的问题；审核支出的内容有无变通、虚报冒领的问题；审核是否有扩大开支范围、提高开支标准的问题；审核支出金额与实际需要量是否相符。只有这样才能堵塞漏洞，防止违法违纪行为的发生。

7.1.2 投资活动

企业投资活动的筹资活动的延续，也是筹资的重要目的之一。投资活动作为企业的一种盈利活动，对于筹资成本补偿和企业利润创造，具有举足轻重的意义。企业应该根据自身发展战略和规划，结合企业资金状况以及筹资可能性，拟定投资目标，制订投资计划，合理安排资金投放的数量、结构、方向与时机，慎选投资项目，突出主业，谨慎从事股票或衍生金融工具等高风险投资。境外投资还应考虑政治、经济、金融、法律、市场等环境因素。如果采用并购方式进行投资，应当严格控制并购风险，注重并购协同效应的发挥。

知识拓展 7-2

（1）《周礼》财计体制及其内部控制思想。

（2）金融危机中投资银行的内部控制研究——以美国雷曼兄弟公司为例。

（3）项目投资内部控制关键环节探讨——以 B 公司生产线工程建设项目为例。

1. 投资活动的业务流程

企业应该根据不同投资类型的业务流程，以及流程中各个环节体现出来的风险，采用不同的具体措施进行投资活动的内部控制，一般包括以下几点：

（1）拟定投资方案。应根据企业发展战略、宏观经济环境、市场状况等，提出本企业的投资项目规划。在对规划进行筛选的基础上，确定投资项目。

（2）投资方案可行性论证。对投资项目应进行严格的可行性研究与分析，可行性研究要从投资战略是否符合企业的发展战略、是否有可靠的资金来源、能否取得稳定的投资收益、投资风险是否处于可控或可承担范围内、投资活动的技术可行性、市场容量与前景等几个方面进行论证。

（3）投资方案决策。按照规定的权限和程序对投资项目进行决策审批，要通过分级审批，集体决策来进行，决策者应与方案制定者适当分离。重点审查投资方案是否可行、投资项目是符合投资战略目标和规划、是否具有相应的资金能力、投入资金能否按时收回、预计收益能否实现,以及投资和并购风险是否可控等。重大投资项目,应当报经董事会或股东(大)会批准。投资方案要经过有关管理部门审批的,应当履行相应的报批程序。

(4)投资计划编制与审批。根据审批通过的投资方案,与被投资方签订投资合同或协议,编制详细的投资计划,落实不同阶段的资金投资数量、投资具体内容、项目进度、完成时间、质量标准与要求等,并按程序报经有关部门批准,签订投资合同。

(5)投资计划实施。投资项目往往周期较长,企业需要指定专门机构或人员对投资项目进行跟踪管理,进行有效管控。在投资项目执行过程中,必须加强对投资项目的管理,密切关注投资项目的市场条件和政策变化,准确做好投资项目的会计记录和处理。企业应及时收集被投资方经审计的财务报告等相关资料,定期组织投资效益分析,关注被投资方的财务状况、经营成果、现金流量及投资合同履行情况,发现异常情况的,应当及时报告并妥善处理。同时,在项目实施中,还必须根据各种条件,准确对投资的价值进行评估,根据投资项目的公允价值进行会计记录。如果发生资产减值,应及时提取减值准备。

(6)投资项目的到期处置。对已到期投资项目的处置同样要经过相关审批流程,妥善处置并实现企业最大的经济收益。企业应加强投资收回和处置环节的控制,对投资收回、转让、核销等决策和审批程序作出明确规定。重视投资到期本金的回收;转让投资应当由相关机构或人员合理确定转让价格,报授权批准部门批准,必要时可委托具有相应资质的专门机构进行评估;核销投资应当取得不能收回投资的法律文书和相关证明文件。

2. 投资活动的主要风险管控措施

投资活动主要由权益性投资交易和债权性投资交易组成,应从以下两方面进行风险管理。

(1)建立对外投资活动的授权批准、职务分离制度,维护对外投资资产的安全与完整。对外投资内部控制制度要保证一切对外投资交易活动必须经过适当的审批程序、职务分离制度才能进行。投资资产中的有价证券,其流动性仅次于现金,如果没有严格的审批授权控制制度,它们比较容易被冒领、挪用或转移。因此,堵塞漏洞、消除隐患,防止并及时发现、纠正错误及舞弊行为,是维护对外投资资产的安全与完整的重要保证。所以投资业务应由企业的高层管理机构进行审批,企业应当按照规定的权限和程序对评估可行的投资项目进行决策审批。重大投资项目,应当报经股东(大)会或董事会批准。

(2)企业应当合理安排资金投放结构,保证正常生产经营资金需求,科学确定投资项目,避免资金投放背离筹资方案要求。选择的投资项目应当突出主业,谨慎从事股票投资或衍生金融产品投资。同时应当加强对投资项目的可行性研究,重点对投资项目的目标、规模、投资方式、资金来源与筹措、投资的风险与收益等作出客观评价。企业根据实际需要,可以委托专业机构进行可行性研究,提供独立的可行性研究报告。

7.1.3 资金营运活动

资金营运,是指企业日常生产经营中合理组织和调度各类资金,保证各类资金正常循环周转的行为。资金营运有广义和狭义之分。广义的资金营运,是企业筹资取得资金以后,进而使用资金盈利的过程;狭义的资金营运,则是与企业投资活动相应对立的一种行为,是企业投资形成项目或资产以后,有效组织项目或资产运营、获得收益的过程,包括企业从货币资金开始,通过采购取得各类存货物资,再组织生产和销售,进行成本补偿和利润分配的全部过程。本章使用狭义的资金营运的概念。

知识拓展 7-3

（1）货币资金内部控制一般理论及应用研究——以某房地产公司货币资金内部控制分析为例。

（2）强化理念抓准重点提高内部控制效率——中海集团"资金门"事件的教训与启示。

（3）ERP 系统环境下货币资金控制的特点和内部控制设计——基于某集团企业实 ERP 案例的分析。

（4）企业集团资金内部控制制度构建——以 D 集团内部结算中心模式为例。

（5）黑龙江省乳制品行业营运资金内部控制管理研究。

企业资金营运内部控制的主要目标是：①保持生产经营各环节资金供求的动态平衡。企业应当将资金合理安排到采购、生产、销售等各环节，做到实物流和资金流的相互协调、资金收支在数量上及在时间上相互协调。②促进资金合理循环和周转，提高资金使用效率。资金只有在不断流动的过程中才能带来价值增值。加强资金营运的内部控制，就是要努力促使资金正常周转效率，为短期资金寻找适当的投资机会，避免出现资金闲置和沉淀等低效现象。③确保资金安全。企业的资金运营活动大多与流动资金尤其是货币资金相关，这些资金由于流动性很强，出现错弊的可能性更大，保护资金安全的要求更迫切。

1. 资金营运活动的业务流程

企业资金营运活动是一种价值运动，为保证资金价值运动的安全、完整、有效，企业资金营运活动应按照设计严密的流程进行控制。

（1）资金收付需要以业务发生为基础。企业资金收付，应该有根有据，不能凭空付款或收款。所有收款或者付款需求，都是由特定的业务引起，因此，有真实的业务发生，是资金收付的基础。

（2）企业授权部门审批。收款方应该向对方提交相关业务发生的票据或者证明，收取资金。资金支付涉及企业经济利益流出，应严格履行授权分级审批制度。不同责任人应该在自己授权范围内，审核业务的真实性、金额的准确性，以及申请人提交票据或者证明的合法性，严格监督资金支付。

（3）财务部门复核。财务部门收到经过企业授权部门审批签字的相关凭证或证明后，应再次复核业务的真实性，金额的准确性，以及相关票据的齐备性，相关手续的合法性和完整性，并签字认可。

（4）出纳或资金管理部门在收款人签字后，根据相关凭证支付资金。

2. 资金营运的主要风险管控措施

要搞好营运资金管理，必须解决好两个问题：第一，企业应该投资多少在流动资产上，即资金运用的管理，主要包括现金管理、应收账款管理和存货管理；第二，企业应该怎样来进行流动资产的融资，即资金筹措的管理，主要包括银行短期借款的管理和商业信用的管理。可见，营运资金管理的核心内容就是对资金运用和资金筹措的管理。所以企业应加强资金在营运中的下列控制：

（1）企业应当坚持资金集中归口管理（归口管理实际上就是指按国家赋予的权利和承担的责任、各司其职，按特定的管理渠道实施管理）、财务业绩分级考核的原则，全面提升资金营运效率，降低财务风险，严禁资金体外循环。企业集团应当强化资金统一控制和调配机制，特别关注对境外子公司资金营运的监控。有条件的企业集团，应当探索财务公司的管理模式。

（2）企业应当加强采购付款、销售收款资金占用的管理，落实相关责任制，确保采购项目按时付款、销售款项及时足额回收,实现资金的合理占用和营运良性循环。

(3)企业通过并购方式扩大经营规模,应当与经营主业相协调,严格控制并购风险,避免盲目扩张。加强对并购业务的可行性研究,合理确定支付对价,特别关注被并购企业与管理层的关联方关系,防范通过并购转移资金等舞弊行为。企业在并购交易过程中,应当充分考虑并购对象的隐性债务、可持续发展能力和员工状况,确保并购后获取更大利益。重大并购交易,应当报经股东(大)会或董事会批准。

(4)企业应当加强银行账户和银行预留印鉴的管理,明确各种票据的购买、保管、领用、背书转让、注销等环节的处理程序和备查登记制度。严禁将办理资金支付业务的相关印章集中于一人保管。

7.1.4 评估与披露

(1)企业应当建立筹资、投资和营运状况的评估制度,加强对资金的过程控制和跟踪管理,确保资金的安全运营和有效使用。发现异常情况,应当及时报告,并采取措施妥善处理,避免资金链条断裂。

(2)企业对监控和评估过程中发现的重大问题,应实行问责制,应当披露资金运营情况,对重大筹资、投资、重组项目及运营中的重大风险应当专项披露。

案例讨论 7-1

祸起萧墙,人去财空①

2008年1月31日,中海集团接报,驻韩国釜山公司大约4 000万美元(约合人民币3亿元)的巨额运费收入及部分投资款被公司内部人非法截留转移,分成一百多次逐步挪出公司账户;主要涉案人员——中海集团韩国控股的财务部负责人兼审计李克江在逃。该事件俗称"资金门"。"资金门"的出现主要有以下几个原因:

第一,中海集团所有驻海外的财务体制是控股公司掌控下属企业的全部财务和资金结算。权力的极度膨胀与自由放任,意味着海外公司得以游离于中海集团的视线边缘,为资金失控埋下了巨大隐患。

第二,航运公司的主营业务收入是运费收入,而行业内的收费标准各有不同,现金流的出入大,每次交易的现金流也很大。分公司贪污公款,主要是通过提高费用或者把产品低价(运货价)售给客户,然后从客户处收取好处。分一百多次转移而又缺少仔细审查,的确很容易被忽略。

第三,釜山公司案的焦点人物李克江,既是中海集团韩国控股的财务部负责人,又身兼审计之职。有西方谚语曾表示,任何人都不可能客观地评价自己的工作。自我复核和检查犯了内部控制的大忌。

第四,像中海集团这样的大集团在海外设立的公司如果是全资子公司,通常都采取独立核算制度,只需要报年账或者大账,不需要报明细账,而有些公司甚至连现金流都不用向总部汇报。如果不涉及上市公司,一般也不会有总部对海外分公司进行定期内部审计。这就导致海外公司存在做假账的可能性,如虚报费用、发票多开、与供应商内外勾结。

案例讨论 7-2

想一想下列公司的采购问题:

(1)云南红塔集团的烟叶采购问题。

① 刘华.中海集团釜山公司内部控制案例分析[J].财政监督,2008(12):3-5.

（2）内蒙古大地基础制糖子公司的甜菜采购问题。

（3）武汉钢铁集团公司煤的采购问题。

（4）重庆山城啤酒的啤酒瓶回收问题。

以上事项的共同点是：①存在"二次入库"问题，并且首次入库与二次入库客观上存在数量差异，这就加大了内控的难度。例如，烟叶、甜菜由于存在除杂率、降低沙土率以及含水量的自然差异必然导致两次入库存在量的差异。②盘存难度大，事后监督几乎不可能，例如，煤不仅库存量大，且每天动态变化，同时，煤的吸水性很强，很可能在盘存的头一天晚上被灌水而导致盘存失败。

7.2 采购业务内部控制

采购是指企业购买物资（或接受劳务）及支付款项等相关活动，其中，物资主要包括企业的原材料、商品、工程物资、固定资产等。采购是企业生产经营的起点，既是企业的"实物流"的重要组成部分，又与"资金流"密切关联。采购物资的质量和价格、供应商的选择、采购合同的订立、物资的运输、验收等供应链状况，在很大程度上决定了企业的生存与可持续发展。采购流程的环节虽不很复杂，但蕴藏的风险却是巨大的。

7.2.1 采购业务的业务流程

采购业务流程主要涉及编制需求计划和采购计划、请购、选择供应商、确定采购价格、订立框架协议或采购合同、管理供应过程、验收、退货、付款、会计控制等环节。

企业应当按照请购、审批、采购、验收、付款等规定的程序办理采购业务，并在采购与付款各环节设置相关的记录、填制相应的凭证，建立完整的采购登记制度，加强请购手续、采购订单或采购合同协议、验收证明、入库凭证、采购发票等文件和凭证的相互核对工作。

为实现采购与付款业务内部会计控制目标，企业应建立以请购单、合同、验收单、入库单等结算凭证为载体的业务记录控制系统。

根据采购业务的特点，企业至少应当关注涉及采购业务的下列风险：

（1）缺乏科学合理的采购计划，可能导致企业停产。

（2）采购环节出现舞弊，可能导致采购项目质次价高。

案例讨论 7-3

浙江亚伦集团系国家二级企业，中国行业百强企业、全国造纸行业重点骨干企业。其年上缴利税曾达2 000多万元，在一个财政收入不到一个亿的龙游县里，它在当地经济发展中的作用举足轻重。被称为水松纸"致富带头人"的王品发于1993年走马上任，成为亚伦集团的总经理、党委书记，1995年又兼任集团公司董事长，从一名政工干部走上企业经营者的岗位，王品发有些眼花缭乱，世界观、人生观开始错位，并利用采购进行大量敛财，主要采用盲目采购、收受回扣、虚报损耗、混淆采购成本、验收不严、以少报多、以次充好、违规结算、资金流失等手段。

7.2.2 采购业务的关键内部控制

1. 购买与审批

企业应当根据全面预算管理的要求从事采购业务。对于超预算和预算外采购，应当履行预算调整程序。企业应当建立严格的购买审批制度,明确审批权限,根据生产经营的客观需要,确定采购项目、质量等级、可选供应商及交货付款方式等相关内容。大宗采购应当采用招标方式,规定最高限价,实行比价采购。采购项目技术含量较高的,应当组织相关专家进行论证。

1) 职责分工

企业应当建立采购业务的岗位责任制,明确相关部门和岗位的职责、权限,确保办理采购业务的不相容岗位相互分离、制约和监督。

企业采购业务的不相容岗位至少包括:

(1) 请购与审批。企业物品采购应由使用部门根据其需要提出申请,并经分管采购工作的负责人进行审批。

(2) 供应商的选择与审批。企业应由采购部门和相关部门共同参与询价程序并确定供应商,但是决定供应商的人员不能同时负责审批。

(3) 采购合同协议的拟订、审核与审批。企业应由采购部门下订单或起草购货合同并经授权部门或人员审核、审批。

(4) 采购、验收与相关记录。企业采购、验收与会计记录工作职务应当分离,以保证采购数量的真实性和采购价格、质量的合规性、采购记录和会计核算的正确性。

(5) 付款的申请、审批与执行。企业付款的审批人与付款的执行人职务应当分离,付款方式不恰当、执行有偏差,可能导致企业资金损失或信用受损。

2) 授权审批制度

企业的生产计划部门一般会根据顾客订单或者对销售预测和存货要求的分析来决定生产授权;企业对资本支出和租赁合同通常会特别授权,只容许特定人员提出请购;企业对于重要和技术性较强的采购业务,应当组织专家进行论证,实行集体决策和审批,防止出现决策失误而造成严重损失;采购合同的签订需经有关授权人员审批;采购款项的支付应经有关授权人员审批。

3) 请购控制

企业采购需求应当与企业生产经营计划相适应,具有必要性和经济性。

采购申请一般由使用部门提出或由仓储部门提出,物资供应部门根据采购单位的采购申请、年度采购计划、工程用料计划和库存消耗定额编制月度采购计划,由部门主管或其授权人员审核是否合理,若合理则签字认可交采购部门,金额巨大或特殊采购应由主管总经理审批。

请购单一式三联,注明请购部门、请购物品名称、规格、数量、要求到货日期及用途等内容。重要物品或劳务的请购应当经过决策论证和特殊的审批程序;零星需要的物品,通常由使用者根据实际需要直接提出,不经采购部门审批,但使用者在请购单上一般要解释请购目的和用途,经使用部门主管审批,并经财务部门同意后,交采购部门办理采购;紧急需求的特殊请购应制定特殊审批程序。特殊原因需取消请购申请时,原请购部门应通知采购部门停止采购,采购部门应在原请购单上加盖"撤销"印章,并退回给请购部门。

4) 询价控制

企业应当加强采购业务的预算管理。对于预算内采购项目,具有请购权的部门应当严格按照预算执行进度办理请购手续;对于超预算和预算外采购项目,应当由审批人对请购申请进行审批,设置请购部门的,应当由请购部门对需求部门提出的申请进行审核后再行办理请购手续。企业对预算的管理,也就意味着必须要加强询价控制。

为确保价格机制透明,企业应制定合理的询价程序,并重点了解供应商的相关情况。控制措施有:①定期了解供应商的基本资料,如产品价格、质量、供货条件、信誉、售后服务,以及供应商的设备状况、技术水平和财务状况等,为企业采购决策提供可靠信息;②对潜在供应商应就其质量、技术、财务状况的可行性进行调查;③对于大宗和重要物品的采购,应建立由采购、技术等部门参与的比质比价体系,综合考虑价格、质量、供货条件、信誉和售后服务等;④对某些采购可以采用招标方式,在满足采购方物品质量、送货时间等要求的情况下,以公开方式进行,招标不能以价格作为唯一决定因素;⑤对于零星物品的采购,由于采购量低、价格也不高,采用上述方式采购成本会过高,一般授权直接采购,但也应形成由独立人员抽样暗访的制度。企业应就以上各因素确定目标价格并与相关供应商协商以达到最优价格。

5)采购控制

询价程序完成后,采购部门须决定以下事项:①根据资产存储情况,确定采购物品的批次和数量;②根据询价控制制度,选择最有利于企业生产和成本最低的供应商;③将请购单一联交请购部门,以示答复;④一联交财务部门筹备资金;⑤一联作为采购部门签订购销合同的依据。

采购部门在收到经过审批的请购单后都必须作出以下三方面的决定:应订购多少、向谁发出订货单、什么时候发出订货单。

(1)订购数量的控制。首先,由采购人员审查每一份请购单是否在执行后又重复提出,请购数量、品种是否合理,是否在控制限额的范围内。其次,对大量采购的原材料、零配件、商品、物资等进行采购数量对成本影响的分析,分析的内容主要是将各种请购项目进行有效归类,然后利用经济批量法测算成本及采购的批次和数量。对请购数量不大或零星采购物品,采购批量的成本分析控制可对照资金预算来执行。

(2)向哪一家发出订货单。采购部门在确定了采购数量之后,签订购销合同之前,必须遵循企业订货报价控制制度,选择最有利于企业生产和成本最低的供应商。根据与相应供应商确定的最优价格,对采购所需资金作出估算,并在请购单上签署采购意见后,由采购部门授权人审批;将签批后的请购单送资金预算部门,由资金预算部门主管人员审核请购是否符合经营目标,且在资金预算范围内,审批后签注意见,送交存货管理部门。

(3)何时发出订货单。为了生产经营的正常进行,避免存货资产的闲置,存货管理部门人员在接到请购单后,对存货应运用经济批量法和存货最低点法进行分析,确定什么时间请购最为合适,并在请购单上签注意见,由部门授权人审批。

在作出上述三方面的决定后,采购部门应将请购单一联退请购部门,以示答复;一联交财务部门筹备资金;一联交采购部门作为签订购销合同的依据。

采购合同一般一式四份,一份交供货商请求发货;一份由采购部门专人保管,负责合同的执行;一份交会计部门以监督合同的执行;一份交仓库保管部门作为验收物品时与发票核对的依据。

2. 验收与付款

1)验收控制

货物到达后,由仓储部门指派验收人员对货物进行实物计量,并与货运单、订购单进行核对。需要时由质检部门对货物进行检验。正确无误后填制收料单。收料单的内容包括供应商名称、收货日期、货物名称、数量和质量,以及运货人名称、原订购单编号等。

企业应当根据规定的验收制度和经批准的订单、合同协议等采购文件,由专门的验收部门或人员、采购部门、请购部门及供应商等各方共同对所购物品或服务等的品种、规格、数量、质量和其他相关内容进行验收,出具检验报告、计量报告和验收证明。

对验收过程中发现的异常情况,负责验收的部门或人员应当立即向有关部门报告,有关部门应当查明原因,及时处理。

为了达到控制目的,验收入库的职能必须由独立于请购、采购和会计部门的人员来承担。对收货的控制有双重作用,既控制购买环节的经营活动,也控制存货的管理工作。

对于已经检验的物品由保管人员将发票、购销合同、请购单进行认真核对,同时点收实物的数量和质量,核对无误后填写按顺序编号的入库单。入库单一式三联,注明供应商名称、收货日期、物品名称、数量、质量以及运货人名称等内容。保管员在入库单签字后,一联留存,登记仓库台账;一联随有关凭证送交会计部门,办理结算;一联退回采购部门与购销合同、请购单核对,核对后归档备案。

2)付款程序

财务部门对发票、运费单、验收单、入库单以及其他有关凭证审核后,与合同进行核对,经企业授权人审批后向供应商办理结算。

第一,付款控制。

财会部门应当参与商定对供应商付款的条件。

对于现金支付的交易,为了进一步强化内部控制,还应当提倡根据付款凭证而不是原始凭证支付现金的方式。即会计部门在接到发票等原始凭证后,先由部门授权人审核批准,再由会计人员据其编制付款凭证,注明会计科目、款项用途及金额等,交给出纳员,由其根据付款凭证列出的金额支付现金,并登记现金日记账,然后将付款凭证退交会计部门,以便登记总账和明细账。这样,出纳人员应付出多少现金,会计部门已经记录在案,更有利于形成控制关系。

对于企业采用赊账方式购买物品时,必然形成债务,由此而引发债务结算业务,故也必须对此加强控制,具体要求是:

(1)应付账款的入账必须在取得审核、企业授权人审批后的发货票以及验收入库单、请购单、借款通知等凭证后方可入账。对于享有现金折扣的交易,直接按照供应商发票金额来入账;对于部分退货,注意从原发票中扣除后入账;对于有预付货款的交易,在收到供应商发票后应将预付金额冲抵部分金额来入账。

(2)由稽核人员定期与供应商(债权人)核对账目,如果对账中发现问题,应及时查明原因,分清责任,按有关规定予以处理,确保双方的账目相符。

(3)按双方事先约定的条件,及时清理债务,支付欠款后,应取得债权人的收款证明,并以此为依据编制记账凭证,登记账簿。

第二,退货和折让控制。

企业应当建立退货管理制度,对退货条件、退货手续、货物出库、退货货款回收等作出明确规定,及时收回退货款。

采购部门接到收料单后与采购合同核对,相符则登记采购登记簿;不相符,如数量缺少则与供应商联系要求补足,如质量问题则应考虑是退货还是要求供应商给予折让。决定退货的应填制退货通知单,授权运输部门退回,在获得物资供应站的退货单后编制借项凭单,借项凭单连同退货单送交财务部门。借项凭单内容包括供应商名称、退货数量、价格、日期及金额计算等。

7.2.3 评估与披露

1. 评估控制

企业应当建立采购业务评估制度,加强对购买与审批、验收与付款的过程控制和跟踪管理,发现异常情况,应当及时报告。

2. 披露控制

企业应当披露主要供应商情况、采购价格形成机制,以及采购过程中的主要风险等内容。

由于采购业务对企业生存与发展具有重要影响,企业应当建立采购业务后评估制度,即企业应当定期对物资需求计划、采购计划、采购渠道、采购价格、采购质量、采购成本、合同签约与履行等物资采购供应活动进行专项评估和综合分析,及时发现采购业务薄弱环节,优化采购流程;同时,将物资需求计划管理、供应商管理、储备管理等方面的关键指标纳入业绩考核体系,促进物资采购与生产、销售等环节的有效面接,不断防范采购风险,全面提升采购效率。

7.3 销售业务内部控制

销售业务是指企业出售商品(或提供劳务)及收取款项等相关活动。企业生存、发展壮大的过程,在相当程度上就是不断加大销售力度、拓宽销售渠道、扩大市场占有的过程。生产企业的产品或流通企业的商品如不能实现销售的稳定增长,售出的货款如不能足额收回或不能及时收回,必将导致企业持续经营受阻,难以为继。《企业内部控制应用指引第9号——销售业务》以促进企业销售稳定增长、扩大市场份额为出发点,提出了销售业务应当关注的主要风险以及相应的管控措施。

7.3.1 销售业务员的业务流程

企业强化销售业务管理,应当对现行销售业务流程进行全面梳理,查找管理漏洞,及时采取切实措施加以改正;与此同时,还应当注重健全相关管理制度,明确以风险为导向的、符合成本效益原则的销售管控措施,实现与生产、资产、资金等方面管理的衔接,落实责任制,有效防范和化解经营风险。

企业的销售业务并不是简单的交易过程,而是分步骤的交易行为:从收到对方的订单,洽谈交易事宜,到货物的交接,再到货款的支付,甚至还有退货和折让的发生,等等。根据销售的特点,企业至少应当关注涉及销售业务的下列风险:

(1)销售不畅,库存积压,可能导致企业经营难以为继。

(2)销售款项不能及时足额收回,可能导致企业财务困难。

(3)销售过程存在操纵价格等舞弊行为,可能导致企业利益受损。

7.3.2 销售业务的关键内部控制

1. 销售与收款内部控制的目标

1）保证销售收入的真实性和合理性

销售获得的收入是对企业生产经营中发生耗费的补偿,为企业未来发展提供资金来源。通过加强对销售业务的控制,保证企业所发生的所有销售收入都及时、准确地加以记录,完整地反映企业的销售全过程,防止少记、不记或漏记实现的销售收入或虚增销售收入,防止销售收入的货款被挪用或贪污。

2）保证产品的安全、完整

交付已销售的产品应该数量准确,出库货物应同对方购买货物的订单或合同要求一致,运送产品应该保证产品在运输途中安全,保证质量不变、数量完整。

3）保证销售折扣的适度性

销售折扣是企业信用政策中的一个重要组成部分,它是企业在得到一定利益的情况下放弃部分销售收入,是信用经济条件下的必然产物。通过加强对销售折扣的内部控制,主要是确定销售折扣的"度",使销售折扣政策达到促进销售、及时收回货款的目的,防止销售折扣中以权谋私行为的发生。

4）保证销售折让和退回的合理性与正确性

销售中可能由于货物在运输中被损坏、变质,或装运中出现数量或品种错误等情况,因而要给予客户一定的折让或发生货物退回。当这些情况发生时,企业要加强控制,检查其理由是否恰当,金额是否正确,保证折让和退回的手续完备,并在相关会计资料上予以体现。

5）保证货款及时足额地收回

货款收回的控制,是销售控制中最关键的一点,如果货款无法及时收回,就会形成大批坏账,导致企业盈利的目标难以实现。企业只有加强对货款结算的控制,做好事前客户的信用调查和事后应收账款的催收工作,才能保证货款及时足额的收回。

2. 企业销售内部控制要点

企业的销售与收款应当实行岗位分工。销售部门负责货款的催收,财会部门负责办理资金结算并监督货款回收。

1）职责分工与授权批准

企业应当建立销售与收款业务的岗位责任制,明确相关部门和岗位的职责权限,确保办理销售与收款业务的不相容岗位相互分离、制约和监督。

销售与收款不相容岗位至少应当包括:

（1）客户信用管理与销售合同协议的审批、签订。

（2）销售合同协议的审批、签订与办理发货。

（3）销售货款的确认、回收与相关会计记录。

（4）销售退回货品的验收、处置与相关会计记录。

（5）销售业务经办与发票开具、管理。

（6）坏账准备的计提与审批、坏账的核销与审批。

赊销信用的管理包括两部分内容,一是制定赊销额度,指根据对客户的调查,针对每个客户制定赊销额度；二是日常赊销管理，包括对销售业务赊销额度的比较和超出赊销额度的销售的特殊批准。为了降低坏账风险，应明确各部门、人员的职责分工。其一，销售业务与信用检查、信用额度确定是不相容业务，不能由同一人负责，以切实避免销售人员为扩大销售而使企业承受不适当的信用风险。其二，应分级设置批准赊销信用的权限，并在程序中设置操作权限，不同信用额度的赊销由不同层次的管理人员审批。

企业应当建立销售业务授权制度和审核批准制度，并按照规定的权限和程序办理销售业务，应当根据具体情况对办理销售业务的人员进行岗位轮换或者管区调整。

有条件的企业可以设立专门的信用管理部门或岗位，负责制定企业信用政策，监督各部门信用政策执行情况。信用政策应当明确规定定期（或至少每年）对客户资信情况进行评估。

2）销售与发货控制

企业应当按照规定的程序办理销售和发货业务。

第一，销售谈判。企业在销售合同协议订立前，应当指定专门人员就销售价格、信用政策、发货及收款方式等具体事项与客户进行谈判。对谈判中涉及的重要事项，应当有完整的书面记录。

谈判人员一般可由销售部门负责人指定一名销售业务员和一名销售内勤（设立法律部门的单位可由法律服务部派出一名谈判人员）参加与客户的谈判。

如果在谈判过程中客户要求单位提供信用期，销售部门和信用管理部门需要协助谈判人员展开对客户的信用调查，包括获取信用评估机构对客户信用等级的评估报告。

第二，合同协议审批。审批人员应当对销售合同协议草案中提出的销售价格、信用政策、发货及收款方式等严格审查并建立客户信息档案。重要的销售合同协议，应当征询法律顾问或专家的意见。

第三，合同协议订立。销售合同协议草案经审批同意后，企业应当授权有关人员与客户签订正式销售合同协议。签订合同协议应当符合《中华人民共和国民法典》的规定。

销售部门与客户协商后草签购销合同，并编制购销合同审批单，与草签的购销合同一起转到信用管理部门，由信用管理部门对授信额度和授信期进行审核，并在审批单上签署意见。将草签的合同转到法律部门，由法律部门审核合同条款的合法性和合同条款的严密性，并在合同审批单上签署意见。

企业根据实际情况划分合同等级，不同等级的合同，由不同级别的领导审批并在合同审批单上签署意见。经相关部门和领导审批后，确认购销合同正式生效，销售部门留存合同审批单和一份购销合同，其余交客户、信用管理部门和财会部门等。

对于长期稳定供货的老客户可以不进行销售谈判和签订合同而直接接受客户的销售订单，但销售订单的接受仍需要得到销售部门负责人或其他授权批准人的签字同意。

第四，组织销售。企业销售部门应当按照经批准的销售合同协议编制销售计划，向发货部门下达销售通知单。

销售部门应当设置销售台账，及时反映各种商品、劳务等销售的开单、发货、收款情况，并由相关人员对销售合同协议执行情况进行定期跟踪审阅。销售台账应当附有客户订单、销售合同协议、客户签收回执等相关购货单据。

第五，组织发货。企业发货部门应当对销售发货单据进行审核，严格按照销售通知单所列的发货品种和规格、发货数量、发货时间、发货方式、接货地点组织发货，并建立货物出库、发运等环节的岗位责任制,确保货物的安全发运。为了防止仓库保管人员未经授权私自发货,企业应要求仓库保管人员只有在收到经批准的出库单时才能发货。对于本环节的控制,理想的控制程序是:全部销售出库单均由系统根据完整的销售单生成,并对出库单设置内部追踪制度,从根本上避免存货管理人员自行发货的可能性。

3)收款控制

企业应当建立应收账款账龄分析制度和逾期应收账款催收制度。销售部门应当负责应收账款的催收,催收记录(包括往来函电)要妥善保存,财会部门应当督促销售部门加紧催收。对催收无效的逾期应收账款可通过法律程序予以解决。

应收账款应分类管理,针对不同性质的应收款项,采取不同方法和程序。应严格区分并明确收款责任,建立科学、合理的清收奖励制度以及责任追究和处罚制度,以有利于及时清理催收欠款,保证企业营运资产的周转效率。企业应当按客户设置应收账款台账,及时登记并评估每一客户应收账款余额增减变动情况和信用额度使用情况。

企业对于可能成为坏账的应收账款,应当按照国家统一的会计准则制度规定计提坏账准备,并按照权限范围和审批程序进行审批。对确定发生的各项坏账,应当查明原因,明确责任,并在履行规定的审批程序后进行会计处理。企业核销的坏账应当进行备查登记,做到账销案存。已核销的坏账又收回时应当及时入账,防止形成账外款。

为确保应收账款账户数据的真实性、及时性,对于信用期内收回的款项应重点检查款项到账后是否立即对应收账款清账,同时记录客户资信情况、调整客户赊销额度;对于确实无法收回的坏账,应获取货款无法收回的确凿证据,经适当审批后再及时注销;对于会计期末未收回的款项,企业应将对客户的风险评估纳入客户管理内容,在此基础上制定针对该客户的信用政策和坏账预期。为应对坏账风险的冲击,在控制程序上应充分利用系统的信息处理能力,分别对客户制定坏账准备提取方案,提高坏账准备提取的准确性。坏账政策的制定要经过适当的授权,符合企业会计制度,并与坏账提取进行职责分离。

企业应当结合销售政策和信用政策,明确应收票据的受理范围和管理措施,应当加强对应收票据合法性、真实性的审查,防止购货方以虚假票据进行欺诈。应收票据的贴现必须经由保管票据以外的主管人员的书面批准,应当有专人保管应收票据,对于即将到期的应收票据,应当及时向付款人提示付款;已贴现但仍承担收款风险的票据应当在备查簿中登记,以便日后追踪管理。企业应当制定逾期票据追索监控和冲销管理制度。

企业应当定期抽查、核对销售业务记录、销售收款会计记录、商品出库记录和库存商品实物记录,及时发现并处理销售与收款中存在的问题;同时,还应定期对库存商品进行盘点。

企业应当定期与往来客户通过函证等方式,核对应收账款、应收票据、预收账款等往来款项。如有不符,应当查明原因,及时处理。

4)销售退回控制

在正常情况下,退货不应当数量很多,但由于其对企业的信誉有较大的影响,退货审核的控制仍非常重要。

企业的销售退回必须经销售主管审批后方可执行。要求退货的批准、退货货物的接收和开具贷项通知单、应收账款的冲减应分别由不同人员负责,并确保与此业务有关的部门和人员各司其职,分别控制实物流和会计处理。销售退回的货物应当由质检部门检验和仓储部门清点后方可入库。质检部门应当对客户退回的货物进行检验并出具检验证明；仓储部门应当在清点货物、注明退回货物的品种和数量后填制退货接收报告；财会部门应当对检验证明、退货接收报告及退货方出具的退货凭证等进行审核后办理相应的退款事宜；企业应对退货原因进行分析并明确有关部门和人员的责任。

（1）验收客户退回的货物。客户退回的货物应由验收部门来验收，验收时应清点、检验和注明退回货物的数量和质量情况，为日后确定给予客户退货金额和确定退货是否需要修理和再存放提供依据。

（2）填制退货接收报告。退货接收报告是对退回货物进行文件记录和进行控制的重要方法。它应在事先加以编号，在发生退货时填制，填制该报告的人员不应同时从事货物发运业务。一切有关的资料，例如，客户名称、退货名称、数量、日期、退货性质、原始发票号及价格及一般情况的说明的退款理由等，必须记录在该报告上。填制后的退货接收报告应受到独立于发货和收货职能的人员的检查。

（3）调查退货索赔。收货部门收到和清点检验退回货物后，客户的退货要求应由客户服务部门进行调查。这一程序的目的在于确定对退回货物索赔的有效性，以及如果索赔有效应给予客户的金额。客户服务部门应将调查结果和意见记录在退货接收报告上，并交信贷、会计、销售部门作为最后的审核。

（4）核准退货。退货的最终核准应由销售部门决定。这一批准只有在对退回货物仔细调查和以退货接收报告为依据的基础上才有效，批准意见应签署在退货接收报告上。

（5）填制和邮寄贷项通知单。贷项通知单应由销售部门中的职员在得到批准的退货接收报告的基础上编制。贷项通知单事先应编号加以控制，其表明的数量、价格和其他内容在邮寄该贷项通知单前经其他人员复核。贷项通知单和其他相应的资料应附在有关分录凭证上，作为应收账款明细分类账的附件。

退货批准后应及时入账，以便修正营业收入和应收账款的余额。

7.3.3 评估与披露

企业应当建立销售与收款的评估制度，加强对销售与收款的过程控制和跟踪管理。发现异常情况，应当及时报告，采取措施妥善处理。

企业应当披露销售策略、销售渠道、信用政策、主要客户情况、收款情况，以及销售过程中的主要风险等内容。

案例讨论 7-4

SQ公司销售与收款内部控制案例

SQ公司为一服装生产企业，服装以出口为主。当年其他应付款——外协加工费余额1 000万元，占公司当年利润的65%。外协加工费当年累计发生额占销售成本的22%。

SQ公司内控现状如下：

（1）由生产部经理负责是否委托、对外委托和验收。

（2）对外委托的外协加工情况财务部门一无所知，财务对委托过程失去控制。

（3）发生退货时，直接报生产部经理备案，生产部未设备查账簿，全凭生产部经理一人控制，财务部门同样失去监督。

7.4 | 资产管理内部控制

资产作为企业重要的经济资源,是企业从事生产经营活动并实现发展战略的物质基础,资产管理贯穿于企业生产经营全过程,也就是通常所说的"实物流"管控。在企业早期的资产管理实践中,如何保障货币性资产的安全是内部控制的重点。在现代企业制度下,资产业务内部控制已从如何防范资金挪用、非法占用和实物资产被盗拓展到重点关注资产效能,充分发挥资产资源的物质基础作用。鉴于资产管理的重要性,《基本规范》将合理保证资产安全作为内部控制目标之一,同时单独制定了《企业内部控制应用指引第8号——资产管理》,着重对存货、固定资产、无形资产等资产提出了全面风险管控要求,旨在促进企业在保障资产安全的前提下,提高资产效能。

7.4.1 存货管理

1. 存货管理的业务流程

存货主要包括原材料、在产品、产成品、半成品、商品、周转材料等;企业代销、代管代修、受托加工的存货,虽不归企业所有,也应纳入企业存货管理范畴。不同类型的企业有不同的存货业务特征和管理模式;即使同一企业,不同类型存货的业务流程和管控方式也可能不尽相同。企业建立和完善存货内部控制制度,需要结合本企业的生产经营特点针对业务流程中主要风险点和关键环节,制定有效的控制措施;同时,充分利用计算机信息管理系统,强化会计、出入库等相关记录,确保存货管理全过程的风险得到有效控制。

2. 存货管理的主要风险及管控措施

无论是生产企业,还是商品流通企业,取得存货、验收入库、仓储保管、领用发出、盘点清查、存货处置等是其共有的环节。存货管理的关键风险控制点及管控措施主要有以下几项。

1) 取得存货

存货的取得有外购、委托加工或自行生产等多种方式,企业应根据行业特点、生产经营计划和市场因素等综合考虑,本着成本效益原则,确定不同类型的存货取得方式。该环节的主要风险是:存货预算编制不科学、采购计划不合理,可能导致存货积压或短缺。

主要管控措施如下:企业存货管理实务中,应当根据各种存货采购间隔期和当前库存,并考虑企业生产经营计划、市场供求等因素,充分利用信息系统,合理确定存货采购日期和数量,确保存货处于最佳库存状态。考虑到存货取得的风险管控措施主要体现在预算编制和采购环节,将由相关的预算和采购内部控制应用指引加以规范。

2) 验收入库

不论是外购原材料或商品,还是本企业生产的产品,都必须经过验收(质检)环节,以保证存货的数量和质量符合合同等有关规定或产品质量要求。该环节的主要风险是:验收程序不规范、标准不明确,可能导致数量克扣、以次充好、账实不符。

主要管控措施如下:企业应当重视存货验收工作,规范存货验收程序和方法,着力做好以下工作。①外购存货的验收应当重点关注合同、发票等原始单据与存货的数量、质量、规格等核对一致。涉及技术含量较高的货物,必要时可委托具有检验资质的机构或聘请外部专家协助验收。②自制存货的验收,应当重点关注产品质量,通过检验合格的半成品、产成品才能办理入库手续,不合格品应及时查明原因、落实责任、报告处理。③其他方式取得存货的验收,应当重点关注存货来源、质量状况、实际价值是否符合有关合同或协议的约定。经验收合格的存货进入入库或销售环节。仓储部门对于入库的存货,应根据入库单的内容对存货的数量、质量、品种等进行检查,符合要求的予以入库;不符合要求的,应当及时办理退换货等相关事宜,入库记录要真实、完整,定期与财会等相关部门核对,不得擅自修改。

3) 仓储保管

一般而言,生产企业为保证生产过程的连续性,需要对存货进行仓储保管;商品流通企业的存货从购入到销往客户之间也存在仓储保管环节。该环节的主要风险是:存货仓储保管方法不适当、监管不严密,可能导致损坏变质、价值贬损、资源浪费。

主要管控措施如下:

(1) 存货在不同仓库之间流动时,应当办理出入库手续。

(2) 存货仓储期间要按照仓储物资所要求的储存条件妥善贮存,做好防火、防洪、防盗、防潮、防病虫害、防变质等保管工作,不同批次、型号和用途的产品要分类存放。生产现场的在加工原料、周转材料、半成品等要按照有助于提高生产效率的方式摆放,避免浪费、被盗和流失。

(3) 对代管、代销、暂存、受托加工的存货,应单独存放和记录,避免与本单位存货混淆。

(4) 结合企业实际情况,加强存货的保险投保,保证存货安全,合理降低存货意外损失风险。

(5) 仓储部门应对库存物料和产品进行每日巡查和定期抽检,详细记录库存情况;发现毁损、存在跌价迹象的,应及时与生产、采购、财务等相关部门沟通。对于进入仓库的人员应办理进出登记手续,未经授权人员不得接触存货。

4) 领用发出

生产企业,生产部门领用原材料、辅料、燃料、零部件等用于生产加工;仓储部门根据销售部门开出的发货单向经销商或用户发出产成品;商品流通领域的批发商根据合同或订货单等向下游经销商或零售商发出商品;消费者凭交款凭证等从零售商处取走商品等,都涉及存货领用发出问题。该环节的主要风险是:存货领用发出审核不严格、手续不完备,可能导致货物流失。

主要管控措施如下:企业应当根据自身的业务特点,确定适用的存货发出管理模式,制定严格的存货准出制度,明确存货发出和领用的审批权限,健全存货出库手续,加强存货领用记录。通常情况下,对于一般的生产企业,仓储部门应核对经过审核的领料单或发货通知单的内容,做到单据齐全,名称、规格、计量单位准确;符合条件的准予领用或发出,并与领用人当面核对、点清交付。在商场超市等商品流通企业,在存货销售发出环节应侧重于防止商品失窃、随时整理弃置商品、每日核对销售记录和库存记录等。无论是何种企业,对于大批存货、贵重商品或危险品的发出,均应当实行特别授权;仓储部门应当根据经审批的销售(出库)通知单发出货物。

5) 盘点清查

存货盘点清查,一方面要核对实物的数量,看其是否与相关记录相符、是否账实相符;另一方面也要关注实物的质量,看其是否有明显的损坏。该环节的主要风险是:存货盘点清查制度不完善、计划不可行,可能导致工作流于形式、无法查清存货真实状况。

主要管控措施如下：企业应当建立存货盘点清查工作规程，结合本企业实际情况确定盘点周期、盘点流程、盘点方法等相关内容，定期盘点和不定期抽查相结合。盘点清查时，应拟定详细的盘点计划，合理安排相关人员，使用科学的盘点方法，保持盘点记录的完整，以保证盘点的真实性、有效性。盘点清查结果要及时编制盘点表，形成书面报告，包括盘点人员、时间、地点、实际所盘点存货名称、品种、数量、存放情况以及盘点过程中发现的账实不符情况等内容。对盘点清查中发现的问题，应及时查明原因，落实责任，按照规定权限经批准后处理。多部门人员共同盘点，应当充分体现相互制衡，严格按照盘点计划，认真记录盘点情况。此外，企业至少应当于每年年度终了开展全面的存货盘点清查，及时发现存货减值迹象，将盘点清查结果形成书面报告。

6）存货处置

存货处置是存货退出企业生产经营活动的环节，包括商品和产成品的正常对外销售以及存货因变质、毁损等进行的处置。该环节的主要风险是：存货报废处置责任不明确、审批不到位，可能导致企业利益受损。

主要管控措施如下：企业应定期对存货进行检查，及时、充分了解存货的存储状态，对于存货变质、毁损、报废或流失的处理要分清责任、分析原因、及时合理。

7.4.2 固定资产

1. 固定资产管理的业务流程

固定资产主要包括房屋、建筑物、机器、机械、运输工具，以及其他与生产经营活动有关的设备、器具、工具等。固定资产属于企业的非流动资产，是企业开展正常的生产经营活动必要的物资条件，其价值随着企业生产经营活动逐渐转移到产品成本中。固定资产的安全、完整直接影响到企业生产经营的可持续发展能力。企业应当根据固定资产特点，分析、归纳、设计合理的业务流程，查找管理的薄弱环节，健全全面风险管控措施，保证固定资产安全、完整、高效运行。

2. 固定资产管理的主要风险及管控措施

固定资产管理的关键风险控制点及管控措施主要有以下事项。

1）固定资产取得

固定资产涉及外购、自行建造、非货币性资产交换换入等方式。生产设备、运输工具、房屋建筑物、办公家具和办公设备等不同类型固定资产有不同的验收程序和技术要求，同一类固定资产也会因其标准化程度、技术难度等的不同而对验收工作提出不同的要求。通常来说，办公家具、电脑、打印机等标准化程度较高的固定资产验收过程较为简化；对一些复杂的大型生产设备，尤其是定制的高科技精密仪器以及建筑物竣工验收等，需要一套规范、严密的验收制度。该环节的主要风险是：新增固定资产验收程序不规范，可能导致资产质量不符要求，进而影响资产运行效果；固定资产投保制度不健全，可能导致应投保资产未投保、索赔不力，不能有效防范资产损失风险。

主要管控措施如下：

（1）建立严格的固定资产交付使用验收制度。企业外购固定资产应当根据合同、供应商发货单等对所购固定资产的品种规格、数量、质量、技术要求及其他内容进行验收，出具验收单，编制验收报告。企业自行建造的固定资产，应由建造部门、固定资产管理部门、使用部门共同填制固定资产移交使用验收单,验收合格后移交使用部门投入使用。未通过验收的不合格资产,不得接收,必须按照合同等有关规定办理退换货或其他弥补措施。对于具有权属证明的资产,取得时必须有合法的权属证书。

(2) 重视和加强固定资产的投保工作。企业应当通盘考虑固定资产状况,根据其性质和特点,确定和严格执行固定资产的投保范围和政策。投保金额与投保项目力求适当,对应投保的固定资产项目按规定程序进行审批,办理投保手续,规范投保行为,应对固定资产损失风险。对于重大固定资产项目的投保,应当考虑采取招标方式确定保险人,防范固定资产投保舞弊。已投保的固定资产发生损失的,及时调查原因及受损金额,向保险公司办理相关的索赔手续。

2) 资产登记造册

企业取得每项固定资产后均需要进行详细登记,编制固定资产目录,建立固定资产卡片,以便固定资产的统计、检查和后续管理。该环节的主要风险是:固定资产登记内容不完整,可能导致资产流失、资产信息失真、账实不符。

主要管控措施如下:

(1) 根据固定资产的定义,结合自身实际情况,制定适合本企业的固定资产目录,列明固定资产编号、名称、种类、所在地点、使用部门、责任人、数量、账面价值、使用年限、损耗等内容,有利于企业了解固定资产使用情况的全貌。

(2) 按照单项资产建立固定资产卡片,资产卡片应在资产编号上与固定资产目录保持对应关系,详细记录各项固定资产的来源、验收、使用地点、责任单位和责任人、运转、维修、改造、折旧、盘点等相关内容,便于固定资产的有效识别。固定资产目录和卡片均应定期或不定期复核,保证信息的真实和完整。

3) 固定资产运行维护

该环节的主要风险是:固定资产操作不当、失修或维护过剩,可能造成资产使用效率低下、产品残次率高,甚至发生生产事故或资源浪费。

主要管控措施如下:

(1) 固定资产使用部门会同资产管理部门负责固定资产日常维修、保养,将资产日常维护流程体制化、程序化、标准化,定期检查,及时消除风险,提高固定资产的使用效率,切实消除安全隐患。

(2) 固定资产使用部门及管理部门建立固定资产运行管理档案,并据以制定合理的日常维修和大修理计划,并经主管领导审批。

(3) 固定资产实物管理部门审核施工单位资质和资信,并建立管理档案;修理项目应分类,明确需要招投标项目。修理完成,由施工单位出具交工验收报告,经资产使用和实物管理部门核对工程质量并审批。重大项目应执行专项审计。

(4) 企业生产线等关键设备的运作效率与效果将直接影响企业的安全生产和产品质量,操作人员上岗前应由具有资质的技术人员对其进行充分的岗前培训,特殊设备实行岗位许可制度,需持证上岗,必须对资产运转进行实时监控,保证资产使用流程与既定操作流程相符,确保安全运行,提高使用效率。

4) 固定资产升级改造

企业需要定期或不定期对固定资产进行升级改造,以便不断提高产品质量,开发新品种,降低能源资源消耗,保证生产的安全环保。固定资产更新有部分更新与整体更新两种情形,部分更新的目的通常包括局部技术改造、更换高性能部件、增加新功能等方面,需权衡更新活动的成本与效益综合决策;整体更新主要指对陈旧设备的淘汰与全面升级,更侧重于资产技术的先进性,符合企业的整体发展战略。该环节的主要风险是:固定资产更新改造不够,可能造成企业产品线老化,缺乏市场竞争力。

主要管控措施如下:

(1) 定期对固定资产技术先进性评估,结合盈利能力和企业发展可持续性,资产使用部门根据需要提出技改方案,与财务部门一起进行预算可行性分析,并且经过管理部门的审核批准。

(2) 管理部门需对技改方案实施过程实时监控、加强管理,有条件的企业可以建立技改专项资金并定期或不定期审计。

5) 资产清查

企业应建立固定资产清查制度,至少每年全面清查,保证固定资产账实相符、及时掌握资产盈利能力和市场价值。固定资产清查中发现的问题,应当查明原因,追究责任、妥善处理。该环节的风险主要是:固定资产丢失、毁损等造成账实不符或资产贬值严重。

主要管控措施如下:

(1) 财务部门组织固定资产使用部门和管理部门需定期进行清查,明确资产权属,确保实物与卡、财务账表相符,在清查作业实施之前编制清查方案,经过管理部门审核后进行相关的清查作业。

(2) 在清查结束后,清查人员需要编制清查报告,管理部门需就清查报告进行审核,确保真实性、可靠性。

(3) 清查过程中发现的盘盈(盘亏)应分析原因,追究责任,妥善处理,报告审核通过后及时调整固定资产账面价值,确保账实相符,并上报备案。

6) 抵押和质押

抵押是指债务人或者第三人不转移对财产的占有权,而将该财产抵押作为债权的担保,当债务人不履行债务时,债权人有权依法以抵押财产折价或以拍卖、变卖抵押财产价款优先受偿。质押也称质权,就是债务人或第三人将其动产移交债权人占有,将该动产作为债权的担保,当债务人不履行债务时,债权人有权依法就该动产卖得价金优先受偿。企业有时因资金周转等原因以其固定资产作抵押物或质押物向银行等金融机构借款,如到期不能归还借款,银行则有权依法将该固定资产折价或拍卖。该环节的主要风险是:固定资产抵押制度不完善,可能导致抵押资产价值低估和资产流失。

主要管控措施如下:

(1) 加强固定资产抵押、质押的管理,明晰固定资产抵押、质押流程,规定固定资产抵押、质押的程序和审批权限等,确保资产抵押、质押经过授权审批及适当程序。同时,做好相应记录,保障企业资产安全。

(2) 财务部门办理资产抵押时,如需要委托专业中介机构鉴定评估固定资产的实际价值,应当会同金融机构有关人员、固定资产管理部门、固定资产使用部门现场勘验抵押品,对抵押资产的价值进行评估。对于抵押资产,应编制专门的抵押资产目录。

7) 固定资产处置

该环节的主要风险是:固定资产处置方式不合理,可能造成企业经济损失。

主要管控措施如下：

（1）企业应当建立健全固定资产处置的相关制度，区分固定资产不同的处置方式，采取相应控制措施，确定固定资产处置的范围、标准、程序和审批权限，保证固定资产处置的科学性，使企业的资源得到有效的运用。

（2）对于使用期满、正常报废的固定资产，应由固定资产使用部门或管理部门填制固定资产报废单，经企业授权部门或人员批准后对该固定资产进行了报废清理；对于使用期限未满、非正常报废的固定资产，应由固定资产使用部门提出报废申请，注明报废理由、估计清理费用和可回收残值、预计处置价格等。

（3）企业应组织有关部门进行技术鉴定，按规定程序审批后进行报废清理；对于拟出售或投资转出及非货币交换的固定资产，应由有关部门或人员提出处置申请，对固定资产价值进行评估，并出具资产评估报告，报经企业授权部门或人员批准后予以出售或转让。

（4）企业应特别关注固定资产处置中的关联交易和处置定价，固定资产的处置应由独立于固定资产管理部门和使用部门的相关授权人员办理，固定资产处置价格应报经企业授权部门或人员审批后确定。重大固定资产处置，应当考虑聘请具有资质的中介机构进行资产评估，采取集体审议或联签制度，涉及产权变更的，应及时办理产权变更手续。

（5）对于出租的固定资产，应由相关管理部门提出出租或出借的申请，写明申请的理由和原因，并由相关授权人员和部门就申请进行审核。审核通过后应签订出租或出借合同，包括合同双方的具体情况，出租的原因和期限等内容。

7.4.3 无形资产

1. 无形资产管理的流程

无形资产是企业拥有或控制的没有实物形态的可辨认非货币性资产，通常包括专利权、非专利技术、商标权、著作权、特许权、土地使用权等。企业应当加强对无形资产的管理，建立健全无形资产分类管理制度，保护无形资产的安全，提高无形资产的使用效率，充分发挥无形资产对提升企业创新能力和核心竞争力的作用。

2. 无形资产管理的关键风险点及管控措施

无形资产管理的关键风险点及管控措施如下。

1）无形资产取得与验收

该环节的主要风险是：取得的无形资产不具先进性，或权属不清，可能导致企业资源浪费或引发法律诉讼。

主要管控措施如下：企业应当建立严格的无形资产交付使用验收制度，明确无形资产的权属关系，及时办理产权登记手续。企业外购无形资产，必须仔细审核有关合同协议等法律文件，及时取得无形资产所有权的有效证明文件，同时特别关注外购无形资产的技术先进性；企业自行开发的无形资产，应由研发部门、无形资产管理部门、使用部门共同填制无形资产移交使用验收单，移交使用部门使用；企业购入或者以支付土地出让金方式取得的土地使用权，必须取得土地使用权的有效证明文件。当无形资产权属关系发生变动时，应当按照规定及时办理权证转移手续。

2）无形资产的使用与保全

该环节的主要风险是：无形资产使用效率低下，效能发挥不到位；缺乏严格的保密制度，致使体现在无形资产中的商业机密泄露,如由于商标等无形资产疏于管理,导致其他企业侵权,严重损害企业利益。

主要管控措施如下:企业应当强化无形资产使用过程的风险管控,充分发挥无形资产对提升企业产品质量和市场影响力的重要作用;建立健全无形资产核心技术保密制度,严格限制未经授权人员直接接触技术资料,对技术资料等无形资产的保管及接触应保有记录,实行责任追究,保证无形资产的安全与完整;对侵害本企业无形资产的,要积极取证并形成书面调查记录,提出维权对策,按规定程序审核并上报,等等。

3)无形资产的技术升级与更新换代

该环节的主要风险是:无形资产内含的技术未能及时升级换代,导致技术落后或存在重大技术安全隐患。

主要管控措施如下:企业应当定期对专利、专有技术等无形资产的先进性进行评估。发现某项无形资产给企业带来经济利益的能力受到重大不利影响时,应当考虑淘汰落后技术,同时加大研发投入,不断推动企业自主创新与技术升级,确保企业在市场经济竞争中始终处于优势地位。

4)无形资产的处置

该环节的主要风险在于:无形资产长期闲置或低效使用,就会逐渐失去其使用价值无形资产处置不当,往往造成企业资产流失。

主要管控措施如下:企业应当建立无形资产处置的相关管理制度,明确无形资产处置的范围、标准,程序和审批权限等要求。无形资产的处置应由独立于无形资产管理部门和使用部门的其他部门或人员按照规定的权限和程序办理;应当选择合理的方式确定处置价格,并报经企业授权部门或人员审批;重大的无形资产处置,应当委托具有资质的中介机构进行资产评估。

案例讨论 7-5

存货管控,赢在完善①

ABC 公司是工程机械行业的大型企业,其存货占总资产的比重为 40% 左右,主要分为原材料、在产品、产成品三大类。产成品占比比较高,并呈上升趋势。ABC 公司存货内控存在以下问题:①生产过程缺乏监管。公司几乎所有的部门都会为生产"让道"。零件需求紧急,马上采购。车间领料,立即发放。久而久之,在生产厂积压了大量的原材料、低值易耗品。此外,出现了因盲目备货导致过量的资金占用。②存货不能合理计价。内部价格制定不及时,造成信息流、实物流不同步,实物在体外循环。在新产品的试制方面,由于缺乏图纸等核价资料,有些零件的价格难以及时确定。③存货积压原因复杂。ABC 公司在内部生产工艺更改和外部竞争压力的双重影响下,存货积压的主要原因有:设计、工艺的更改;采购量缺少控制,备货不合理,机型停产;替代材料、生产机床设备更改;经理层绩效考核导致资产管理部门对积压存货数据填报不准确或处理不及时;在工作变动时工作交接缺少监管及责任追究,存在前任留下积压物资不断累积的现象,具体造成积压的责任部门、人员难以确定。④存货流转业务的会计目标有待完善。公司财务部制定的《存货内部控制》只是一个框架,缺乏统一的具体的执行标准和评价办法。

因此,ABC 公司当务之急是通过制度规范存货的业务操作流程,针对业务流程中主要风险点和关键环

---

① 林世权,甘卓霞,谭如潮,等.企业存货内部控制研究[J].经济研究参考,2008(53):42-48.

节,建立和完善存货内部控制制度,明确各事业部、各资产管理单位的权责范围,以提高存货质量,规避"存货负债"风险。

7.5 | 财务报告内部控制

财务报告,是指企业对外提供的反映企业某一特定日期财务状况和某一会计期间经营成果、现金流量等会计信息的文件。

财务报告包括财务报表及其附注和其他应当在财务报告中披露的相关信息和资料。财务报表至少应当包括资产负债表、利润表、现金流量表等报表。

附注是对在资产负债表、利润表、现金流量表和所有者权益变动表等报表中列示项目的文字描述或明细资料,以及对未能在这些报表中列示项目的说明等。附注应当披露财务报表的编制基础,相关信息应当与资产负债表、利润表、现金流量表和所有者权益变动表等报表中列示的项目相互参照。

内部控制的运营效率和效果、财务报告的可靠性、遵守适用的法律和规章情况是财务报告的内部控制的组成部分,都会对财务报告产生重大的影响。

在公司内部建立一个基本的内部控制框架,作为管理层评估财务报告内部控制的基准,是公司发展到一定程度在管理方面的必然要求,它受公司治理、价值创造、风险和机会、管制、企业文化、技术发展及受托责任等各方面的影响。

7.5.1 财务报表内部控制的目标

财务报告是综合反映组织经营效果和效率的文件,是其他内部控制制度是否有效运行的综合体现,财务报表的编制和披露内控制度是会计信息的准确、有用、及时、完整的重要保证,同时也是组织风险控制的重要依据,财务报告的不真实、不完整往往是组织的重要风险之源。对管理层或董事会而言,内部控制提供的只是合理的保证,而不是绝对的保证。内部控制措施,无论设计得多么完美、运行得多么好,组织目标实现的可能性会受到内部控制制度所固有局限性的影响。内部控制也仅能为董事会和管理部门实现组织目标提供合理的保证。优秀的财务报告内部控制具有以下优点:

(1)保护企业资产的安全、完整,及对其的有效使用,使企业各项生产和经营活动有秩序、有效地进行,避免可能遭受经济损失。

(2)保证会计信息及其他各种管理信息的真实、可靠和及时提供。避免因虚假记载、误导性陈述、重大遗漏和未按规定及时披露导致损失。

(3)保证企业管理层制定的各项经营方针、管理制度和措施的贯彻执行。

(4)尽量压缩和控制成本、费用,减少不必要的成本、费用,以求企业达到更大的盈利目标。

(5)预防和控制,尽早、尽快查明各种错误和弊端,以及及时、准确地制定和采取纠正措施,避免因重大差错、舞弊、欺诈而导致损失。

7.5.2 财务报告内部控制的主要管控措施

1. 岗位分工与职责安排

企业有关部门应明确各岗位在财务报告内部控制中的岗位职责,并由全体董事、监事和高级管理人员对企业财务报告的真实性和完整性承担责任。

2. 财务报告编制准备及其控制

企业必须在会计期末编制报表前进行结账,为财务报表的编制做准备,不得为赶编财务报表而提前结账,更不得预先编制财务报表后结账。财务报告编制的基本要求是:

(1) 企业财会部门应当制定年度财务报告编制方案,明确年度财务报告编制方法、年度财务报告会计调整政策、披露政策及报告的时间要求等。

(2) 企业应当制定对财务报表可能产生重大影响的交易或事项的判断标准,明确相应的报批程序。

(3) 企业不得随意变更会计政策,调整会计估计事项。

(4) 企业应当建立规范的账务调节制度和各项财产物资和结算款项的清查制度,明确相关责任人及相应的处理程序,避免发生账证不符、账账不符、账实不符的情形。

(5) 企业为避免出现漏记或多记、提前确认或推迟确认报告期内发生的交易或事项的情形,对交易或事项所属的会计期间应实施有效控制。

3. 财务报告编制及其控制

企业可以通过人工分析或利用计算机信息系统自动检查财务报表之间、财务报表各项目之间的勾稽关系是否正确,重点对下列项目进行校验:

(1) 财务报表内有关项目的对应关系。

(2) 财务报表中本期与上期有关数字的衔接关系。

(3) 财务报表与附表之间的平衡及勾稽关系。

企业应当真实、完整地在财务报表附注和财务情况说明书中说明需要说明的事项。财会部门应将会计处理方法及其对财务报告的影响及时提交董事会及其审计委员会审议。

需要编制合并财务报表的企业集团,应当按照国家统一的会计准则制度的规定,明确合并财务报表的编制范围,不得随意调整合并报表的编制范围。财会部门应将确定合并财务报表编制范围的方法以及发生变更的情况及时提交董事会及其审计委员会审议。

4. 财务报告的报送与披露及其控制

企业应当建立财务报告报送与披露的管理制度,确保在规定的时间,按照规定的方式,向内部相关负责人及其外部使用者及时报送财务报告。负有履行信息披露责任的企业应当根据国家法律法规及部门规章的规定,及时披露相关信息,确保所有财务报告使用者同时、同质、公平地获取财务报告信息,确保信息披露的真实和完整。

案例讨论 7-6 ....

机关算尽太聪明,反误了卿卿性命①

自 2002 年顺德格林柯尔公司收购科龙电器股份公司的股份以后,由于经营不善,公司亏损或者利润达不到预期目标,顾雏军便于每年年终召集财务部、营销部、物流部等部门的负责人会议,商讨以虚增销售收入等方法夸大科龙电器的业绩,欺骗审计机构,发布虚假会计年报,欺骗社会公众,损害了股民利益。

为继续虚增科龙电器的销售收入,降低虚假销售及公布虚假财会报告的风险,顾雏军于 2003 年 11 月

---

① 陶化安.CFO法律风险防范专题案例二 CFO 的护身符[J].首席财务官,2007(03):72-75.

指使其司机李向荣伪造了"李新良"的身份证，注册成立了"合肥市维希电器有限公司"(简称"维希电器")和"武汉市长荣电器有限公司"(简称"长荣电器")，专门充当科龙电器虚假销售的购买方，向科龙电器开具无真实贸易背景的商业承兑汇票，以达到虚增科龙电器销售收入的目的。2004年12月，科龙电器通过该种方法虚增收入570 392 856元，虚增利润150 319 956元。在2005年6月至7月期间，经顾雏军同意，科龙电器对2004年未销出的库存全部办理了退货退款手续。

2005年4月，科龙电器董事会审议通过了《2004年年度报告正文》《2004年年度报告摘要》及《经审计的2004年年度财务报告》，并向社会公布了包括该虚增收入和利润的年度报告。

2005年5月9日，科龙电器公告因涉嫌违反证券法规被中国证监会立案调查。2005年9月16日，科龙电器发布公告称，公司前董事长顾雏军以及执行董事严友松、张宏和原管理人员姜源(姜宝军)、晏果如、刘科、刘义忠等正式被逮捕。

本案例中，顾雏军曾与科龙电器内部多位管理层人员协商，涉及营销、物流、财务等多个部门，可见其相关内控早已荡然无存。其在财务报告的内部控制中存在的问题主要有：制造假销售，虚增收入和利润；编制虚假的财务报告；缺失财务报告对外提供前的审核，对外提供前的审计不严等。最终搬起石头砸了自己的脚，欺骗了社会公众，损害了股民利益。

本 章 小 结

企业的资金活动管控从资金流入形成货币资金开始，经过采购业务、生产业务、销售业务、还本付息、利润分配及税收等不断循环的过程。每一环节的风险管控，对企业的意义都是巨大的，本章要求学生掌握每一环节的关键风险管控点以及相应的管控措施。

重 要 概 念

资金活动　销售业务　采购业务　财务报告　资产管理　无形资产

推荐阅读资料

7-1 课后
练习题

[1] 张俊民. 内部控制理论与实务[M]. 大连：东北财经大学出版社，2015.
[2] 刘永泽，池国华. 内部控制[M]. 大连：东北财经大学出版社，2016.

第8章 企业其他业务活动内部控制

内容提要

为了促进企业自主创新、增强其核心竞争力、有效控制研发风险以实现发展战略,企业采取各项措施提高生产能力、促进产业升级和技术进步,从而实现企业战略和中长期发展规划有重要意义。

重点难点

本章的重难点在于要求学生掌握企业内部控制应用指引——研究与开发、工程项目、担保业务、业务外包,并能结合该风险点阐述相关内容。

学习目标

企业专业分工越来越精细,为实现企业的发展目标,企业需要从研究与开发、工程项目、业务外包、担保方面管控风险。

本章要求学生掌握相关风险管控点,能够结合相关内容分析具体案例。

知识框架

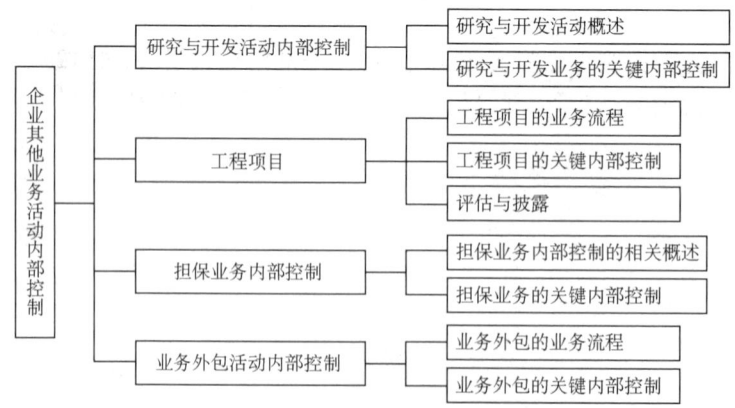

148

引入　闭门造车，咎由自取①②

1987年，摩托罗拉公司开始了一项通信史上前所未有的浩大工程："铱星系统"计划。整个工程预计经过11年完成，累计耗资50多亿美元。铱星公司的目标是利用66颗卫星组成一个包围地球的"卫星圈"，从而使无线通信网络覆盖全世界的每个角落，包括两极与各大海域。11年后，它的梦想得以实现。这是世界上第一个大型低轨卫星通信系统，也是全球最大的无线通信网络。当年，它被美国的《大众科学》列为年度百项最佳科技成果之一。

然而，当摩托罗拉公司费尽千辛万苦，终于在1998年11月1日正式将铱星系统投入使用时，命运却和摩托罗拉公司开了一个很大的玩笑——传统的手机已经完全占领了市场。由于无法形成稳定的客户群，铱星公司亏损巨大，连借款利息都偿还不起。摩托罗拉公司不得不将曾一度辉煌的铱星公司申请破产保护，并只好在回天无力的情况下，宣布终止铱星服务。

"铱星计划"的失败，除了管理决策构架臃肿、不能作出有效的市场开发决策、市场运营构架缺乏效率，还有以下两个重要原因：一是铱星定位远离市场需求。企业在开展研发活动前，应当根据实际需要，结合计划，开展可行性研究。摩托罗拉在研发前未能很好地权衡收益与成本，致使铱星系统的建设与维护成本高昂，将高科技与"贵族科技"画上了等号。铱星手机每部售价高达3000美元，通话费亦贵出普通手机数倍。过高的费用吓跑了许多崇尚高科技的手机消费者，未能很好地促进研发成果转化，致使摩托罗拉利益受损。二是铱星研发的前导期过长，待系统运营时，市场机会已经失去。"铱星计划"无疑是先进的，而摩托罗拉当初未考虑替代技术的发展。地面移动通信技术的成熟已大大挤压了铱星系统的市场空间。

8.1 研究与开发活动内部控制

8.1.1　研究与开发活动概述

研究与开发是企业核心竞争力的本源，是促进企业自主创新的重要体现，是企业加快转变经济发展方式的强大推动力。在经济全球化背景下，特别是为了抢抓后危机时期重要发展机遇，企业应坚定不移地走自主创新之路，重视和加强研究与开发，并将相关成果转化为生产力，在竞争中赢得主动权，夺得先机。《企业内部控制应用指引第10号——研究与开发》旨在有效控制研发风险，提升企业自主创新能力，充分发挥科技的支撑引领作用，促进实现企业发展战略。

8.1.2　研究与开发业务的关键内部控制

1. 立项

立项主要包括立项申请、评审和审批。该环节的主要风险是：研发计划与国家（或企业）科技发展战略不匹配，研发承办单位或专题负责人不具有相应资质，研究项目未经科学论证或论证不充分，评审和审批环节把关不严，可能导致创新不足或资源浪费。

主要的管控措施如下：

① 佚名. 解析"摩托罗拉"的战略迷途[J]. 时代经贸，2009(12)：92-95.

② 中国质量报. 铱星：无可奈何的陨落[EB/OL]. (2005-01-04)[2022-03-30]. http://finance.sina.com.cn/money/x/20050104/09211268383.shtml.

（1）建立完善的立项、审批制度，确定研究开发计划制订原则和审批人，审查承办单位或专题负责人的资质条件和评估、审批流程等。

（2）结合企业发展战略、市场及技术现状，制订研究项目开发计划。

（3）根据实际需要，结合研发计划，提出研究项目立项申请，开展可行性研究，编制可行性研究报告。

（4）按照规定的权限和程序进行审批，重大研究项目应当报经董事会或类似权力机构集体审议决策。

（5）制订开题计划和报告。

2. 研究过程管理

研发过程是研发的核心环节。实务中，研发通常分为自主研发、委托研发和合作研发。

1）自主研发

自主研发是指企业依靠自身的科研力量，独立完成项目，包括原始创新、集成创新和在引进消化基础上的再创新三种类型。其主要风险包括：

（1）研究人员配备不合理，导致研发成本过高、舞弊或研发失败。

（2）研发过程管理不善，费用失控或科技收入形成账外资产，影响研发效率，提高研发成本甚至造成资产流失。

（3）多个项目同时进行时，相互争夺资源，出现资源的短期局部缺乏，可能造成研发效率下降。

（4）研究过程中未能及时发现错误，导致修正成本提高。

（5）科研合同管理不善，导致权属不清，知识产权存在争议。

主要的管控措施如下：

（1）建立研发项目管理制度和技术标准、信息反馈制度和研发项目重大事项报告制度，严格落实岗位责任制。

（2）合理设计项目实施进度计划和组织结构，跟踪项目进展，建立良好的工作机制，保证项目顺利实施。

（3）精确预计工作量和所需资源，提高资源使用效率。

（4）建立科技开发费用报销制度，明确费用支付标准及审批权限，遵循不相容岗位牵制原则，完善科技经费入账管理程序。

（5）开展项目中期评审，及时纠偏调整；优化研发项目管理的任务分配方式。

2）委托（合作）研发

委托研发是指企业委托具有资质的外部承办单位进行研究和开发，合作研发是指合作双方基于研发协议，就共同的科研项目，以某种合作形式进行研究或开发。该环节的主要风险是：委托（合作）单位选择不当，知识产权界定不清。合作研发还包括与合作单位沟通障碍、合作方案设计不合理、权责利不能合理分配、资源整合不当等风险。

主要的管控措施如下：

（1）加强委托（合作）研发单位资信、专业能力等方面管理。

（2）委托研发应采用招标、议标等方式确定受托单位，制定规范详尽的委托研发合同，明确产权归属、研究进度和质量标准等相关内容。

（3）合作研发应对合作单位进行尽职调查，签订书面合作研究合同，明确双方投资、分工、权利与义务、研究成果产权归属等。

（4）加强项目的管理监督，严格控制项目费用，防止挪用、侵占等。

（5）根据项目进展情况、国内外技术最新发展趋势和市场需求变化情况，对项目的目标、内容、进度、资金进行适当调整。

3. 结题验收

结题验收是对研究过程形成的交付物进行质量验收。结题验收分检测鉴定、专家评审、专题会议三种方式。该环节的主要风险包括：由于验收人员的技术、能力、独立性等造成验收成果与事实不符；测试与鉴定投入不足，导致测试与鉴定的不充分，不能有效地降低技术失败的风险。

主要的管控措施如下：

（1）建立健全技术验收制度，严格执行测试程序。

（2）对验收过程中发现的异常情况应重新进行验收申请或补充进行研发，直至研发项目达到研发标准为止。

（3）落实技术主管部门验收责任，由独立的、具备专业胜任能力测试人员进行鉴定试验，并按计划进行正式的、系统的、严格的评审。

（4）加大企业在测试和鉴定阶段的投入，对重要的研究项目可以组织外部专家参加鉴定。

4. 研究成果开发

研究成果开发是指企业将研究成果经过开发过程转换为企业的产品。该环节的主要风险包括：研究成果转化应用不足，导致资源闲置；新产品未经充分测试，导致大批量生产不成熟或成本过高；营销策略与市场需求不符，导致营销失败。

主要的管控措施如下：

（1）建立健全研究成果开发制度，促进成果及时有效转化。

（2）科学鉴定大批量生产的技术成熟度，力求降低产品成本。

（3）坚持开展以市场为导向的新产品开发消费者测试。

（4）建立研发项目档案，推进有关信息资源的共享和应用。

5. 研究成果保护

研究成果保护是企业研发管理工作的重要组成部分。有效的研发成果保护，能维护研发企业的合法权益。该环节的主要风险是：未能有效识别和保护知识产权，权属未能得到明确规范，开发出的新技术或产品被限制使用；核心研究人员缺乏管理激励制度，导致形成新的竞争对手或技术秘密外泄。

主要的管控措施如下：

（1）进行知识产权评审，及时取得权属。

（2）研发完成后确定采取专利或技术秘密等不同保护方式。

（3）利用专利文献选择较好的工艺路线。

（4）建立研究成果保护制度，加强对专利权、非专利技术、商业秘密及研发过程中形成的各类涉密图纸、程序、资料的管理，严格按照制度规定借阅和使用，禁止无关人员接触研究成果。

（5）建立严格的核心研究人员管理制度，明确界定核心研究人员范围和名册清单并与之签署保密协议。

(6) 企业与核心研究人员签订劳动合同时,应当特别约定研究成果归属、离职条件、离职移交程序、离职后保密义务、离职后竞业限制年限及违约责任等内容。

(7) 实施合理有效的研发绩效管理,制定科学的核心研发人员激励体系,注重长效激励。

8.2 | 工程项目内部控制

工程项目,是指企业自行或者委托其他单位所进行的建造、安装活动,包括企业自行建造房屋、建筑物、各种设施,以及进行大型机器设备的安装工程、固定资产建筑工程、安装工程、技术改造工程、大修理工程等。

8.2.1 工程项目的业务流程

工程项目的基本流程包括工程立项、工程设计、工程招标、工程建设、工程验收和项目后评估六大环节。

(1) 工程立项是对拟建项目的必要性和可行性进行技术经济论证,对不同建设方案进行技术经济比较并作出判断和决定的过程。

(2) 工程设计是根据建设工程的要求,对可行性研究的深入和继续,对建设工程所需的技术、经济、资源、环境等条件进行更加深入细致地分析,编制建设设计文件和绘制施工图的工作。工程设计是工程是否能如期保质完成的关键。工程设计一般分为初步设计和施工设计,对于技术上比较复杂的工程项目,在施工设计之前还应进行技术设计。

(3) 工程招标是建设单位在立项之后、项目发包之前,依照法定程序以公开招标或邀请招标等方式,鼓励潜在的投标人依据招标文件参与竞争,通过评标择优选定中标人的一种经济活动。工程招标一般包括招标、投标、开标、评标和定标五个主要环节。

(4) 工程建设指的是工程建设实施,即施工阶段。建设成本、进度和质量的具体控制主要就在这一阶段。工程建设阶段的主要工作有工程监理、工程物资采购、施工及施工组织、资金管理、工程价款结算等。

(5) 工程验收,又称竣工验收,是指工程项目竣工后由建设单位会同设计、施工、监理单位及工程质量监督部门等,对该项目是否符合规划设计要求以及建筑施工和设备安装质量进行全面检验的过程。竣工验收一般建立在分阶段验收的基础之上,前一阶段已经完成验收的工程项目在全部工程验收时原则上不再重新验收。竣工验收是全面检验建设项目质量和投资使用情况的重要环节。

(6) 项目后评估是指在建设项目已经完成并运行一段时间后,对项目的目的、执行过程、效益、作用和影响进行系统的、客观的分析和总结的一种技术经济活动。

8.2.2 工程项目的关键内部控制

1. 立项与招标控制

第一,企业应当根据发展战略和年度投资计划,提出项目建议书,进行可行性研究,编制可行性研究报告,重点关注国家产业政策和环境保护要求等因素。

企业可以委托专业机构开展可行性研究,并组织专业人员对可行性研究报告进行评审,出具评审意见。

建设单位在工程立项决策阶段,作为投资的主体应积极参与工程造价管理,充分发挥自身主体优势的作用。在这一阶段,对工程造价的管理重点是积极参与项目决策前的准备工作,认真搜集有关基础数据,如为进行工程的选址、设计、技术、经济分析提供可靠的自然、地理、气象、水文、地质、社会、经济、交通运输、环境保护等基础数据资料,并委托有相应资质的单位,在认真调查研究的基础上,实事求是地进行技术经济论证,编制一份具有真实性和科学性的可行性研究报告和投资估算报告。

第二,企业应当按照规定的权限和程序对工程项目进行决策。重大工程项目,应当报经董事会或者类似决策机构集体审议批准,任何个人不得单独决策或者擅自改变集体决策意见。工程项目决策失误应当实行责任追究制度。

企业工程项目的决策依据应当充分、适当,决策过程应当科学规范。具体控制政策和措施包括以下事项。

a. 企业应当建立工程项目决策环节的控制制度,对项目建议书和可行性研究报告的编制、项目决策程序等作出明确规定,确保项目决策科学、合理。

企业要组织工程、技术、财会、法律等部门的相关专业人员对项目建议书和可行性研究报告的完整性、客观性进行技术经济分析和评审,出具评审意见,作为项目决策的重要参考依据。可行性研究是项目投资前期的一个决定性阶段,是投资前期工作的核心内容。可行性研究考虑的因素一般有以下三方面:市场分析、技术分析、财务经济分析。按照惯例,占重要地位的市场研究总是第一个分析对象,市场现存或潜在的需求是一切投资的动因,原料的投入或者基础设施情况是重要内容。可行性分析的另一个重要内容是技术分析,包括工程项目适用技术在一定范围的同行中的地位、具体制造与工艺技术、设备选型、土建施工、安装和经营管理技术等。财务状况和经济分析是确定项目是否可行的决定因素。工程项目是一笔巨大的投资,而投资是旨在获得更多回报的货币垫付行为。如果不能保证投资能带来比存款利息高得多的回报,企业就不会投资于这个项目。财务经济分析包括阐述与分析筹资的来源、方式及成本,核算生产成本,分析该项目的预期投资回报率和预期投资回收期。

经过以上分析,可形成一份工程项目可行性研究报告。上述工程项目建议书和可靠性研究报告必须提交企业最高决策机构,由它们聘请专家或委托有资格的咨询公司进行评估。项目评估重点评价拟建项目是否符合企业的战略,在技术与工程上是否可行,经济效益是否良好。未经这一评估程序的项目不得立项,更不能付诸招标。

b. 企业应当根据职责分工和审批权限对工程项目进行决策,决策过程应有完整的书面记录。重大的工程项目,应当报经董事会或者类似决策机构集体审议批准。严禁任何个人单独决策工程项目或者擅自改变集体决策意见。企业应当建立工程项目决策及实施责任制度,明确相关部门及人员的责任,定期或不定期地进行检查。

c. 企业应当根据国家有关规定和企业实际情况,合理确定工程项目建设方式。对需要委托其他单位承担的工程项目,应当区别不同的发包方式(如包工包料、包工不包料等),制定相应的控制程序。

第三,企业应当根据项目性质和标底金额,明确招标范围和要求,规范招标程序,不得人为肢解工程项目规避招标。企业通常应当采用招标形式确定设计单位和施工单位,明确工程项目预期实现的目标和具体要求,确保招标过程公开、公正、透明。

建设工程招标投标制度是控制工程造价的有效手段,建设单位应充分利用这一有效的竞争手段进行工程造价控制。

a. 编制灵活的招标文件。

按照《工程建设项目施工招标投标办法》规定,施工招标文件应包括:招标公告或投标邀请书、投标人须知、合同主要条款、投标文件格式、技术条款、设计图纸以及评标标准和方法等。实践表明,一份严密、准确的招标文件能很好地保证建设工程合同造价的合理性、合法性,有效地控制工程投资造价。

b. 确定合理的标底。

标底是工程造价的表现形式之一,是建设单位对工程的期望价格,主要包括招标单位对招标人技术力量情况、信誉、预期工程造价和质量标准等综合文件。在目前情况下,工程建设项目设置标底有助于规范建筑市场秩序,有助于建设单位了解工程造价的有关情况,同时标底还可作为评价标价合理与否的参考。

c. 工程造价确定原则和办法。

按照《中华人民共和国招标投标法》的相关规定,工程造价确定原则有两种:一是能最大限度地满足招标文件中规定的各项综合评价标准;二是满足招标文件实质性要求,并已通过评审,投标价格最低。一般大中型工程,技术复杂、专业项目多、难度大,这类工程的造价确定一般采用分项评议和综合评议相结合的办法,适用第一条造价确定原则。小型建设工程项目,技术复杂程度小,可采用第二条原则。

确定工程造价评标办法:①最低标价法是投标人的投标文件中能实质性响应文件各项规定要求的方法。需要明确的是,这里的投标价是经过评审修正处理后以保证各投标人报价在同等条件下的最低价,而不一定是开标时的最低报价。②综合评标法是根据工程的特点和自身的期望确定若干个目标指标,设定加减分因素,通过评审和比较,综合得分高者为推荐中标人。

经过审定以后的标底中的造价,是招标工程的预期价格,一般来说,建设单位应选定技术能力强、管理水平高、信誉可靠、质量保证措施完善、报价合理的承建单位,并以合同方式约束双方在施工过程中的经济活动,这是控制工程造价的关键环节。

2. 建设与验收控制

企业应当加强工程项目建设过程和验收环节的监控,落实责任制,实行严格的概预算管理,严把质量关,确保工程项目达到设计要求。

第一,企业应当实行严格的工程监理制度。工程监理人员应当深入施工现场,监控工程进度和质量,及时发现和纠正建设过程中的问题。工程监理人员应当具备相应的资质和良好的职业操守。

第二,企业应当加强对工程价款结算的管理,明确价款结算的条件、方式、金额等内容,确保工程款项按合同约定或工程进度及时、准确支付。具体控制政策和措施包括:

a. 企业应当建立工程进度价款支付环节的控制制度,对价款支付的条件、方式及会计核算程序作出明确规定,确保价款支付及时、正确。

企业会计人员应当对工程合同协议约定的价款支付方式、有关部门提交的价款支付申请及凭证、审批人的批准意见等进行审查和复核。复核无误后,方可办理价款支付手续。工程进度款的支付要按工程项目进度或者合同协议约定进行，不得随意提前支付。企业会计人员在办理价款支付业务过程中发现拟支付的价款与合同协议约定的价款支付方式及金额不符，或与工程实际完工进度不符等异常情况，应当及时报告。

b. 对于自行建造的工程项目，以及以包工不包料方式委托其他单位承担的工程项目，企业应当建立针对材料采购、收发、保管和记录相关的控制程序。

计划部门应当合理安排施工任务和进度，选择最佳施工方案，配合财务部门做好成本计划的编制工作。材料供应部门应当建立和健全材料制度，加强对材料采购和收、发、领、退的管理，努力降低材料的采购成本、节约仓储保管费，降低材料费支出。劳动工资管理部门应当加强对劳动力的管理，改善劳动组织，严格控制非生产用工，调动职工的积极性，提高劳动效率，节约工资支出。生产技术部门则需做好技术组织措施计划的编制和贯彻工作，以保证降低成本计划的实现。设备管理部门必须加强机械设备的调度和维修，以保证企业机械设备的完好率和利用率。行政管理部门应当精简机构，紧缩开支，节约行政管理费用等。建立健全材料的收、发、领、退制度。实行限额领料制度是节约材料费支出的重要措施。

c. 企业应当严格控制项目变更，对于必要的项目变更应经过相关部门或中介机构（如工程监理、财务监理等）的审核。重大的项目变更应比照项目决策和概预算控制的有关程序加以严格控制。因工程变更等原因造成价款支付方式及金额发生变动的，应当提供完整的书面文件和其他相关资料。企业会计人员应当对工程变更所涉及的价款支付进行审核。

d. 企业应当加强对工程项目资金筹集与运用、物资采购与使用、财产清理与变现等业务的会计核算，真实、完整地反映工程项目成本费用发生情况、资金流入流出情况及财产物资的增减变动情况。

e. 企业应当加强对在建工程项目减值情况的定期检查和归口管理，建立健全和严格执行减值准备的计提标准和审批程序。

f. 企业应当针对工程项目质量、安全、进度等方面建立健全和有效实施相应的控制程序。一般工程施工期较长，而这阶段对工程质量来说又特别重要，因此，企业应加强施工阶段的监督管理，保证工程质量。企业可以由专门小组也可以委托专门的监理机构进行工程质量监督。

第三，企业应当严格控制工程变更。确需变更的工程项目，应当按照规定的权限和程序进行审批。

第四，企业应当及时编制竣工决算，开展决算审计，组织专业人员进行竣工验收，重点关注项目投资额、概预算执行、资金管理、工程质量等内容。验收合格的工程项目，应当编制财产清单，及时办理资产移交手续。

a. 企业概预算编制的依据、内容、标准应当明确规范。具体控制政策和措施包括：

（a）企业应当建立工程项目概预算环节的控制制度，对概预算的编制、审核等作出明确规定，确保概预算编制科学、合理。组织工程、技术、财会等方面的相关专业人员对编制的概预算进行审核，重点审查编制依据、工程量的估计、定额、参数、模型等的采用是否合理，项目内容是否完整，计算是否准确。

（b）审核人员应出具书面审核意见，并签章确认。

b. 竣工决算环节的控制流程应当科学严密，竣工清理范围、竣工决算依据、决算审计要求、竣工验收程序、资产移交手续等应当明确。工程项目的确认、计量和报告应当符合国家

统一的会计准则制度的规定。具体控制政策和措施应当包括:

(a) 企业应当建立竣工决算环节的控制制度,对竣工清理、竣工决算、决算审计、竣工验收等作出明确规定,确保竣工决算真实、完整、及时。应建立竣工清理制度,明确竣工清理的范围、内容和方法,如实填写并妥善保管竣工清理清单。加强对工程剩余物资的管理,对需处置的剩余物资,应当明确处置权限和审批程序,并将处置收入及时入账。

(b) 企业应当依据国家法律法规的规定及时编制竣工决算。竣工决算是以货币为计量单位,以日常核算资料为主要依据,通过编制报表和文字说明书的方法,综合反映经济活动和财务成果的总结性报告文件,竣工决算是综合反映工程项目从筹建到竣工全过程的财务状况和建设成果。

竣工决算由竣工决算报表和竣工财务决算情况说明书两部分组成。竣工决算报表一般包括:竣工工程概况表、竣工财务决算表、交付使用资产总表、建设成本总表、未完工程项目表等。

(c) 企业应当建立竣工决算审计制度,及时组织竣工决算审计。

未实施竣工决算审计的工程项目,原则上不得办理竣工验收手续。因生产经营急需组织竣工验收的,应同时组织竣工决算审计。

企业应当及时组织工程项目竣工验收,确保工程质量符合设计要求。应对竣工验收进行审核,重点审查验收人员、验收范围、验收依据、验收程序等是否符合国家有关规定,并可聘请专业人士或中介机构帮助企业验收。

验收合格的工程项目,应当及时编制财产清单,办理资产移交手续,并加强对资产的管理。

(d) 企业应当建立工程项目后评估制度,对完工工程项目的经济性与项目建议书和可行性研究报告提出的预期经济目标进行对比分析,并作为绩效考核和责任追究的基本依据。主要从技术、财务和经济三方面,对项目建成后实际达到的各项指标进行分析总结,并与可行性研究方案、计划任务书、设计、计划、概预算等资料进行对比,以检查预计与设计的完成程度,分析完成或未完成的原因,借以总结经验和教训,为今后投资决策提供参考资料。

8.2.3 评估与披露

企业应当建立工程项目评估制度,加强对工程立项、招标、建设和验收过程的跟踪管理和全面评估,发现异常情况,应当及时报告,采取措施妥善处理。企业应当披露重大在建项目的主要风险等内容。

案例讨论 8-1

施工进度失控,工期延长两年①

瓯南大桥工程于 2000 年 3 月批准立项,2003 年 7 月 6 日开工建设,工程概算 16 400 万元(不包括两岸引桥引道拆迁费用),工期 20 个月。原定 2005 年 3 月份建成通车的大桥工程,直到 2007 年 4 月才建成通车。

工程的大幅度延期,导致项目的一系列问题。一方面,由于工程拆迁不到位,引起管理费增加。在瓯南

① 叶胜春.施工企业内部会计控制体系的构建——以温州瓯南大桥为例[J].市场论坛,2007(10):82-84.

大桥总体施工方案中,要求两岸提供引桥引道拆迁用地的时间是 2004 年 6 月 30 日前,但两岸引桥引道用地迟迟未能全部提供,施工场地受到限制,施工计划一直不能正常开展。计划工期由原来的 20 个月拖延成为实际工期 44 个月,从而随之增加了 24 个月的管理费用的开支。另一方面,受施工期间主材大幅度涨价的影响。瓯南大桥的施工承包单位原来是偏低价中标,签订的是闭口合同,也就是履行合同期间不予调价,但在 3 年多的施工期间,主材大幅度涨价,使得他们亏损经营,资金周转十分困难。

瓯南大桥延迟了近 24 个月才能顺利通车,除了难以预测的外部客观条件的影响外,对工程进度的管控措施不到位是其主要原因之一。对工程进度的管控,监理单位应当建立监理进度控制体系,明确相关程序、要求和责任;承包单位应按合同规定的工程进度编制详细的分阶段或分项进度计划,报送监理机构审批后,严格按照进度计划开展工作;承包单位至少应按月对完成投资情况进行统计、分析和对比,在工程的实际进度与批准的合同进度计划不符时,承包单位应提交修订合同进度计划的申请报告,并附原因分析和相关措施,报监理机构审批。

8.3 担保业务内部控制

《企业内部控制应用指引第 12 号——担保》中所称担保,是指企业作为担保人按照公平、自愿、互利的原则与债权人约定,当债务人不履行债务时,依照法律规定和合同协议承担相应法律责任的行为。担保制度起源于商品交易活动,只有当商品交易从早期的以物易物或者是钱货两清的即时交易发展到赊购赊销业务时,担保才逐渐产生。一方面,担保有利于银行等债权人降低贷款风险;另一方面,担保使债权人与债务人形成了稳定可靠的资金供需关系。

8.3.1 担保业务内部控制的相关概述

建立健全担保内部控制制度,是规范担保行为、降低担保风险的有效途径,而在各控制关键点建立一套相互牵制、相互稽查、相互监督的内部控制体系,是企业内部控制制度的中心环节,其根本目的在于规范担保行为、防范担保风险、促进企业资金良性循环。

企业在建立与实施担保业务内部控制过程中,至少应当强化对下列关键方面或关键环节的控制:

(1) 职责分工、权限范围和审批程序应当明确规范,机构设置和人员配备应当科学合理。

(2) 担保的对象、范围、条件、程序、限额和禁止担保的事项应当明确规范。

(3) 担保评估应当科学严密。

(4) 担保执行环节的控制措施应当充分有效。

8.3.2 担保业务的关键内部控制

1. 担保评估与审批控制

(1) 首先我们着重探讨对外担保对上市公司的风险,上市公司对外担保风险归纳起来有以下 5 种:

a. 对担保公司自身的风险。对外担保对上市公司的风险是非常直接的,一旦被担保公司没有按期履行还款协议,则担保公司就成了还款的责任人。

b. 对流通股股东的风险。不论是对外提供担保的公司本身出了问题,还是公司高管出了问题,最后都要影响担保公司的股价,流通股股东只能被动地为这些问题公司"买单"。

c. 对担保链上其他公司的风险。上市公司的对外担保一旦出了问题,影响的就不仅是该上市公司本身,通常还会牵出担保链上的其他公司,将给整个担保链或担保圈造成极其不良的后果。

d. 对证券市场的风险。上市公司担保链或担保圈上的某一环节出了问题后,它所带来的风险往往不是个别的,会对整个证券市场造成不良的后果。

e. 担保带来的金融风险。上市公司的每一笔对外担保都会牵扯到银行,担保圈越大、担保关系越复杂,涉及的银行也越多。随着担保圈中名目繁多、金额巨大的各类对外担保的到期,对外担保的风险也将逐渐显现。担保链或担保圈中某一环节出现了问题,就会导致担保关系的恶化,银行的风险也就难以避免,进而增大担保圈所在地整个金融系统的风险。

(2) 企业对担保业务进行风险评估,至少应当采取下列措施:

a. 审查担保业务是否符合国家有关法律法规以及本企业发展战略和经营需要。

b. 评估申请担保人的资信状况,评估内容一般包括:申请人基本情况、资产质量、经营情况、行业前景、偿债能力、信用状况用于担保和第三方担保的资产及其权利归属等。

c. 审查担保项目的合法性、可行性。

d. 综合考虑担保业务的可接受风险水平,并设定担保风险限额。

e. 企业要求申请担保人提供反担保的,还应当对与反担保有关的资产状况进行评估。

(3) 被担保人出现下列情形之一的,企业不得提供担保:

a. 担保项目不符合国家法律法规和政策规定的。

b. 已进入重组、托管、兼并或破产清算程序的。

c. 财务状况恶化、资不抵债的。

d. 管理混乱、经营风险较大的。

e. 与其他企业存在经济纠纷,可能承担较大赔偿责任的。

(4) 担保审批控制。企业应当按照确定的权限对担保业务进行严格审批。重大担保业务,应当报经董事会或者企业章程规定的类似决策机构批准。其中上市公司须经股东大会审核批准的对外担保,包括但不限于下列情形:

a. 上市公司及其控股子公司的对外担保总额,超过最近一期经审计净资产50%以后提供的任何担保。

b. 为资产负债率超过70%的担保对象提供的担保。

c. 单笔担保额超过最近一期经审计净资产10%的担保。

d. 对股东、实际控制人及其关联方提供的担保。

2. 担保执行控制

担保业务经过董事会的集体决策通过后,再由担保业务部门与担保申请人签订担保合同。这就进入了担保业务的执行阶段,执行阶段主要是围绕担保合同以及担保财产的管理进行控制。

1) 对担保执行控制的要求

企业有关部门或人员应当根据职责权限,按规定的程序订立担保合同协议。订立担保合同协议应当符合合同协议内部控制相关规定。

企业应当在担保合同协议中明确要求被担保人定期提供财务报告与有关资料,并及时报告担保事项的实施情况。

企业应当加强对担保合同协议的管理,指定专门部门和人员妥善保管担保合同协议、与担保合同协议相关的主合同协议、反担保函或反担保合同协议,以及抵押、质押权利凭证和有关的原始资料,保证担保项目档案完整、准确,并定期进行检查。

2)避免违规担保

违规担保的成因主要集中在两个方面:一是担保未经董事会或股东大会批准,程序不规范;二是在一股独大的背景下,上市公司的独立性难以保证。

在公司董事、高管私自以公司名义对外作出的担保中,除非债权人知道其越权或应该知道其超过权限,否则上市公司仍应承担赔偿责任。

加快建立健全公司内部的制衡机制和内控机制,尤其是充分重视和发挥独立董事制度的监督作用,堵住恶意担保的制度源头,显得尤为重要。

3)风险预警流程

部门经理或总经理应指令担保业务部门定期或不定期委托评估部门或机构评估被担保企业的行业风险、财务风险和经营风险,评估部门或机构把评估报告提交给担保业务部门,由担保业务部门再转交给部门经理或总经理,使部门经理或总经理及时掌握被担保企业的资料信息,当被担保企业的风险值达到担保企业的警戒线时就要及时采取措施,如提取担保风险准备金。

4)履行连带赔偿责任时的控制

企业对外提供担保预计很可能承担连带赔偿责任的,应当按照国家统一的会计准则制度的规定对或有事项的规定进行确认、计量、记录和报告。

当被担保企业无法偿还到期债务,由于担保企业负有连带偿还责任,担保受益企业要求担保企业偿还债务,此时由担保业务部门把担保受益企业的求偿要求提交给部门经理或总经理;部门经理或总经理再把索赔通知和担保合同提交给董事会进行决策;董事会把经过集体决策的意见传达给担保业务部门;担保业务部门将董事会决策意见转交财务部门,财务部门再会同法律部门和担保业务部门向担保受益企业支付款项。

案例讨论 8-2

隐形担保,"慷慨"散财①

沧化公司在 2006 年年报中称,宽宏工贸公司为流通企业,基本无资产,目前停止经营且被起诉。由于该公司无偿债能力,本公司将承担其 100% 的担保债务。但是,在对宽宏工贸公司的贷款担保中,沧化公司并未要求其提供反担保。

自 2003 年开始,沧化公司为宽宏工贸公司累计提供了 105 475 万元的贷款担保。对此,沧化公司在 2003—2005 年的年报中均未披露过。为何沧化公司如此大量地对一家并无固定资产的流通企业提供如此高额担保,且不予披露?沧化公司相关人员透露:宽宏工贸公司和沧化公司没有关联关系,只要双方法人都认可就可以,提供担保没有具体的原因。

沧化公司在对外担保中主要存在以下问题:一是对担保申请的审核不严。企业应建立担保政策和相关管理制度,并按此对担保申请人提出的担保申请进行审核。沧化公司觉得只要双方法人都认可就可以提供担保,并没有具体的原因,最终给企业带来了很大损失。二是调查评估与审批不严。沧化公司对宽宏工贸公司提供担保时,并没有对该公司的经营状况、偿债能力等进行详细的调查,也没有对担保风险进行有效评

① 证券市场周刊.「河北担保圈」处处设伏 隐性担保拖累*ST 沧化重组[EB/OL].(2007-08-13)[2022-03-30]. http://www.p5w.net/stock/news/gsxw/200708/t1147636.htm.

估,随便提供担保,最终承担了其100%的担保债务,无异于"慷慨"散财。三是没有要求提供反担保。《关于规范上市公司与关联公司资金往来及上市公司对外担保若干问题的通知》规定,上市公司对外担保必须要求对方提供反担保,且反担保的提供方需具有实际承担能力。四是没有按照国家有关法律、法规和信息披露内部控制相关规定对担保业务进行披露。对宽宏工贸公司的贷款担保,沧化公司在2003—2005年的年报中均未披露过。

8.4 | 业务外包内部控制

业务外包是指企业利用专业化分工优势,将日常经营中的部分业务委托给本企业以外的专业服务机构或经济组织(以下简称承包方)完成的经济行为,通常包括研发、资信调查、可行性研究、委托加工、物业管理、客户服务、IT服务等。随着社会主义市场经济发展及国际产业分工呈细化趋势,我国业务外包市场必将有较大发展。

此处给企业提出外包候选业务的四条考虑标准,以供参考。

(1) 经常性的活动,即使其为核心或高技术业务。

(2) 能够从企业整个体系与管理链条中分离而单独定义清楚的业务。

(3) 能被有效衡量保证"伸手可及"的管理的活动。

(4) 能找到几家以上外包提供商提供服务的相应业务。

8.4.1 业务外包的业务流程

业务外包流程主要包括:制定业务外包实施方案、审核批准、选择承包方、签订业务外包合同、组织实施业务外包活动、业务外包过程管理、验收、会计控制等环节。①制定业务外包实施方案,是指企业根据年度生产经营计划和业务外包管理制度,结合确定的业务外包范围,制定实施方案。②审核批准是指企业应当按照规定的权限和程序审核批准业务外包实施方案。③选择承包方是指企业应当按照批准的业务外包实施方案选择承包方。④签订业务外包合同是在签订业务外包合同确定承包方后,企业与选定的承包方签订的旨在约定,约定业务外包的内容和范围,双方权利和义务,服务和质量标准,保密事项,费用结算标准和违约责任等事项书面文书。⑤组织实施业务外包活动是指企业严格按照业务外包管理制度、工作流程和相关要求,组织业务外包过程中人、财、物等方面的资源分配,建立与承包方的合作机制,为下一环节的业务外包过程管理做好准备,确保承包方严格履行业务外包合同。⑥业务外包过程管理是指根据业务外包合同的约定,承包方会采取在特定时点向企业一次性交付产品或在一定期间内续提供服务的方式交付业务外包成果。⑦验收是指对外包业务完成并作出终结的过程。⑧会计控制是指企业应当根据国家统一的会计准则制度,加强对外包业务的核算与监督,并做好外包费用结算等工作。

8.4.2 业务外包的关键内部控制

1. 科学合理的外包策略

1) 外包策略

企业应当制定科学合理的业务外包策略,根据外部环境要求和中长期发展战略需要,合理确定业务外包内容,避免将核心业务外包。

所谓业务外包,是企业通过与外部其他企业签订契约,将一些传统上由公司内部员工负责的业务外包给专业、高效的服务提供商的经营形式。

表面看来业务外包与企业一体化是截然相反的两种经营策略。一体化战略是将供应链上的其他业务包揽到企业内部来,简化了供应链的管理,使市场的交易活动变成企业内部的协调;而业务外包则是将企业内部员工负责的业务由市场交易来完成,以降低生产成本,提高生产效率,从而使自己的产品更具有竞争力。业务外包可以理解为一种经营管理的策略,简化了企业的管理环节。但是细观之下我们不难发现两者相同的地方,最终目的依然是获取持续的竞争优势。

业务外包则可通过承包方分担企业的固定成本,并将固定成本转化为可变成本,从而减少企业的压力,使企业在开发和生产新产品的核心业务上更加灵活和高效。

业务外包首先应该清楚什么业务是企业具有核心竞争力的业务,可以外包出去的业务必然是非核心业务。

2)承包商选择

企业应当建立承包方资质审核和遴选制度,确保引入合格的外包合作伙伴。承包方的遴选一般应当考虑下列因素:①承包方的服务能力、资格认证和信誉;②承包方与本企业是否存在直接竞争或潜在竞争关系;③承包方就知识产权保护方面的力度和效果。

企业应当引入承包方竞争机制。发包方可以选择多家企业作为业务承包方,以促进承包方不断改进服务能力,并降低一方服务失败可能给企业带来的损失。

企业作出了外包的决定之后,接下来的工作就是找一个合适的承包商。企业一方面要充分了解承包方的情况,一方面要向承包方坦诚地提出自己的所有要求;并不是说不能尝试选择新的承包商。他们往往刚进入市场,价格比较便宜,为了树立品牌,也会注重服务品质。发包方在不是充分确信的情况下,可以先小范围地尝试一下,把业务流程的一小部分外包给他们做,如果效果好的话再逐步增加分量,以降低风险。至于外包时选择单一的承包商,还是选择几家承包商,各有利弊。

3)外包合同协议管理制度

企业应当建立规范的外包合同协议管理制度。企业应当根据外包业务性质的不同,及时与承包方签订不同形式的合同协议文本,包括:技术协议书、外包加工协议、规划试验大纲、咨询合同协议等。

外包合同协议的订立、履行流程及其控制应符合《企业内部控制应用指引第 16 号——合同管理》的有关规定。

除了合同协议约定的保密事项,企业应当根据业务外包项目实施情况和外界环境的变化,不断更新、修正保密条款,必要时可与承包方补签保密协议。

在价格方面,发包方要清楚自己的底价。每一年都要回顾上一年的价格,并和当前的情况相比,通过科学计算,看是否和预测的指数一致。如果不一致的话就进行相应的调整,而不是基于大概的猜测。

2. 外包业务控制

对外包业务流程的控制,如外包业务参与人员主要职责、资产管理政策、流程中断应急措施等内容,要及时的发现问题,报业务主管部门负责人,并经企业总经理审批通过后执行,及时地解决问题。

对外包活动进行监督和控制是外包决策顺利实施的重要保证,该环节的缺失是众多外包案例失败的重要原因。因此,在合作一开始,就必须建立切实可行的监管机制,由双方的管理小组及相关用户定期举行会议,审查外包合同是否得到正确的执行,并制定标准对执行的业绩进行评分考核。

案例讨论 8-3

优势互补,互利双赢①

"我们要像送鲜花一样送啤酒,把最新鲜的啤酒以最快的速度、最低的成本送给消费者品尝。"青啤人如是说。为了这一目标,青岛啤酒股份有限公司(以下简称"青岛啤酒")与香港招商局共同出资组建了青岛啤酒招商物流有限公司(以下简称"招商物流")。双方开始了物流领域的全面合作。

尽管是合作,青岛啤酒却得以完全从自己并不在行的领域里抽身而出,将自己的运输配送体系外包给招商物流,而招商物流与青岛啤酒合作,仅输出管理,接管青岛啤酒的公路运输业务和仓储、配送业务,并无任何硬件设施的投资。

自从合作以来,将啤酒运往外地的速度比以往提高了 30% 以上。山东省 300 千米以内区域的消费者都能喝到当天的啤酒,300 千米以外区域的消费者原来喝到青岛啤酒需要 3 天左右,现在也能喝到出厂 1 天的啤酒了。

在本案例中,青岛啤酒将自己不擅长的业务外包给招商物流,而集中力量提高核心业务能力。这样,不但可以节约资源、节约成本,还能够充分发挥合作双方的优势,为社会提供更好的产品与服务。通过与招商物流的合作,青岛啤酒在物流效率的提升、成本的降低、服务水平的提高等方面成效显著。据介绍,自1997 年开始,青岛啤酒公司就开始进行物流提速的投资,在 4 年间共斥资 4 000 多万元,进口大型运输车辆 40 余部,以保证向全国客户按时供货。青岛啤酒维护自身并不具备优势的自营运输业务,其车队每年有近 800 万元的潜亏,而与招商物流的合作恰好使青岛啤酒固化在物流上的资产得以盘活。此次物流外包结合了招商物流的专业物流管理经验和青岛啤酒优质的物流资产双重优势,是一次优势互补的双赢合作。

本 章 小 结

本章主要阐述内部控制的相关业务控制活动,从研究与开发、工程项目、业务外包、担保业务入手,分析其关键控制环节,提高企业的发展战略实现。

重 要 概 念

研究与开发 工程项目 业务外包 担保业务 外包合同

推荐阅读资料

8-1 课后
练习题

刘永泽,池国华.内部控制[M].大连:东北财经大学出版社,2016.

---

① 郇丽.青岛啤酒:外包物流保险速度[J].商学院,2003(6):10-12.

第9章　企业内部控制支持系统

内容提要

　　本章主要阐述全面预算、合同管理、内部信息传递和信息系统指引。通过预算、合同管理等控制,使得企业的经营目标转化为各部门、各个岗位以至个人的具体行为目标,并作为各责任单位的约束条件,能够从根本上保证企业经营目标的实现。

重点难点

　　本章的重难点在于要求学生掌握企业内部控制应用指引——全面预算、合同管理、内部信息传递、信息系统,并能结合风险点阐述相关内容。

学习目标

　　控制手段类应用指引偏重"工具"性质,往往涉及企业整体业务或管理,本章希望通过学习,使学生能了解相关风险以及管控措施,并能够结合相关案例进行分析。

知识框架

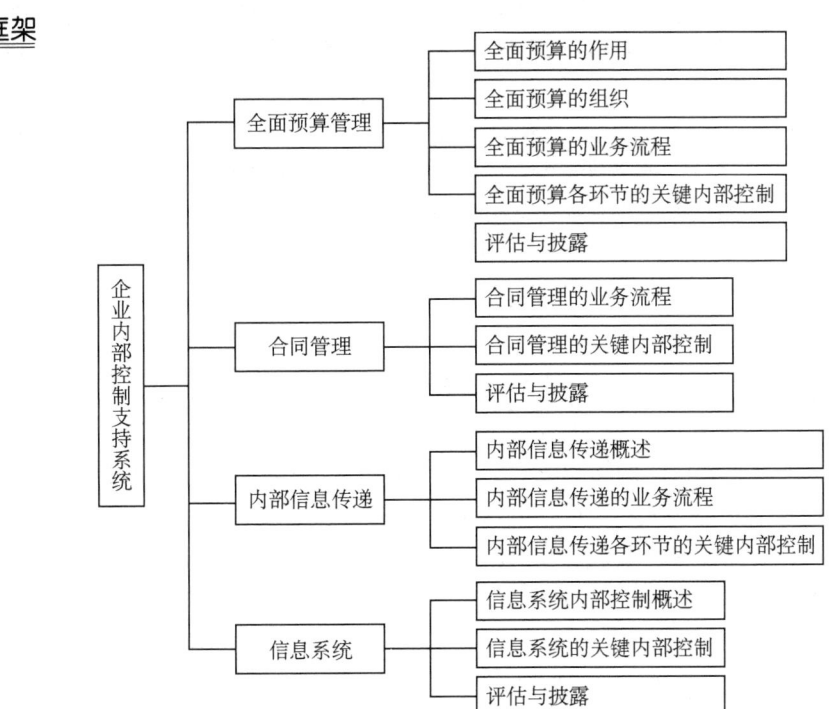

引入　政策趋紧房地产企业力推全面预算管理[①]

2010年最热门的话题莫过于房地产了,2010年国家相继出台了一系列的房地产调控政策,如2009年12月中旬,五部委联合下发的《关于进一步加强土地出让收支管理的通知》中明确规定开发商拿地的收付款要求至少50%;2010年3月19日国资委发表声明,勒令78家不以房地产为主业的央企退出房地产业。大环境的改变使得不少房地产商要开始规划未来。某公司以房地产为主业之一,其财务总监说:"房地产经过金融危机的洗牌,外部竞争更加激烈,企业风险意识更强,全面预算管理等已被大公司提上管理日程。看来,危机来临,全面预算管理被'扶正'。

诺亚舟咨询公司为瑞安地产设计了预算管理系统,建立了周期为18个月的滚动预算,以做到数据的实时更新。根据实际情况和年度预算目标的差异,在系统中对后续阶段的预算进行调整。调整的内容包括收入、回款、费用、项目资金支付等情况。此外,该咨询公司还专门针对房地产业周期性长的特点,为瑞安地产设计了9年规划,关注每个项目内收益率的计算。

随着国家各部门对房地产业调控措施的出台,我们看到各方对房地产业都"吝啬"起来,现在政府出让土地越来越严格,房地产商拿地的成本升高,同时银行也对房地产企业的贷款采取了严格的审核,提出了严苛的限制条件,采取了一系列收紧银根的措施,谨慎授信房地产企业。在这种"内忧外患"的大环境下,控制成本,引入全面预算管理是房地产企业有效应对这场危机的关键手段之一。

全面预算管理,是指企业对所有资源力争进行最合理的配置,并分析、协调、控制预算的执行,即围绕企业的战略目标,对销售及收入、生产、成本、费用、资金等各方面进行分析、预测和决策,从而有计划地开展企业的所有经营活动。全面预算管理要有前瞻性。

众所周知,房地产企业是资金密集型企业,开发投资额较大,开发建设周期长,这种行业特点使得房地产商必须把未来规划好、资金安排好。长期资金如果规划不好,就很有可能出现顺驰房地产这类资金链断裂的情况。全面预算管理可以为确定和控制开发总投资额、合理确定商品房销售价格提供依据。通过编制预算,确定投资总额,并据此筹措开发资金,控制开发资金的支出,可以防止突破投资,避免投资失控。此外,商品房销售价格与土地价格、房屋建筑安装工程费、管理费、贷款利息等密切相关,而这些费用都会在预算编制中反映出来。因此,预算也可作为开发公司在预售房屋中合理确定商品销售价格的重要参考。

房地产行业市场起伏大,不确定因素很多,企业一定要量体裁衣,找准适合自身行业特点的预算管理模式。对于大部分房地产企业,预算编制的起点是销售预算,销售受市场影响很大,因此预算管理中可以使用弹性预算、滚动预算、零基预算等,以保证预算与实际的紧密结合,避免预算成为废纸。

传统的预算侧重的是短期效应,以年度作为预算周期。对房地产项目来说,由于其开发的特殊性,编制预算不仅是对年度财务状况作出的反映,更是对项目综合情况作出的反映。

9.1 | 全面预算管理

全面预算是指企业对一定期间的经营活动、投资活动、财务活动等作出的预算安排。全面预算作为一种全方位、全过程、全员参与编制和实施的预算管理模式,凭借其计划、协调、控制、激励、评价等综合管理功能,整合和优化配置企业资源,提升企业运行效率,成为促进企业实现发展战略的重要途径。

---

① 覃士娟.政策趋紧房地产企业力推全面预算管理[N].中国会计报,2010-02-26.

9.1.1 全面预算的作用

可以从以下几个方面来认识和理解全面预算的内涵、本质及作用。

1. 全面预算是一种全方位、全过程、全员参与的预算管理模式

全面预算的"全方位",体现在企业的一切经济活动,包括经营、投资、财务等各项活动,以及企业的人、财、物各个方面,供、产、销各个环节,都必须纳入预算管理。全面预算的"全过程",体现在企业组织各项经济活动的事前、事中和事后都必须纳入预算管理,即全面预算不仅限于预算编制、分解和下达,而是由预算编制、执行、分析、调整、考核、奖惩等一系列环节所组成的管理活动。全面预算的"全员"参与,指企业内部各部门、各单位、各岗位,上至最高负责人,下至各部门负责人、各岗位员工都必须参与预算编制与实施。

2. 全面预算是企业实施内部控制、防范风险的重要手段和措施

全面预算的本质是企业内部管理控制的一项工具,即预算本身不是最终目标,而是为实现企业目标所采用的管理与控制手段,从而有效控制企业风险。全面预算的制定和实施过程,就是企业不断用量化的工具,使自身所处的经营环境与拥有的资源和企业的发展目标保持动态平衡的过程,也是企业在此过程中对其所面临的各种风险的识别、预测、评估与控制的过程。

3. 全面预算是企业实现发展战略和年度经营目标的有效方法和工具

企业战略制定得再好,如果得不到有效实施,终不能实现美好蓝图,甚至可能因实际运营背离战略目标而导致经营失败。通过实施全面预算,将根据发展战略制定的年度经营目标进行分解、落实,可以使企业的长期战略规划和年度具体行动方案紧密结合,从而实现"化战略为行动",确保企业发展目标的实现。

4. 全面预算有利于企业优化资源配置、提高经济效益

全面预算是为数不多的能够将企业的资金流、实物流、业务流、信息流、人力流等相整合的管理控制方法之一。全面预算以经营目标为起点,以提高投入产出比为目的,其编制和执行过程就是将企业有限的资源加以整合,协调分配到能够提高企业经营效率、效果的业务、活动、环节中去,从而实现企业资源的优化配置,增强资源的价值创造能力,提高企业经济效益。

5. 全面预算有利于实现制约和激励

全面预算可以将企业各层级之间、各部门之间、各责任单位之间等内部权、责、利关系予以规范化、明细化、具体化、可度量化,从而实现出资者对经营者的有效制约,以及经营者对企业经营活动、企业员工的有效计划、控制和管理。通过全面预算的编制,企业可以规范内部各个利益主体对企业具体的约定投入、约定效果及相应的约定利益;通过全面预算执行及监控,可以真实反馈内部各个利益主体的实际投入及其对企业的影响并加以制约;通过对全面预算执行结果的考核,可以检查契约的履行情况并实施相应的奖惩,从而调动员工的积极性,最终实现企业的发展目标。

📷⚙ 知识拓展 9-1

(1) 全面预算管理案例分析——基于全面预算应用指引。

(2) 三泰公司预算考评内部控制案例及分析。

(3) 浦发集团全面预算管理的案例研究。

（4）现代企业的全面预算及管理——九江化肥案例分析。

（5）基于战略实施、资源分配与绩效考评的全面预算体系建设——中石化金陵分公司全面预算管理案例研究。

9.1.2　全面预算的组织

全面预算组织领导与运行体制健全，是防止预算管理松散、随意，预算编制、执行、考核等各环节流于形式，预算管理的作用得不到有效发挥的关键。企业应当加强对全面预算工作的组织领导，明确预算管理体制以及各预算执行单位的职责权限、授权批准程序和工作协调机制。

1．健全预算管理体制

企业设置全面预算管理体制，应遵循合法科学、高效有力、经济适度、全面系统、权责明确等基本原则，一般应具备全面预算管理决策机构、工作机构和执行单位3个层次的基本架构。

1）全面预算管理决策机构——预算管理委员会

企业应当设立预算管理委员会，作为专门履行全面预算管理职责的决策机构。预算管理委员会成员由企业负责人及内部相关部门负责人组成，总会计师或分管会计工作的负责人应当协助企业负责人负责企业全面预算管理工作的组织领导。具体而言，预算管理委员会一般由企业负责人（董事长或总经理）任主任，总会计师（或财务总监、分管财会工作的副总经理）任副主任，其成员一般还包括各副总经理、主要职能部门（财务、战略发展、生产、销售、投资、人力资源等部门）、分（子）公司负责人等。

2）全面预算管理工作机构

由于预算管理委员会一般为非常设机构，企业应当在该委员会下设立预算管理工作机构，由其履行预算管理委员会的日常管理职责。预算管理工作机构一般设在财务部门，其主任一般由总会计师（或财务总监、分管财务工作的副总经理）兼任，工作人员除了财务部门人员，还应有计划、人力资源、生产、销售、研发等业务部门人员参加。

3）全面预算执行单位

全面预算执行单位是指根据其在企业预算总目标实现过程中的作用和职责划分的，承担一定经济责任，并享有相应权利和利益的企业内部单位，包括企业内部各职能部门所属分（子）公司等。企业内部预算责任单位的划分应当遵循分级分层、权责利相结合、责任可控、目标一致的原则，并与企业的组织机构设置相适应。根据权责范围，企业内部预算责任单位可以分为投资中心、利润中心、成本中心、费用中心和收入中心。预算执行单位在预算管理部门（指预算管理委员会及其工作机构，下同）的指导下，组织开展本部门或本企业全面预算的编制工作，严格执行批准下达的预算。

2．明确各环节授权批准程序和工作协调机制

在建立健全全面预算管理体制的基础上，企业应当进一步梳理、制定预算管理工作流程，按照不相容职务相互分离的原则细化各部门、各岗位在预算管理体系中的职责、分工与权限，明确预算编制、执行、分析、调整、考核各环节的授权批准制度与程序。预算管理工作各环节的不相容岗位一般包括：预算编制与预算审批、预算审批与预算执行、预算执行与预算考核。

在全面预算管理各个环节中,预算管理部门主要起决策、组织、领导、协调、平衡的作用。企业可以根据自身的组织结构、业务特点和管理需要,责成内部生产、市场、投资、技术、人力资源等各预算归口管理部门负责所归口管理预算的编制、执行监控、分析等工作,并配合预算管理部门做好企业总预算综合平衡、执行监控、分析、考核等工作。

9.1.3 全面预算的业务流程

企业全面预算业务的基本流程一般包括预算编制、预算执行和预算考核这三个阶段。其中,预算编制阶段包括预算编制、预算审批、预算下达等具体环节;预算执行阶段涉及预算指标分解和责任落实、预算执行控制、预算分析、预算调整等具体环节。这些业务环节相互衔接、相互关联、相互作用,并周而复始地循环,从而实现对企业全面经济活动的控制。

9.1.4 全面预算各环节的关键内部控制

1. 预算编制控制

预算编制是企业实施预算管理的起点,也是预算管理的关键环节。企业采用什么方法、什么编制程序编制预算,对预算目标的实现有着至关重要的影响,从而直接影响到预算管理的效果。企业应当在企业战略的指导下,以上一期间实际状况为基础,结合本企业业务发展情况,综合考虑预算期内经济政策变动、行业市场状况、产品竞争能力、内部环境变化等因素对生产经营活动可能造成的影响,根据自身业务特点和工作实际编制相应的预算,并在此基础上汇总编制预算方案。企业年度预算方案应当符合本企业发展战略、整体目标和其他有关重大决议,反映本企业预算期内经济活动规模、成本费用水平和绩效目标,满足控制经济活动、考评经营管理业绩的需要。制定预算方案,应当做到内容完整,指标统一,要求明确,权责明晰。

1) 预算编制原则

为了使预算内容更准确、更符合实际情况,预算编制应遵循以下原则进行:

(1) 坚持效益优先原则,实行总量平衡,进行全面预算管理。

(2) 坚持积极稳健原则,确保以收定支,加强财务风险控制。

(3) 坚持权责对等原则,确保切实可行,围绕经营战略实施。

2) 预算编制起点

在编制预算的实际操作之前确定全面预算的编制起点,是任何预算编制机构首先应当解决的问题。

第一,以销售为起点。

以销售为起点的预算模式是指以销售预算的结果为起点,分别编制销售预算、生产预算、成本预算、利润预算、现金预算等模式的一种预算方式,该预算以销售收入为主导指标,以利润和现金回收为辅助指标。

由于该模式以销售为起点和导向,重视市场销售,如果应用不当,可能会造成市场的过度开发,而忽视对成本的管理和现金的回收,所以在实施该预算时,除了考虑销售等主导指标因素,成本、利润、现金回收等辅助指标也必须给予足够重视。

第二,以利润为起点。

以利润为起点的预算模式就是以目标利润为起点,分别编制企业收入预算、成本预算,并进行反复平衡,直到实现目标利润为止。该模式的指标体系以利润为主导指标,销售收入和成本为辅助指标。

该模式适合于提高企业利润、改善企业管理、降低营运成本,比较适合以利润最大化为目标的企业或大型企业集团的利润中心。

但以利润为核心的预算管理行为可能引发短期行为,使企业只顾预算年度利润,忽略企业长远发展;可能引发冒险行为,使企业只顾追求高额利润,增加企业的财务和经营风险。

3)编制预算方法的选择及对编制预算的监督

企业可以选择或综合运用固定预算、弹性预算、零基预算、滚动预算、概率预算等方法编制预算。

第一,固定预算。

固定预算是按固定业务量编制的预算,一般按预算期的可实现水平来编制。这是一种较为传统的预算编制方法。固定预算的主要优点是编制较为简便;缺点是实际业务水平与预算业务水平相差较大时,就难以发挥预算应有的作用,难以进行控制、考核、评价等。因此,在市场变化较大或较快的情况下,不宜采用此法。

第二,弹性预算。

弹性预算是指按照预算期内可预见的多种业务量水平而编制的、能够适应不同业务量情况的预算。理论上说,所有预算都可采用弹性预算的方法。但在实际工作中,从经济的角度出发,弹性预算多用于成本、费用、利润预算的编制。其主要优点是可以反映一定范围内各业务量水平下的预算,为实际结果与预算的比较提供了一个动态的基础,从而能更好地履行其在控制依据和评价标准两方面的职能。

第三,滚动预算。

滚动预算的基本精神就是它的预算期永远保持一个固定期间,其实质是动态的、不断连续更新调整的弹性预算。这种编制方法的优点是保持预算的完整性、持续性,从动态预算中把握企业的未来。由于预算不断修整,使预算与实际情况更相适应,有利于充分发挥预算的指导和控制作用。但在实际中,采用滚动预算,必须有与之相适应的外部条件,如材料供应时间等。当然,采用滚动预算的方法编制预算,也会加大预算编制的工作量。

第四,零基预算。

零基预算是以零为基础编制预算的方法,一切从零开始,逐项审议预算期内各项费用的内容及开支标准是否合理,在综合平衡的基础上进行预算的编制。这种方法打破了旧框框的束缚,既能促进人们充分发挥其积极性、创造性,又能迫使人们精打细算,将有限的资源运用到最需要的地方,从而提高企业资源的使用效率。这种编制方法的工作量大,需要各项基础管理工作尤其是基础数据全面精确。

企业确定预算编制方法,应当遵循经济活动规律,并符合自身经济业务特点、生产经营周期和管理需要。预算编制应当实行全员参与、上下结合、分级编制、逐级汇总、综合平衡。企业预算管理部门应当加强对企业内部预算执行单位预算编制的指导、监督和服务。

4)预算编制程序

预算编制的程序可分为:自上而下式、自下而上式、上下结合式三种方式。《企业内部控制应用指引第15号——全面预算》要求,企业应当根据发展战略和年度生产经营目标,综合考虑预算期内市场环境变化等因素,按照"上下结合、分级编制、逐级汇总"的程序编制年度

全面预算。预算编制应当科学合理、符合实际,避免预算指标过高或过低,其基本步骤为:

(1) 下达目标。预算的编制首先应由预算委员会根据公司董事会中长期规划和年度经济工作目标,结合企业的发展战略,提出企业下一年度的预算总目标,并将之分解下达至各责任单位。

(2) 编制上报。各责任单位根据下达的预算目标和编制政策,结合本单位自身特点以及预算的执行条件,详细编制各项预算草案,并在规定时间内上报。

(3) 审议平衡。预算管理工作小组会对各责任单位上报的预算草案进行审查、汇总、提出综合平衡的建议。在审查、平衡的过程中,预算管理委员会进行充分协调,对发现的问题提出初步调整的意见,并反馈给有关责任单位予以修正。

(4) 审核批准。预算管理工作小组会将各责任单位调整后的预算进行汇总平衡,编制企业年度预算草案,报董事会或股东大会审议批准。

(5) 下达执行。企业应当在预算年度开始前编制完成全面预算,按照规定的权限和程序审核批准后,以文件形式下达执行。企业应当将预算指标层层分解,落实到内部各部门、各环节和各岗位,确保预算刚性,严格预算执行。

2. 预算执行控制

企业预算编制完成后,便开始进入执行阶段,企业各部门在生产经营及相关的各项活动中,需要充分地按预算办事,围绕实现预算开展经济活动。同时,在预算的执行过程中,企业应该明确各项业务的授权审批权限及审批流程,强调预算的"硬约束性",对于无预算或者超预算的项目进行严格控制。

1) 对预算执行的要求

企业应当加强对预算执行环节的控制,对预算指标的分解方式、预算执行责任制的建立、重大预算项目的特别关注、预算资金支出的审批要求、预算执行情况的报告与预警机制等作出明确规定,确保预算严格执行。

企业预算一经批准下达,各预算执行单位必须认真组织实施,将预算指标层层分解,从横向和纵向落实到内部各部门、各环节和各岗位。

企业应当建立预算执行责任制度,对照已确定的责任指标,定期或不定期地对相关部门及人员责任指标完成情况进行检查,实施考评。在建立预算执行责任制时要充分考虑各责任中心的责权利的关系,主要可以从以下几个方面考虑:

(1) 权责明确、权责相当。即授予与其管理职能相适应的经营决策权。权力和责任应该要匹配,如果责任大于权力,或者权力大于责任,就会出现滥用权力或无法控制相应权力,从而使全面预算管理无法实施的情况。权责相当有利于提高管理的效率。

(2) 责任可控。即赋予权力和完成任务之间有必然联系,可以控制才能承担责任。只有控制了才能对其负责,才能在实际中让全面预算执行起来有实际效果,通过可控原则的运用将使权责范围更加明确,使责任考核不会流于形式,可控和不可控划分界定是执行预算责任制的基本要求。

(3) 有效激励。任何行为产生,都是由动机驱使的。给每个员工权力和责任,让他们有动力去用好权力完成任务,最为重要的一点就是建立激励机制,让每个员工个人利益与其业绩联系起来,使预算能够得到有效执行。

企业应当以年度预算作为预算期内组织、协调各项生产经营活动和管理活动的基本依据,可将年度预算细分为季度、月度等时间进度预算,通过实施分期预算控制,实现年度预算目标。

企业对重大预算项目和内容,应当密切跟踪其实施进度和完成情况,实行严格监控。

企业应当加强对货币资金收支业务的预算控制,及时组织预算资金的收入,严格控制预算资金的支付,调节资金收付平衡,严格控制支付风险。

企业办理采购与付款、工程项目、对外投资、成本费用、固定资产、存货、筹资等业务时,应当严格执行预算标准。对超出企业预算的资金支付,实行严格审批制度。

企业应当健全凭证记录,完善预算管理制度,严格执行生产经营月度计划和成本费用的定额、定率标准,并对执行过程进行监控。

2)预算预警机制

预警是度量某种状态偏离预警线的强弱程度、发出预警信号的过程。"预警管理"的思想起源于 20 世纪初,在 20 世纪 50 年代证明了它的作用。《企业内部控制应用指引第 15 号——全面预算》要求,企业应当建立预算执行情况的预警机制和报告制度,确定预警和报告指标体系,密切跟踪预算实施进度和完成情况,采取有效方式对预算执行情况进行分析和监控,发现预算执行差异,及时采取改进措施。

建立预算预警机制的模式主要为:对可计量的风险因素可以运用指标预警法;对于不可计量的风险因素则采用因素预警法,与前者相比,使用范围较小;或者将指标预警方法与因素预警方法结合起来,并加入诸多因素综合进行考虑。

3. 预算调整控制

企业批准之后正式下达的预算应当保持稳定,不得随意调整。由于市场环境、国家政策或不可抗力等客观因素,导致预算执行发生重大差异确需调整预算的,应当履行严格的审批程序。

预算调整是预算管理中一个必不可少的环节。一方面,在预算执行过程中,主、客观环境的变化,尤其是当外部环境发生重大变化时,如果片面强调预算的刚性,预算就会变得呆板僵化,妨碍企业的有效运作,此时,预算调整就必不可少;另一方面,预算调整又是一个十分规范的过程,必须建立严格规范的调整审批制度和程序,必须按照规定的程序进行调整,在变化中求不变。企业应当加强对预算调整环节的控制,保证预算调整依据充分、方案合理、程序合规。

1)预算调整的程序

企业在预算执行过程中,可能会由于市场环境、经营条件、国家法规政策等发生重大变化,或出现不可抗力的重大自然灾害、公共紧急事件等致使预算的编制基础不成立,将导致预算执行结果产生重大差异,需要调整预算的,应当报经原预算审批机构批准。调整预算由预算执行单位逐级向原预算审批机构提出书面报告,阐述预算执行的具体情况、客观因素变化情况及其对预算执行造成的影响程度,提出预算的调整幅度。企业预算管理部门应当对预算执行单位提交的预算调整报告进行审核分析,集中编制企业年度预算调整方案,提交原预算审批机构审议批准,然后下达执行。

对预算进行调整绝不能随便,应按照严格的程序和规范操作。其程序一般有如下三个:

(1)预算执行情况的分析。预算执行单位在具体执行预算时,如发现预算偏差,必须进行具体的分析,如属于主观原因不得进行调整,如为客观原因则应向预算委员会申请进行预算调整。

（2）预算调整的申请。预算调整应由责任中心向预算管理委员会提出书面申请，申请报告内容应详细说明调整理由、调整的建议方案、调整前后预算指标的比较，以及与原有预算指标的对比、调整后预算指标可能对企业预算总目标的影响等。涉及财务预算调整的，应同时向财务部门申请。

（3）预算调整的审查。预算委员会接到预算单位申请后即进入调整审查程序，预算管理委员会根据预算调整事项性质的不同，根据权限批准预算调整事项，并下发预算单位执行。

2）企业预算调整方案的要求

企业预算调整方案应当符合以下要求：

（1）预算调整事项符合企业发展战略和现实生产经营状况。

（2）预算调整重点放在预算执行中出现的重要的或非正常的关键性差异方面。

（3）预算调整方案客观、合理。

对于不符合上述要求的预算调整方案，企业预算审批机构应予以否决。

4. 预算分析与考核控制

企业应当建立严格的预算执行考核奖惩制度，坚持公开、公正、透明的原则，对所有预算执行单位和个人进行考核，切实做到有奖有惩、奖惩分明，促进企业实现全面预算管理目标。

预算分析是预算管理体系中的核心环节。通过对相关数据的对比分析，找出差距，分析原因，为提高企业运营效率、改进和优化流程提供支持，为生产经营及投资决策提供依据，保证预算的有效执行。预算管理委员会及财务管理部门应对预算的执行情况按月度、季度进行分析，对当期实际发生数与预算数之间存在的差异，不论是有利的还是不利的，都要认真分析其成因，而且要写明拟采取的改进措施。预算分析的重点是差异的原因及应采取的措施。

预算管理涉及企业经营管理的各个方面，要较好地发挥预算管理的作用，就必须坚持实施控制与结果考核相结合。如果没有以预算为基础的考核，预算就会流于形式，失去控制力。在预算管理循环中，预算考核是个承上启下的关键环节。一方面，在预算执行过程中，通过预算考核信息的反馈以及相应的调控，可随时发现和纠正实际业绩与预算的偏差，实现过程控制；另一方面，预算编制、执行、考核作为一个完整的系统，相互作用，周而复始地循环，实现对整个企业经营活动的最终控制。

企业应当加强对预算分析与考核环节的控制，通过建立预算执行分析制度、审计制度、考核与奖惩制度等，确保预算分析科学、及时和预算考核严格、有据。

企业应当建立预算执行分析制度。企业预算管理部门应当定期召开预算执行分析会议，通报预算执行情况，研究、解决预算执行中存在的问题，提出改进措施。

企业预算管理部门和各预算执行单位应当充分收集有关财务、业务、市场、技术、政策、法律等方面的信息资料，根据不同情况分别采用比率分析、比较分析、因素分析等方法，从定量与定性两个层面充分反映预算执行单位的现状、发展趋势及其存在的潜力。对于预算执行差异，应当客观分析产生的原因，提出解决措施或建议，提交企业决策机构研究决定。企业应当建立预算执行情况内部审计制度，通过定期或不定期地实施审计监督，及时发现和纠正预算执行中存在的问题。

企业应当建立预算执行情况考核制度：

（1）企业预算管理部门应当定期组织预算执行情况考核。有条件的企业，也可设立专门机构负责考核工作。

（2）企业预算执行情况考核，依照预算执行单位上报预算执行报告、预算管理部门审查核实、企业决策机构批准的程序进行。企业内部预算执行单位上报的预算执行报告，应经本单位负责人签章确认。

（3）企业预算执行情况考核，以企业正式下达的预算方案为标准，或以有关部门审定的预算执行报告为依据。

企业预算执行情况考核，应当坚持公开、公平、公正的原则，考核结果应有完整的记录。应当建立预算执行情况奖惩制度，明确奖惩办法，落实奖惩措施。

9.1.5 评估与披露

企业应当建立全面预算管理的评估制度，对预算编制、执行、考核等过程和结果进行全面评估，针对发现异常的情况，应当及时报告给相关部门和人员。

企业也应当披露预算执行情况和全面预算管理中的主要风险等内容，能够使相关部门和人员全面地了解本期预算的执行情况与相应的风险，进而为下一期预算工作的开展提供相应的资料。

9.2 合同管理

合同是企业与自然人、法人及其他组织等平等主体之间设立、变更、终止民事权利义务关系的协议。合同管理指的是以自身为当事人的合同依法进行订立、履行、变更、解除、转让、终止，以及审查、监督、控制等一系列行为的总称。其中订立、履行、变更、解除、转让、终止是合同管理的内容；审查、监督、控制是合同管理的手段。

企业在对合同进行管理时，应做到：

（1）实行统一归口管理。企业可以根据实际情况指定法律部门等作为合同归口管理部门，对合同实施统一规范管理，具体负责制定合同管理制度，审核合同条款的权利和义务对等性，管理合同标准文本，管理合同专用章，定期检查和评价合同管理中的薄弱环节，采取相应控制措施，促进合同的有效履行等。

（2）建立分级授权管理制度。企业应当根据经济业务性质，组织机构设置和管理层级安排，建立合同分级管理制度。属于上级管理权限的合同，下级单位不得签署。

（3）明确职责分工。企业各业务部门作为合同的承办部门负责在职责范围内承办相关合同，并履行合同调查、谈判、订立、履行和终结责任。企业财务部门侧重于履行对合同的财务监督职责。

（4）健全考核与责任追究制度。企业应当健全合同管理考核与责任追究制度，开展合同后评估，对合同订立、履行过程中出现的违法违规行为，应当追究有关机构或人员的责任。

9.2.1 合同管理的业务流程

从宏观层面，合同管理可以划分为合同订立阶段和合同履行阶段。合同订立阶段主要包括合同调查、订立前的谈判、合同文本拟订、合同审批、合同签署等环节；合同履行阶段主要包括合同履行、合同补充和变更、合同解除、合同结算、合同登记等环节。

9.2.2 合同管理的关键内部控制

1. 合同签署

企业对外发生的重要经济行为，均应签订相关合同。合同签署前，应当了解调查对方当事人的主体资格、信用状况等有关情况，确保对方当事人具备履约能力。

资信调查是签约前所进行的一项重要的合同管理活动。资信调查分为签约主体资格调查制度和签约主体信用调查制度两项内容。

1）签约主体资格调查制度的制定

企业制定签约主体资格调查制度，应当包括以下主要内容。

第一，确定调查机构和人员。

企业在制定签约主体资格调查制度时，首先应当确定企业内部负责调查的机构和人员。一般来说，除了法律部门或者合同协议管理部门，根据合同协议内容的不同，企业的业务部门也应当承担主要的调查任务。

第二，确定调查的内容。

企业对签约主体资格进行调查的主要内容应当包括以下事项。

a. 主体资格是否合法。根据我国现行的法律规定，经济活动的主体大致可分为法人（领取《企业法人营业执照》）、非法人经济组织（自然人和领取《营业执照》的组织）。需要对以下事项进行调整。

（a）对法人的资格调查。首先要看其是否持有工商行政管理机关颁发的《企业法人营业执照》，并需了解对方经济组织的法定名称、住所、营业范围、主营业地的详细地址，厂长、经理和董事长姓名等事项以及营业执照是否经过年检。若对方是公司，则还需了解其性质，即属于有限责任公司、股份有限公司、总公司、分公司、母公司、子公司中的哪一种，对于不具有法人资格企图以法人名义签订合同协议的当事人，应予以拒绝。

（b）对公民的资格调查。这主要是对公民的自身状况的了解，确定其是否具有法定的权利能力和行为能力。

（c）对非法人经济管理组织的调查。在调查非法人经济组织的资格时，应当调查其是否按照法律规定登记并领取营业执照，对于未经核准登记，也未领取营业执照，却以非法人经济组织的名义签订合同协议的当事人，不能与之签约。

（d）对外方当事人的资格调查。对方当事人是外国的企业、组织的，应当查清其法律地位和性质。调查的主要内容有三项：一是调查其企业或组织是否合法存在；二是调查其是否具备法人条件、法定名称、法定代表人姓名、国籍及企业或组织的注册地；三是调查对方企业的公司类型。对方当事人是外国公民个人的，应当主要调查其国籍及自身状况，确定其是否具有法定的权利能力、行为能力及资信能力等。

（e）对保证人的调查。合同协议的签订要求有保证人保证时，应当调查保证人主体资格的合法性。作为保证人，必须具有民事行为能力，必须具有代为清偿主债务的能力和承担赔偿责任的能力，还必须符合《中华人民共和国担保法》有关保证人的限制性规定。

b. 经营范围是否合法。签约方应当在其经营范围以内从事经济活动。为此，在签订合同协议前,必须审查合同协议项目是否超出了其营业执照上规定的经营范围。对于一些重要资料和特殊商品,还应要求其出示生产许可证或经营许可证。

c. 签约人是否合法。企业在签约前应要求对方合同协议当事人出具签约资格证明。签约人是法定代表人的应出具法定代表人证明,签约人是代理人的,代理人必须取得法定代表人的授权,并根据授权范围以委托人的名义签订合同协议,才对委托人直接产生权利义务。

第三,调查方式。

一般调查方式大致有下列几种:

a. 实地调查方式。便于掌握第一手材料,缺点是如果在异地远距离交易投入成本将加大。

b. 委托调查方式。委托调查是通过行政、银行和法律服务部门协查、咨询的方法,以了解当事人的资信情况。

c. 间接调查方式。主要是指利用信息媒体收集有关企业的资信情况。

第四,调查渠道。

一般调查的渠道有以下几种:

a. 企业法人注册的工商行政管理部门。工商行政管理部门是我国依法负责企业法人注册和合同协议管理的行政主管部门。企业可以直接向其申请查询有关注册资料。

b. 行业主管部门或企业主管部门。我国的行业主管部门随着政企分开的体制改革后,虽然不再下达指令性计划,但仍具有宏观指导的行政职能,与企业仍然存在行政隶属关系。因此,行业主管部门和企业主管部门对隶属的企业经营状况基本掌握。

c. 专业银行部门。银行是本利结算和融资活动的专业部门,了解掌握客户的结算和存款情况。企业要调查有关企业资格信用情况,可以通过银行咨询部门进行调查。

第五,确定调查报告制度。

在调查期截止之前,企业负责调查的部门应当提交调查报告,调查报告应当对签约方的主体资格进行评估,对没有调查出结果的项目进行说明,以作为签约部门的参考。

第六,明确调查失职责任。

对于负责调查的部门和人员,如果因其个人失职而导致调查的信息不实造成的损失,应当规定相应的处罚措施。

2) 签约主体信用调查制度

企业应制定签约主体信用调查制度,其调查机构和人员、调查报告和调查责任制度的规定与签约主体资格调查制度基本一致。主要区别是调查内容的不同。企业制定和执行签约主体信用调查制度包括对当事人的履约能力以及履约信用的调查。具体内容如下:

第一,履约能力的调查。

我国法律规定,法人因合同协议发生的债务承担有限责任,公民、私营企业和个体经济组织等对合同协议发生的债务承担无限责任。因此,企业在签订合同协议时应当了解对方的履约能力是否能承担相应的责任。对履行能力的调查又可以分为对财产状况、生产能力和经营能力的调查。

a. 财产状况的调查。

财产状况包括注册资本、实收资本、公积金以及其所拥有的其他形式的财产,资本状况是客户经济实际能力和履约能力的标志。

b. 生产能力的调查。

生产能力的调查包括调查对方企业厂房、设备条件，原材料、辅助材料、能源供应状况、生产规模、技术水平、交货能力等。

c. 经营能力的调查。

经营能力的调查主要调查对方企业的经营金额、销售渠道、贸易关系、经营做法、近年来的盈亏情况、产品销售情况以及在国内国际市场上竞争能力的强弱情况。

第二，履约信用的调查。

履约信用调查是对签约企业信用、信誉的调查。企业的经营历史、经营作风、有关客户的评价、产品的质量以及与金融、政府、司法机关等机构间关系等情况，都是构成其商业信用、信誉的重要内容。

3）合同的签订

企业应当根据协商、谈判的结果，拟订合同文本。合同文本应当符合国家有关法律法规的规定，切实做到条款内容完整，表述严谨准确，相关手续齐备，避免出现重大疏漏。

企业应当建立合同审核和内部会签制度，重点审核合同的合规性、经济性、可行性、严密性等相关内容。

（1）经济性。合同内容符合企业的经济利益。

（2）可行性。签约方资信可靠，有履约能力，具备签约资格；资金来源合法，担保方式可靠，担保资产权属明确。

（3）严密性。合同条款齐备、完整，文字表述准确，附加条件适当、合法；合同约定的权利、义务明确，数量、价款、金额等标示准确；合同有关附件齐备，手续完备。

（4）合法性。合同的主体、内容和形式合法；合同订立的程序符合规定，会审意见齐备；资金的来源、使用及结算方式合法，资产动用的审批手续齐备。

充分考虑合同条款可能带来的风险，诸如一般经营风险、违法风险、税务风险等。要充分利用专业人士意见，向律师、法律顾问、税务专家进行咨询。

合同文本涉及相关部门或人员的，应当履行内部审核会签程序。

合同订立后，合同副本及相关审核资料应交由档案管理部门归档，合同正本由合同归口管理部门负责保管和履行。

2. 合同的履行

企业应当严格履行合同，同时监控对方当事人的履约情况。

对合同协议已订立，但发现有显失公平、条款有误或对方有欺诈行为等情形，已经或可能导致企业利益严重受损，合同协议归口管理部门应当及时向企业有关负责人报告，并采取合法有效措施，制止危害行为的发生或扩大。必要时可以请求仲裁机构或法院对原合同协议予以变更或解除。

合同履行过程中出现违约情形的，应当严格按照合同违约条款承担或追究违约责任。企业应当建立合同协议违约处理制度。对方违约的情形，应当按合同协议条款约定收取违约金；违约金不足以弥补企业损失时，应当要求对方赔偿损失，必要时应采取相应的保全措施。企业自身违约的情形，应当由合同协议承办部门以书面形式报告企业有关负责人，经批准后履行相应赔偿责任。

企业应当建立合同纠纷处理制度。在合同履行过程中发生纠纷的，应当根据国家有关法律法规,在规定时效内与对方协商解决。协商无效的,应当按照合同约定选择仲裁或诉讼方式解决。

(1) 经双方协商达成一致意见的合同协议纠纷解决方法,应当签订书面协议,由双方法定代表人或其授权人签章并加盖单位印章后生效。

(2) 合同协议纠纷经协商无法解决的,应向企业有关负责人报告,并依合同协议约定选择仲裁或诉讼方式解决。法律部门会同有关部门研究仲裁或诉讼方案,报企业有关负责人批准后实施。

(3) 纠纷处理过程中,任何单位或个人未经授权,不得向合同协议对方作出实质性答复或承诺。

9.2.3 评估与披露

企业应当建立合同管理评估制度,定期对合同签署与履行情况进行全面评估,发现异常情况,应当及时向有关部门报告。企业应当披露重大合同的履行情况、合同纠纷、法律诉讼、合同履行中的其他风险等内容。

案例讨论 9-1

··

越权签约,无功而返①

2005 年 11 月 20 日,某炼化企业下属 A 单位与河北省玉田县远宏塑胶公司签订产品加工合同,由远宏塑胶公司为 A 单位加工组合式塑料挡墙隔板模具,合同标的额为人民币 8.5 万元。此合同在 A 单位内部完成会签后,由 A 单位负责人审批,并在合同文本上签了字。由于该炼化企业合同章实行统一管理,于是该合同主办人员将合同文本报到该炼化企业法律事务部门请求加盖合同章。企业法律事务人员对这份合同进行核查登记时发现,根据该炼化企业《合同会签程序及审批权限一览表》的规定,金额在人民币 10 万元以下的加工合同、劳务合同、垃圾清运合同、绿化合同须经主办单位负责人在合同文本上签字,由企业财务部门审批。于是法律事务人员将这份合同退回 A 单位,要求其报送上级财务部门审批同意后方可加盖合同章。

《企业内部控制应用指引第 16 号——合同管理》中指出,企业应当按照规定的权限和程序与对方当事人签署合同。正式对外订立的合同,应当由企业法定代表人或由其授权的代理人签名或加盖有关印章。授权签署合同的,应当签署授权委托书。属于上级管理权限的合同,下级单位不得签署。下级单位认为确有需要签署涉及上级管理权限的合同的,应当提出申请,并经上级合同管理机构批准后办理。上级单位应当加强对下级单位合同订立、履行情况的监督检查。本案例中的 A 单位上级企业在合同管理上制定了《合同会签程序及审批权限一览表》,根据合同种类和数额明确规定了经理、副经理、各主管部门、各下级单位不同的审批权限。A 单位的合同管理员在对合同的审查中显然没有注意到这一点才被退回。因此,在合同管理中,合同管理员首先要根据企业授权文件审查合同的签署是否在相应审批权限之内,严格把好权限关。

案例讨论 9-2

··

"牛"是怎么死的?

牛耕田回来,躺在栏里,疲惫不堪地喘着气,狗跑过来看它。牛诉着苦道:"唉,老朋友,我实在太累了。明儿个我真想歇一天。"

---

① 普法办:《越权审批合同违反内控和合同管理制度》,载《中国石化报》,2009-09-28.

狗和牛告别后，在墙角遇到了猫。狗说："伙计，我刚才去看了牛，这位大哥实在太累了，它说它想歇一天，也难怪，主人给它的活儿太多太重了。"

猫转身对羊说："牛抱怨主人给它的活儿太多太重，它想歇一天，明天不干活了。"

羊对鸡说："牛不想给主人干活儿了，它抱怨它的活儿太多太重。唉，也不知道别的主人对他的牛是不是好一点。"

鸡对猪说："牛不准备给主人干活儿了，它想去别的主人家看看。也真是，主人对牛一点儿也不心疼，让它干那么多又重又脏的活儿，还用鞭子粗暴地抽打它。"

晚饭前，主妇给猪喂食，猪向前一步，说："主妇，我向你反映一件事。牛的思想最近很有问题，你得好好教育它。它不愿再给主人干活儿了，它嫌主人给它的活儿太重太多太脏太累了。它还说它要离开主人，到别的主人那里去。"

得到猪的报告，晚饭桌上，主妇对主人说："牛想背叛你，它想换一个主人。背叛是不可饶恕的，你准备怎么处置它？"

"对待背叛者，杀无赦！"主人咬牙切齿地说道。

可怜，一头勤劳而实在的牛，就这样被传言"杀"死了。

这个故事告诉我们：①莫跟旁人抱怨，免得怎么"死"的都不知道；②不要轻易相信隔耳的传言，除非你当面证实，否则你会作出错误的判断。

9.3 | 内部信息传递

9.3.1 内部信息传递概述

内部信息传递是企业内部各管理层级之间通过内部报告形式传递生产经营管理信息的过程。企业的内部控制活动离不开信息的沟通和传递。信息在企业内部进行有目的地传递，对贯彻落实企业发展战略、执行企业全面预算、识别企业生产经营活动中的内外部风险具有重要作用。

企业内部信息有来自业务第一线人员根据市场或业务工作整理的信息，也有来自管理人员根据相关内部信息对所负责部门形成的指示或情况通报。尽管有关信息的来源内容、提供者、传递方式和渠道等各不相同，但收集和传递相关信息一般应遵循以下原则：

（1）真实准确原则。虚假或不准确的信息将严重误导信息使用者，甚至导致决策失误，造成巨大的经济损失。内部报告的信息应当与所要表达的现象和状况保持一致，若不能真实反映所计量的经济事项，就不具有可靠性。

（2）及时有效原则。如果信息未能及时提供，或者及时提供的信息不具有相关性，或者提供的相关信息未被有效利用，都可能导致企业决策延误，经营风险增加，甚至可能使企业较高层次的管理陷入困境，不利于对实际情况进行及时有效的控制和矫正，同时也将大大降低内部报告的决策相关性。

（3）保密原则。企业内部的运情况、技术水平、财务状况等有关重大事项通常涉及商业秘密，内幕信息知情者（包括董事会成员、监事、高级管理人员及其他涉及信息披露有关部门的涉密人员）都负有保密义务。这些内部信息一旦泄露，极有可能导致企业的商业秘密被竞争对手获知，使企业处于被动境地，甚至造成重大损失。

9.3.2　内部信息传递的业务流程

企业应当加强内部报告管理,全面梳理内部信息传递过程中的薄弱环节,建立科学的内部信息传递机制,明确内部信息传递具体要求,关注内部报告的有效性、及时性和安全性,促进内部报告的有效利用,充分发挥内部报告的作用。内部信息传递主要有两个阶段:一个是信息形成阶段;另一个是信息使用阶段。信息形成阶段主要有:建立内部报告标准体系、收集内外部信息、编制及审核内部报告三个阶段。信息使用阶段主要有:构建内部报告流转体系及渠道、内部报告有效使用及保密、内部报告的保管和内部报告评估四个阶段。

9.3.3　内部信息传递各环节的关键内部控制

1. 信息形成阶段

1) 建立内部报告指标体系

内部报告指标体系是否科学直接关系到内部报告反映的信息是否完整和有用,这就要求企业应当根据自身的发展战略、风险控制和业绩考核特点,系统、科学地规范不同级次内部报告的指标体系,合理设置关键信息指标和辅助信息指标,并与全面预算管理等相结合,同时应随着环境和业务的变化不断进行修订和完善。该环节的主要风险是:指标体系的设计未能结合企业的发展战略,指标体系级次混乱,与全面预算管理要求相脱节,并且一旦设定后未能根据环境和业务变化有所调整。

主要管控措施如下:

(1) 企业应认真研究企业的发展战略、风险控制要求和业绩考核标准,根据各管理层级对信息的需求和详略程度,建立一套级次分明的内部报告指标体系。企业明确的战略目标和具体的战略规划能为内部报告控制目标的确定提供依据。

(2) 企业内部报告指标确定后,应进行细化,层层分解,使企业中各责任中心及其各相关职能部门都有自己明确的目标,以利于控制风险并进行业绩考核。

(3) 内部报告需要依据全面预算的标准进行信息反馈,将预算控制的过程和结果向企业内部管理层报告,以有效控制预算执行情况、明确相关责任、科学考核业绩,并根据新的环境和业务,调整决策部署,更好地规划和控制企业的资产和收益,实现资源的最有效配置和管理的协同效应。

2) 收集内外部信息

为了随时掌握有关市场状况、竞争情况、政策变化及环境的变化,保证企业发展战略和经营目标的实现,企业应当完善内外部重要相关信息的收集机制和传递机制,使重要信息能够及时获得并向上级呈报。该环节的主要风险是:收集的内外部信息过于散乱,不能突出重点;内容准确性差,据此信息进行的决策容易误导经营活动;获取内外部信息的成本过高,违反了成本效益原则。

主要管控措施如下:

(1) 根据特定服务对象的需求,选择信息收集过程中重点关注的信息类型和内容,并根据信息需求者要求按照一定的标准对信息进行分类汇总。

(2) 对信息进行审核和鉴别,对已经筛选的资料作进一步的检查,确定其真实性和合理性。企业应当检查信息在事实与时间上有无差错,是否合乎逻辑,其来源单位、资料份数、指标等是否完整。

(3)对收集信息的成本进行成本收益权衡。企业应当在收集信息的过程中考虑获取信息的成本高低,确保其满足成本收益原则。

3)编制及审核内部报告

企业各职能部门应将收集的有关资料进行筛选、抽取,然后,根据各管理层级对内部报告的信息需求和先前制定的内部报告指标,建立各种分析模型,提取有效数据并进行反馈汇总,在此基础上,归口部门再对分析模型进一步改造,进行资料分析,起草内部报告,形成总结性结论,并提出相应的建议,从而对发展趋势、策略规划、前景预测等提供重要的分析指导,为企业的效益分析、业务拓展提供有力的保障。该环节的主要风险是:内部报告未能根据各内部使用单位的需求进行编制,内容不完整,编制不及时,未经审核即向有关部门传递。

主要管控措施如下:

(1)企业内部报告的编制单位应紧紧围绕内部报告使用者的信息需求,编制内容应全面、简洁明了、通俗易懂。

(2)企业应合理设计内部报告编制程序,提高编制效率,保证内部报告能在第一时间提供给相关管理部门。

(3)企业应当建立内部报告审核制度,设定审核权限,确保内部报告信息质量。对于重要信息,企业应当委派专门人员对其传递过程进行复核,确保信息正确地传递给使用者。

2. 信息使用阶段

1)构建内部报告流转体系及渠道

企业应当制定严密的内部报告传递流程,充分利用信息技术,强化内部报告信息集成和共享,将内部报告纳入企业统一信息平台,构建科学的内部报告网络体系。该环节的主要风险是:缺乏内部报告传递流程,内部报告未按传递流程进行传递流转,内部报告流转不及时。

主要管控措施如下:

(1)企业应当制定内部报告传递制度。企业可根据信息的重要性、内容等特征,确定不同的流转环节。

(2)企业应严格按设定的传递流程进行流转。企业各管理层对内部报告的流转应做好记录,对于未按照流转制度进行操作的事件,应当调查原因,并做相应处理。

(3)企业应及时更新信息系统,确保内部报告有效安全地传递。实际工作中应精简信息系统的处理程序,使信息在企业内部更快地传递。对于重要紧急的信息,必要时可以越级向董事会、监事会或经理层直接报告,便于相关负责人迅速作出决策。

2)内部报告有效使用及保密

内部报告有效使用及保密要求企业各级管理人员应当充分利用内部报告进行有效决策,管理和指导企业的日常生产经营活动,及时反映全面预算执行情况,协调企业内部相关部门和各单位的运营进度,严格绩效考核和责任追究,确保企业实现发展战略和经营目标。该环节的主要风险是:企业管理层在决策时并没有使用内部报告提供的信息,内部报告未能用于风险识别和控制,商业秘密通过企业内部报告被泄露。

主要管控措施如下:

（1）企业在预算控制、生产经营管理决策和业绩考核时充分使用内部报告提供的信息。企业应当将预算控制和内部报告接轨，通过内部报告及时反映全面预算的执行情况，并将绩效考评和责任追究制度与内部报告联系起来，对相关责任人的绩效进行考核，并追究责任。

（2）企业管理层应通过内部报告提供的信息对企业生产经营管理中存在的风险进行评估，准确识别和系统分析企业生产经营活动中的内外部风险，涉及突出问题和重大风险的，应当启动应急预案。

（3）企业应从内部信息传递的时间、空间、节点、流程等方面建立控制，通过职责分离、授权接触、监督和检查等手段防止商业秘密泄露。

3）内部报告的保管

企业在生产经营管理过程中，应保管好企业内部的各种重要数据及报告，以满足生产经营决策的需要。该环节的主要风险是：企业缺少内部报告的保管制度，内部报告的保管存放杂乱无序，对重要资料的保管期限过短，保密措施不严。

主要管控措施如下：

（1）企业应当建立内部报告保管制度，各部门应当指定专人按类别保管相应的内部报告。

（2）为了便于内部报告的查阅、对比分析，改善内部报告的格式，提高内部报告的有用性，企业应按类别保管内部报告，对影响较大的、金额较高的一般要严格保管，如企业重大重组方案、企业债券发行方案等。

（3）企业对不同类别的报告应按其影响程度规定其保管年限，只有超过保管年限的内部报告方可予以销毁。对影响重大的内部报告，应当永久保管，如公司章程及相应的修改、公司股东登记表等。

（4）企业应当制定严格的内部报告保密制度，明确保密内容、保密措施、密集程度和传递范围，防止泄露商业秘密。有关公司商业秘密的重要文件要由企业较高级别的管理人员负责，具体至少由两人共同管理，放置在专用的保险箱内。查阅保密文件，必须经该高层管理人员同意，由两人分别开启相应的锁具方可打开。

4）内部报告评估

由于内部报告传递对企业具有重要影响，内部信息传递指引强调企业应当建立内部报告企业对内部报告的评估应当定期进行，具体由企业根据自身管理要求作出规定，至少每年度对内部报告进行一次评估。企业应当重点关注内部报告的及时性，内部信息传递的有效性和安全性。经过评估发现内部报告存在缺陷的，企业应当及时进行修订和完善，确保内部报告提供的信息及时、有效。该环节的主要风险是：企业缺乏完善的内部报告评价体系，对各信息传递环节和传递方式控制不严，针对传递不及时、信息不准确的内部报告缺乏相应的惩戒机制。

主要管控措施如下：

（1）企业应建立并完善企业对内部报告的评估制度，严格按照评估制度对内部报告进行合理评估，考核内部报告在企业生产经营活动中所起的真实作用。

（2）为保证信息传递的及时准确，企业必须执行奖惩机制。对经常不能及时或准确传递信息的相关人员应当进行批评和教育，并与绩效考核体系挂钩。

9.4 信 息 系 统

9.4.1 信息系统内部控制概述

信息系统是指企业利用计算机和通信技术,对内部控制进行集成、转化和提升所形成的信息化管理平台。信息系统内部控制的目标是促进企业有效实施内部控制,提高企业现代化管理水平,减少人为操纵因素;同时,增强信息系统的安全性、可靠性、合理性,以及相关信息的保密性、完整性和可用性,为建立有效的信息与沟通机制提供支持保障。信息系统内部控制的主要对象是信息系统,由计算机硬件、软件、人员、信息流、运行规程等要组成。

企业信息系统内部控制以及利用信息系统实施内部控制也面临诸多风险,至少应当关注下列方面:

(1)信息系统缺乏或规划不合理,可能造成信息孤岛或重复建设,导致企业经营管理效率低下。

(2)系统开发不符合内部控制要求,授权管理不当,可能导致无法利用信息技术实施有效控制。

(3)系统运行维护和安全措施不到位,可能导致信息泄露或毁损,系统无法正常运行。鉴于信息系统在实施内部控制和现代化管理中的重要作用,企业负责人对信息系统建设工作负责。

9.4.2 信息系统的关键内部控制

1. 信息系统开发、变更、运行与维护控制

1)信息系统的开发控制

企业信息系统归口管理部门应当根据信息系统建设整体规划,提出信息系统项目建设方案,按规定的权限和程序审批后实施。

企业开发信息系统,应当明确提出开发需求和关键控制点,采取多种方式与开发单位进行充分沟通,为系统开发奠定良好基础。企业应当加强信息系统开发全过程的跟踪管理。

制定科学的上线计划和新旧系统转换方案,考虑应急预案,确保新旧系统顺利切换和平稳衔接。

计算机信息系统开发包括自行设计、外购调试和外包合作开发。

(1)企业计算机信息系统开发应当遵循以下原则:

a. 因地制宜原则。企业应当根据行业特点、企业规模、管理理念、组织结构、核算方法等因素设计适合本单位的计算机信息系统。

b. 成本效益原则。计算机信息系统的建设应当能起到降低成本、纠正偏差的作用,根据成本效益原则,企业可以选择对重要领域中关键因素进行信息系统改造。

c. 理念与技术并重原则。计算机信息系统建设应当将信息系统技术与信息系统管理理念整合,企业应当倡导全体员工积极参与信息系统建设,正确理解和使用信息系统,提高信息系统运作效率。

(2)信息系统开发必须经过正式授权,具体程序包括:用户部门提出需求;归口管理部门审核;企业负责人授权批准;系统分析人员设计方案;程序员编写代码;测试员进行测试;系统最终上线;系统维护等。

（3）企业应当成立项目管理小组,负责信息系统的开发,对项目整个过程实施监控;对于外包合作开发的项目,企业应当加强对外包第三方的监控。

2）信息系统的变更控制

企业应当制定详细的信息系统上线计划。对涉及新旧系统切换的情形,企业应当在上线计划中明确应急预案,保证新系统一旦失效,能够顺利切换回旧的系统状态。新旧系统切换时,如涉及数据迁移,企业应当制定详细的数据迁移计划。用户部门应当积极参与数据迁移过程,对数据迁移结果进行测试,并在测试报告上确认。

3）信息系统的运行与维护控制

企业应当建立系统数据定期备份制度,明确备份范围、备份频度、备份方法、备份责任人、备份存放地点、备份有效性检查等内容;企业应当根据业务性质、重要性程度、涉密情况等确定信息系统的安全等级,采用相应的制度和技术手段,确保信息系统安全、稳定、高效运行;企业应当建立信息系统安全保密和泄密责任追究制度;企业应当综合利用防火墙、路由器等网络设备,漏洞扫描、入侵检测等软件技术,以及远程访问安全策略等手段加强网络安全,防范来自网络的攻击和非法侵入;通过网络传输的涉密或者关键数据,应当采取加密传输等措施确保信息传递的保密性、准确性和完整性;企业应当加强服务器等关键信息设备的管理,建立良好的物理环境,指定专人负责检查,及时处理异常情况,任何人未经授权不得接触关键信息设备。

2. 信息系统访问安全

企业应当制定信息系统工作程序、信息管理制度以及各模块子系统的具体操作规范。

计算机信息系统操作人员不得擅自进行系统软件的删除、修改等操作,不得擅自升级、改变系统软件版本,不得擅自改变软件系统环境配置。企业应当对信息系统操作人员的账号、密码和使用权限进行严格规范,建立相应的操作管理制度。未经操作培训的人员不得作为操作人员。

企业应当建立账号审批制度,加强对重要业务系统的访问权限管理。对于发生岗位变化或离岗的用户,企业应当及时调整其在系统中的访问权限。企业应当定期对系统中的账号进行审阅,避免有授权不当或非授权账号存在。对于超级用户等特权用户,企业应该严格限制其使用,并对其在系统中的操作全程进行监控。使用完毕后,应当由不相容岗位人员对其操作日志进行审阅。

企业应当充分利用操作系统、数据库、应用系统自身提供的安全性能,在系统中设置安全参数,以加强系统访问安全。禁止未经授权人员擅自调整、删除或修改系统中设置的各项参数。涉及上网操作的,企业应当加强防火墙、路由器等网络安全方面的管理。

企业可以结合实际情况,本着审慎、稳健的原则,将信息系统访问安全事项交由第三方管理。在此情形下,企业应当加强对第三方的监控。

企业应当定期检测信息系统运行情况,及时进行计算机病毒的预防、检查工作,禁止用户安装非法防病毒软件和私自卸载企业要求安装的防病毒软件。

信息系统操作人员应当在权限范围内进行操作,不得利用他人的口令和密码进入软件系统。更换操作人员或密码泄露后,必须及时更改密码。操作人员如果离开工作现场,必须在离开前锁定或退出已经运行的程序,防止其他人员利用自身账号操作。

企业应当利用计算机信息系统建立信息化平台,规范信息的使用和传递,促进业务流程与信息流程的统一,提高经营管理的效率和效果。

3. 硬件管理

企业应当制定计算机信息系统硬件管理制度,对设备的新增、报废、流转等情况建档登记,统一管理。

系统硬件维护,包括系统硬件所处环境的维护、系统硬件的检查更换等。一方面,系统硬件受其所处环境的影响,如机房的温度、湿度、电压,网络设施的保护措施等;另一方面,硬件本身也存在寿命、质量等问题。因此,进行系统硬件维护,应当定期或不定期对系统硬件环境及硬件本身状况进行检查,及时发现、排除问题。

企业应当将计算机硬件设备放置在合适的物理环境中,由专人负责管理和检查,其他任何人未经授权不得接触计算机信息系统硬件设备。对于主要系统服务器应当配备不中断电源供给设备。硬件设备的更新、扩充、修复等工作应当由相关人员提出申请,报上级主管负责人审批。企业操作人员应当严格遵守用电安全,不得在计算机专用线路上使用其他用电设备。

企业应当完善计算机信息系统硬件设备异常状况处理制度。一经发生异常状况(如冒烟、打火、异常声响等),应当立即通知有关部门,并按处理制度进行处理。

4. 会计信息化及其控制

企业应当加强会计信息化工作,并对其工作流程进行有效控制。会计信息化是指利用计算机信息技术代替人工进行财务信息处理,以及替代部分由人工完成的对会计信息的分析和判断的过程。

企业应当建立会计信息化操作管理制度,明确会计信息系统的合法有权使用人员及其操作权限和操作程序,形成分工牵制的控制形式。企业出纳人员不得兼任电算化系统管理员,不得兼任记账凭证的审核工作。

企业应当建立会计信息系统硬件、软件和数据管理制度,重点关注下列风险和控制点:

(1) 对正在使用的会计核算软件进行修改、对通用会计软件进行升级和对计算机硬件设备进行更换时,企业应有规范的审批流程,并采取替代性措施确保会计数据的连续性。

(2) 企业应当健全计算机硬件和软件出现故障时进行排除的管理措施,保证会计数据的完整性。

(3) 确保会计数据安全保密,防止对数据的非法修改和删除。

企业应当建立信息化会计档案管理制度。信息化会计档案是指存储在磁性介质或光盘介质的会计数据和计算机打印出来的书面等形式的会计数据,包括记账凭证、会计账簿、财务报表(包括报表格式和计算公式)等数据。

企业应当指定专人负责信息化会计档案的管理,做好防消磁、防火、防潮和防尘等工作;对于存储介质保存的会计档案,应当定期检查,防止由于介质损坏而使会计档案丢失。

9.4.3 评估与披露

企业应当建立利用信息系统实施内部控制的评估制度,对信息系统开发、运行与维护的全过程进行评估,发现异常情况,应当及时报告。企业应当披露利用信息系统实施内部控制的情况及存在的主要问题。

本 章 小 结

企业的控制活动对每一环节的风险管控都是巨大的,本章要求学生掌握每一环节的关键风险管控点以及相应的管控措施。

重 要 概 念

信息系统　信息传递　合同管理　全面预算　预算编制　预算分析

推荐阅读资料

9-1　课后
练习题

[1] 张俊民.内部控制理论与实务[M].大连:东北财经大学出版社,2015.
[2] 刘永泽,池国华.内部控制[M].大连:东北财经大学出版社,2016.

第10章 内部控制评价与内部控制审计

内容提要

为了促进企业全面评价内部控制的设计与运行情况,规范内部控制评价程序和评价报告,揭示和防范风险,企业董事会或类似权力机构应当对内部控制的有效性进行全面评价、形成评价结论、出具评价报告。建立健全和有效实施内部控制,评价内部控制的有效性是企业董事会的责任,而注册会计师应当在实施审计工作的基础上对内部控制的有效性发表审计意见。

重点难点

本章重点为内部控制的评价,即评价的原则,程序、方法。本章难点为评价缺陷的认定。

学习目标

企业内部控制评价是为了规范企业的经营管理活动,提高企业的经营效率和抗风险能力,它不仅反映了企业法人治理结构和管理体制的需要,而且将企业发展的战略目标以及业绩的评价和激励都纳入其中。建立科学严格的内部控制评价体系,不仅是内部控制制度本身实施的要求,也是保证企业经营战略有效执行的基石。

而内部控制审计是内部控制的再控制,它是企业改善经营管理、提高经济效益的自我需要。本章着重阐述现今内部控制审计的作用及现状,分析如何更好地开展内部控制审计,明确内部控制审计未来的发展方向,从而帮助组织完善治理、增加价值。

知识框架

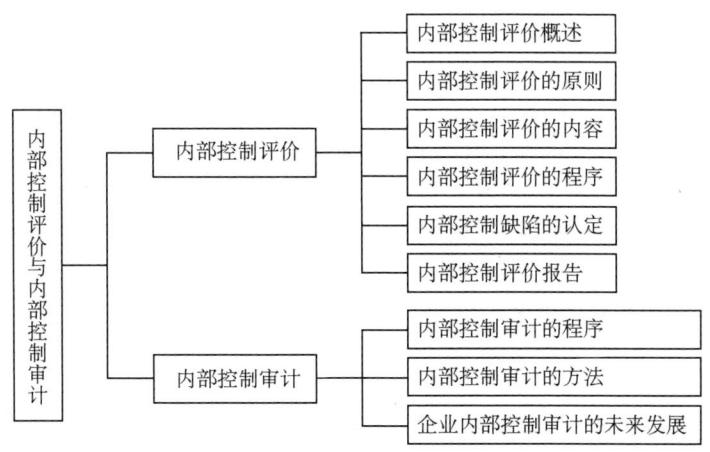

引入　联通内控，评价有方①

中国联通作为在上海、香港和纽约上市的公司，自2005年年末开始就把内控评审作为保证内控建设有效性的一项重大项目来抓，经过两年多的摸索、实践，逐步建立健全了内控评审体系，积累了一些经验。

一、制定评审工作计划

中国联通根据公司的业务特点，制订了内控评审工作计划，包括明确职责、确定评审范围、明确具体测试时间、确定被评审单位等各方面。在明确各个层面以及各个部门的职责方面，总部各部门、各省分公司的主要负责人是内控建设工作的第一责任人，从总部到各省级分公司、各地市级分公司均要设立内控办公室，负责具体的组织协调工作；在确定评审范围时，重点关注重要会计科目、重要经营场所、重要业务流程、流程风险评估、关键控制及相互之间的匹配关系，还制定了统一的记录、测试和报告标准及对应的测试方法；为保证评审工作的有效执行，在确定测试执行人员、职责分工后，明确分段测试的具体时间，如应当在年末以前对其年末流程和程序进行复核，以确保年末流程和程序设计的有效性等；在确定被评审单位方面，按照自上而下的评价方法，省分公司为必审单位；按照重要性原则，省会城市分公司以及资产或收入规模占集团公司总规模的0.4%以上的地市分公司为必审单位，按照风险的重要程度，以前年度发生过财务报告错报、舞弊行为，或者公司内、外各项检查、审计中发现重大问题的地市分公司为必审单位。

二、组织评审人员培训

中国联通公司在进行内控评审前，组织评审人员进行了集中培训，对参与培训的人员明确内控建设评审工作的整体要求，要求参与培训的人员重点掌握内控建设评审的方法和对关键控制点的分析评价，统一评价标准，并教育评审人员要遵循以下5项原则：独立性、客观性、规范性、全面性的原则，自上而下的原则，关注重点的原则，注重效果的原则，注重文档记录的原则。

三、评审实施

各评审小组成员要根据《中国联通省级分公司内部控制规范》所确定的控制措施编制《内控评审工作底稿》，依据该底稿的具体要求对内控制度规范设计的健全性与执行的有效性进行现场测试。

（1）中国联通公司内控评审的主要内容包括控制环境评审、控制活动评审和IT信息系统控制评审。控制环境评审主要包括检查《员工职业道德守则》《不相容职务相互分离暂行规定》《风险评估管理办法》及《反舞弊暂行规定》等制度的培训和规范执行情况、检查经营信息定期分析、财务数据出现重大波动的分析报告，主要经济活动授权审批，经营发展目标实施以及人力资源政策等控制要求的落实执行情况；控制活动评审主要围绕资本性支出、收入、成本费用、资金及资产、财务及信息披露、其他共性这6个影响财务信息真实性的业务流程，检查各分公司内控制度的健全性及执行的有效性；依据控制活动发生的频率，抽取一定数量的样本，测试各项控制措施的执行情况和效果。IT信息系统控制评审基本围绕信息系统总体控制和应用控制的要求，对系统开发及变更管理、数据备份管理、日常维护管理、安全管理、系统自动控制、系统用户权限和电子表格管控等情况进行检查，同时针对各省分公司IT管控指标达标率进行评审。

（2）为保证公司资金安全，中国联通在进行内控各环节的评审的同时，也对资金安全状况进行了调查。内容包括非正常开立银行账户或存款、3个月以上（含3个月）银行未达账项、12个月以上应收款项等。

（3）中国联通在完成上述工作的基础上，统一了现场评审需提交的主要工作文档，要求各评审小组按照文档内容的要求填写完整，并经评审人员、评审小组负责人、被测评单位签字盖章确认，以利于评审各环节的责任认定。

（4）在现场评审工作中，中国联通从强调时点、文档记录的重要性、评审工作底稿3个方面入手，确保评审的有效性。

---

① 文革,韦秀长,梁锡文.中国联通内部控制评审建设的做法和启示[J].财务与会计,2008(13)：14-16.

四、提交评审报告

中国联通要求各评审小组在现场评审结束后一周内提交评审报告和现场评审工作文档,并对评审报告的编制提出了具体的要求,即评审小组出的评审报告要说明分公司内部控制建设的总体概况、整改目标完成进度,并详细描述未整改的问题,与业务流程相关的关键控制点设计和执行的缺陷,以及有关问题对财务报告的影响,分析问题形成的原因、存在的风险和对分公司整改的具体要求。

五、评估测试结果

为了确认内控是否有效运行,中国联通还要求各评审小组在测试后编制一个有关所有内控缺陷、重要缺陷和实质性漏洞的清单,记录每个缺陷的原因并且评估必要的纠正行动,还要对每个纠正后的内控缺陷进行重新测试,以证明它的运行有效性,从而为财务报表认定提供支持。

由此可见,中国联通在内控评价过程中,各个步骤均设定了明确的标准,使得评审组在实施与评审时有法可依、有据可查。而统一的工作底稿也便于评审人员和被审人员的沟通,同时评审人、责任人、整改时限等细化要求也便于认定和考核。

10.1 | 内部控制评价

内部控制评价是内部控制体系的重要组成部分,它是内部控制持续改进过程中重要的信息反馈渠道,对于完善企业内部控制制度、保证内部控制有效实施具有重要意义。

内部控制评价包括过程评价和结果评价。过程评价是对内部控制环境、风险识别与评估、内部控制措施、监督评价与纠正、信息交流与反馈等体系要素的评价。结果评价是对内部控制主要目标实现程度的评价。

10.1.1 内部控制评价概述

内部控制评价既是内部控制中的一个重要而且必须的系统性活动,又是评价、反馈和不断再评价的动态过程,能够促进内部控制的有效实施和持续改善,它同时也是一种制度性安排,能够促使企业及其员工经常性地审视自身的内部控制系统,以提高企业的控制能力和管理水平。

内部控制评价是指企业董事会或类似决策机构对内部控制有效性进行全面评价、形成评价结论、出具评价报告的过程。为了促进企业全面评价内部控制的设计与运行情况,规范内部控制评价程序和评价报告,揭示和防范风险,根据有关法律、法规和《企业内部控制基本规范》财政部等部委制定了《企业内部控制评价指引》(以下简称《评价指引》),《评价指引》是为企业管理层对本企业进行内部控制评价提供的指引和要求,包括评价内容和标准、评价程序和方法、评价报告的出具和披露等。

10.1.2 内部控制评价的原则

企业建立与实施内部控制,应当遵循下列原则:

(1)全面性原则。内部控制应当贯穿决策、执行和监督全过程,覆盖企业及其所属单位的各种业务和事项。

(2)重要性原则。内部控制应当在全面控制的基础上,关注重要业务事项和高风险领域。

(3)制衡性原则。内部控制应当在治理结构、机构设置及权责分配、业务流程等方面形成相互制约、相互监督,同时兼顾运营效率。

(4)适应性原则。内部控制应当与企业经营规模、业务范围、竞争状况、风险水平等相适应,并随着情况的变化及时加以调整。

(5) 成本效益原则。内部控制应当权衡实施成本与预期效益,以适当的成本实现有效控制。

企业董事会及其审计委员会负责领导本企业的内部控制评价工作。监事会对董事会实施内部控制评价进行监督。企业可以授权内部审计部门负责组织和实施内部控制评价工作。具备条件的企业,可以设立专门的内部控制评价机构。

10.1.3 内部控制评价的内容

企业应当根据《基本规范》《应用指引》及本企业的内部控制制度,围绕内部环境、风险评估、控制活动、信息与沟通、内部监督等要素,确定内部控制评价的具体内容,对内部控制设计与运行情况进行全面评价。

1. 开展内部环境评价

企业组织开展内部环境评价,应当以组织架构、发展战略、人力资源、企业文化、社会责任等应用指引为依据,结合本企业的内部控制制度,对内部环境的设计及实际运行情况进行认定和评价。

2. 开展风险评估机制评价

企业组织开展风险评估机制评价,应当以《基本规范》有关风险评估的要求、各项应用指引中所列主要风险为依据,结合本企业的内部控制制度,对日常经营管理过程中的风险识别、风险分析、应对策略等进行认定和评价。

3. 开展控制活动评价

企业组织开展控制活动评价,应当以《基本规范》和各项应用指引中的控制措施为依据,结合本企业的内部控制制度,对相关空桌子措施的设计和运行情况进行认定和评价。

4. 开展信息与沟通评价

企业组织开展信息与沟通评价,应当以内部信息传递、财务报告、信息系统等相关应用指引为依据,结合本企业的内部控制制度,对信息收集、处理和传递的及时性、反舞弊机制的健全性、财务报告的真实性、信息系统的安全性,以及利用信息系统实施内部控制的有效性等进行认定和评价。

5. 开展内部监督评价

企业组织开展内部监督评价,应当以《基本规范》有关内部监督的要求,以及各项应用指引中有关日常管控的规定为依据,结合本企业的内部控制制度,对内部监督机制的有效性进行认定和评价,重点关注监事会、审计委员会、内部审计机构等是否在内部控制设计和运行中有效发挥监督作用。

内部控制评价工作应当形成工作底稿,详细记录企业执行评价工作的内容,包括评价要素、主要风险点、采取的控制措施、有关证据资料及认定结果等。评价工作底稿应当设计合理、证据充分、简便易行、便于操作。

10.1.4 内部控制评价的程序

企业应当按照制定评价方案、实施评价活动、编制评价报告等程序开展内部控制评价。

内部控制评价机构应当根据审批通过的评价方案组织实施内部控制评价工作,通过适当的方法收集、确认、分析相关信息,确定与实现整体控制目标相关的风险及细化控制目标,并在此基础上辨识与细化控制目标相对应的控制活动,然后针对控制活动进行必要的测试,获取充分、相关、可靠的证据对内部控制的有效性进行评价,并留好书面记录。

1. 建立内部控制评价机构

企业应根据单位的经营规模、机构设置、经营性质、制度状况等设置评价机构,并考虑以下原则:

(1) 能独立行使对内部控制系统建立、运行过程及结果进行监督的权力。

(2) 具备与监督和评价内部控制系统相适应的胜任能力和权威性。

(3) 与单位其他职能机构就监督与评价内部控制系统方面应是协调一致的,在工作中能够相互配合、相互制约、相互促进。

(4) 在效率上能够满足单位对内部控制系统进行监督与评价所提出的有关要求。

(5) 能够得到单位负责人的支持,并采取有效措施保证内部控制系统评价工作的有效开展。

内部控制评价机构应当根据企业整体控制目标,制定内部控制评价工作方案,明确评价目的、范围、组织、标准、方法、进度安排、费用预算等内容,报管理层和董事会审批。

2. 对内部控制制度的建立和执行情况进行调查

通过审阅相关的规章制度、现场询问有关人员、实地观察等调查了解内部控制制度的建立和执行的详细情况,并作出初步评价。

3. 对内部控制制度进行测试

内部控制评价范围的确定应当遵循风险导向、自上而下的原则来确定需要评价的分支机构、重要业务单元、重点业务领域或流程环节。重点是测定内部控制各个组成部分是否按规定的控制步骤、方法运行,测试各控制环节运行与其内容是否相符,检查各控制环节和控制点的内容、程序、方法等是否正常运行及相互之间的协调配合情况等。

内部控制测试的方法主要包括:

(1) 个别访谈法,是指企业根据检查评价需要,对被查单位员工进行单独访谈,以获取有关信息的方法。

(2) 调查问卷法,是指企业设置问卷调查表,分别对不同层次的员工进行问卷调查,根据调查结果对相关项目作出评价的方法。

(3) 比较分析法,是指通过分析、比较数据间的关系、趋势或比率来取得评价证据的方法。

(4) 标杆法,是指通过与组织内外部相同或相似经营活动的最佳实务进行比较而对控制设计有效性评价的方法。

(5) 穿行测试法,是指通过抽取一份全过程的文件,来了解整个业务流程执行情况的评估评价方法。

(6) 抽样法,是指企业针对具体的内部控制业务流程,按照业务发生频率及固有风险的高低,从确定的抽样总体中抽取一定比例的业务样本,对业务样本的符合性进行判断,进而对业务流程控制运行的有效性作出评价的方法。

(7) 实地查验法,是指企业对财产进行盘点、清查,以及对存货出、入库等控制环节进行现场查验的方法。

（8）重新执行法，是指通过对某一控制活动全过程的重新执行来评估控制执行情况的方法。

（9）专题讨论会法，是指通过召集与业务流程相关的管理人员就业务流程的特定项目或具体问题进行讨论及评估的一种方法。

4. 对内部控制制度进行评价

对内部控制进行评价主要是对内部控制中具体问题，特别是对差错、浪费、损失、非授权使用或滥用职权等敏感问题进行评价，找出失控的原因，提出相应的改进、补救措施。

企业应当根据通过评估和测试获取与内部控制有效性相关的证据，并合理保证证据的充分性和适当性。证据的充分性是指获取证据的数量应当能合理保证相关控制的有效；证据的适当性是指获取的证据应当与相关控制的设计与运行有关，并能可靠地反映控制的实际运行状况。

企业应当根据所收集的证据，判断相关控制的设计与运行是否有效。企业在判断内部控制设计与运行有效性时，应当充分考虑下列因素：

（1）是否针对风险设置了合理的细化控制目标。

（2）是否针对细化控制目标设置了对应的控制活动。

（3）相关控制活动是如何运行的。

（4）相关控制活动是否得到了持续一致的运行。

（5）实施相关控制活动的人员是否具备必需的权限和能力。

企业在内部控制评价中，应对内部控制缺陷进行分类分析。内部控制缺陷一般可分为设计缺陷和运行缺陷。设计缺陷是指缺少为实现控制目标所必需的控制，或现存控制设计不适当、即使正常运行也难以实现控制目标；运行缺陷是指现存设计完好的控制没有按设计意图运行，或执行者没有获得必要授权或缺乏胜任能力以有效地实施控制。

企业对内部控制评价过程中发现的问题，应当从定量和定性等方面进行衡量，判断是否构成内部控制缺陷。存在下列情况之一，企业应当认定内部控制存在设计或运行缺陷：

（1）未实现规定的控制目标。

（2）未执行规定的控制活动。

（3）突破规定的权限。

（4）不能及时提供控制运行有效的相关证据。

5. 编写内部控制评价报告

内部控制评价报告主要说明内部控制程序是否符合国家有关规定，是否符合单位管理方针和政策，是否满足单位经营管理的需要，是否有利于单位经营目标的实现，内部控制制度在运行中存在的漏洞或缺陷，改进的措施及具体计划和进度安排等。

企业应当结合年末控制缺陷的整改结果，编制年度内部控制评价报告。内部控制评价报告至少应当包括下列内容：

（1）内部控制评价的目的和责任主体。

（2）内部控制评价的内容和所依据的标准。

（3）内部控制评价的程序和所采用的方法。

（4）衡量重大缺陷严重偏离的定义，以及确定严重偏离的方法。

（5）被评估的内部控制整体目标是否有效的结论。

（6）被评估的内部控制整体目标如果无效，存在的重大缺陷及其可能的影响。

（7）造成重大缺陷的原因及相关责任人。

（8）所有在评估过程中发现的控制缺陷，以及针对这些缺陷的补救措施及补救措施的实施计划等。

企业可以根据被评估的整体控制目标的不同，适当调整评价报告的内容。在评价报告中明确财务报表日之后截至内部控制评价日发生的、可能影响财务报告控制目标有效性的所有重大变化。

企业定期对内部控制整体有效性进行评价、出具评价报告，并向董事会、监事会和管理层报告内部控制设计与运行环节存在的主要问题和将要采取的整改措施，并将内部控制评价报告作为进一步完善内部控制、提高经营管理水平和风险防范能力的重要依据。企业对于内部控制评价报告中列示的问题，应当采取适当的措施进行改进，并追究相关人员的责任，管理层和董事会应当根据评价结论对相关单位、部门或人员实施适当的奖励和惩戒。

10.1.5　内部控制缺陷的认定

内部控制缺陷包括设计缺陷和运行缺陷。企业对内部控制缺陷的认定，应当以日常监督和专项监督为基础，结合年度内部控制评价，由内部控制评价部门进行综合分析后提出认定意见，按照规定的权限和程序进行审核后予以最终认定。

1. 内部控制缺陷的初步认定

企业在日常监督、专项监督和年度评价工作中，应当充分发挥内部控制评价工作组的作用。内部控制评价工作组应当根据现场测试获取的证据，对内部控制缺陷进行初步认定，并按其影响程度分为重大缺陷、重要缺陷和一般缺陷。

重大缺陷是指一个或多个控制缺陷的组合，可能导致企业严重偏离控制目标。重要缺陷是指一个或多个控制缺陷的组合，其严重程度和经济后果低于重大缺陷，但仍有可能导致企业偏离控制目标。一般缺陷是指除重大缺陷、重要缺陷之外的其他缺陷。重大缺陷、重要缺陷和一般缺陷的具体认定目标，由企业根据上述要求自行确定。

2. 评价质量交叉复核

企业内部控制评价工作组应当建立评价质量交叉复核制度，评价工作负责人应当对评价工作底稿进行严格审核，并对所认定的评价结果签字确认后，提交企业内部控制评价部门。

3. 内部控制缺陷的全面复核及最终认定

企业内部控制评价部门应当编制内部控制缺陷认定汇总表，结合日常监督和专项监督发现的内部控制缺陷及其持续改进情况，对内部控制缺陷及其成因、表现形式和影响程度进行综合分析和全面复核，提出认定意见，并以适当的形式向董事会、监事会或者经理层报告。重大缺陷应当由董事会予以最终认定。

4. 对重大缺陷采取应对策略

企业对于认定的重大缺陷，应当及时采取应对策略，切实将风险控制在可承受度内，并追究有关部门或相关人员的责任。

10.1.6　内部控制评价报告

企业应当根据《基本规范》《应用指引》和评价指引，设计内部控制评价报告的种类、格式和内容,明确内部控制评价报告编制程序和要求,按照规定的权限报经批准后对外报出。

1. 内部控制评价报告的设计及披露内容

内部控制评价报告应当分别内部环境、风险评估、控制活动、信息与沟通、内部监督等要素进行设计,对内部控制评价过程、内部控制缺陷认定及整改情况、内部控制有效性的结论等相关内容进行披露。

内部控制评价报告至少应当披露下列内容:董事会对内部控制报告真实性的声明;内部控制评价工作的总体情况;内部控制评价的依据;内部控制评价的范围;内部控制评价的程序和方法;内部控制缺陷及其认定情况;内部控制缺陷的整改情况及重大缺陷拟采取的整改措施;内部控制有效性的结论。

2. 内部控制评价报告的编制和批准

企业应当根据年度内部控制评价结果,结合内部控制评价工作底稿和内部控制缺陷汇总表等资料,按照规定的程序和要求,及时编制内部控制评价报告。

内部控制评价报告应当报经董事会或类似权力机构批准后对外披露或报送相关部门。

3. 内部控制评价结论的相应调整

企业内部控制评价部门应当关注自内部控制评价报告基准日至内部控制评价报告发出日之间是否发生影响内部控制有效性的因素,并根据其性质和影响程度对评价结论进行相应调整。

4. 内部控制评价报告的报送

企业内部控制审计报告应当与内部控制评价同时对外披露或报送。

企业应当以每年 12 月 31 日作为年度内部控制评价报告的基准日。内部控制评价报告应于基准日后 4 个月内报出。

5. 建立内部控制评价工作档案管理制度

企业应当建立内部控制评价工作档案管理制度。内部控制评价的有关文件资料、工作底稿和证明材料等应当妥善保管。

10.2 | 内部控制审计

中国内部审计协会发布的《第 2201 号内部审计具体准则——内部控制审计》明确说明,内部控制审计,是指内部审计机构对组织内部控制设计和运行的有效性进行的审查和评价活动。近年来,信息化管理模式推进了企业内部控制制度的建立和不断完善,也给内部控制审计的范围、深度、手段带来了新的挑战。2008 年,我国财政部、审计署、证监会、银监会、保监会联合发布的《企业内部控制基本规范》就是内部控制审计的主要依据。而再好的管理方法也只是理论,没有可操作性也只能是空中楼阁。所以内部控制审计已经成为企业内部管理体系中不可或缺的一部分,也是企业长期的一项持续性管理工作。

10.2.1 内部控制审计的程序

1. 计划审计工作

注册会计师需恰当地计划内部控制审计工作,配备具有专业胜任能力的项目组,并对助理人员进行适当的督导。

计划审计工作时,注册会计师应当评价以下事项对内部控制及其审计工作的影响:①与企业相关的风险;②相关法律法规和行业概况;③企业组织结构、经营特点和资本结构等相关重要事项;④企业内部控制最近发生变化的程度;⑤与企业沟通过的内部控制缺陷;⑥重要性、风险等与确定内部控制重大缺陷相关的因素;⑦对内部控制有效性的初步判断;⑧可获取的、与内部控制有效性相关的证据的类型和范围。

注册会计师应当充分认识风险评估在计划审计工作中的作用,以风险评估为基础,选择拟测试的控制,确定测试所需收集的证据。内部控制的特定领域存在重大缺陷的风险越高,给予该领域的审计关注应越多。

在进行风险评估以及确定必要的程序时,注册会计师应当考虑企业组织结构、经营单位或流程的复杂程度可能产生的重要影响和作用。企业组织结构、经营单位或流程的复杂程度可能影响企业实现控制目标的方式。企业的规模和复杂程度也可能影响错报风险以及应对该风险所需实施的控制。注册会计师应当根据企业情况调整工作范围,以获取充分、适当的证据,支持发表的意见。

注册会计师应当在计划审计阶段对企业董事会的内部控制评价工作进行评估,判断是否在内部控制审计工作中利用企业内部审计人员、内部控制评价人员和其他相关人员的工作及可利用的程度,相应减少可能应由注册会计师执行的工作。注册会计师利用企业内部审计人员、内部控制评价人员和其他相关人员的工作,应当对其专业胜任能力和客观性进行充分评价。一般而言,与某项控制相关的风险越高,他人工作的可利用程度就越低,注册会计师应当更多地对该项控制亲自进行测试。需要强调的是,注册会计师对发表的审计意见独立承担责任,其责任不因为利用企业内部审计人员、内部控制评价人员和其他相关人员的工作而减轻。

2. 实施审计工作

注册会计师按照自上而下的方法实施审计工作,自上而下的方法是注册会计师识别风险、选择拟测试控制的基本思路。注册会计师在实施审计工作时,可以将企业层面控制和业务层面控制的测试结合进行。

(1)测试企业层面控制。注册会计师测试企业层面的控制,在把握重要性原则的基础上,一般关注:与内部环境相关的控制;针对董事会、经理层凌驾于控制之上的风险而设计的控制;企业的风险评估过程;对内部信息传递和财务报告流程的控制;对控制有效性的内部监督和自我评价。

(2)测试业务层面控制。注册会计师测试业务层面的控制,在把握重要性原则的基础上,结合企业实际、内部控制相关法律法规要求和企业层面控制的测试情况,重点对企业生产经营活动中的重要业务与事项的控制进行测试。注册会计师需关注信息系统对内部控制及风险评估的影响。

(3)测试与舞弊风险相关的控制。注册会计师在测试企业层面控制和业务层面控制时,应评价内部控制是否足以应对舞弊风险。舞弊风险因素是指注册会计师在了解被审计单位及其内部环境时识别的、可能表明存在舞弊动机、压力或机会的事项或情况,以及被审计单位对可能存在的舞弊行为的合理化解释。与舞弊风险相关的控制通常包括:针对重大的非常规交易的控制;针对关联方交易的控制;与管理层的重大会计政策和会计估计相关的控制;针对期末财务报告中编制的分录和作出的调整的控制;能够减弱管理层伪造或不恰当操纵财务结果的动机及压力的控制等。注册会计师应当根据舞弊风险评估结果,对上述控制实施有针对性的测试。

(4) 测试内部控制设计与运行的有效性。如果某项控制由拥有必要授权和专业胜任能力的人员按照规定的程序与要求执行,能够实现控制目标,表明该项控制的设计是有效的;如果某项控制正在按照设计运行,执行人员拥有必要授权和专业胜任能力,能够实现控制目标,表明该项控制的运行是有效的。

(5) 获取内部控制有效设计与运行的证据。注册会计师在测试内部控制设计与运行的有效性时,可综合运用询问适当人员、观察经营活动、检查相关文件、穿行测试、重新执行等方法,获取充分、适当的证据以支持审计结论。与内部控制相关的风险越高,注册会计师需要获取的证据越多。为确保证据的充分性和适当性,注册会计师通常需对测试时间安排进行权衡,既要尽量在接近企业内部控制自我评价基准日实施测试,又要保证实施的测试能够涵盖足够长的期间。注册会计师对于内部控制运行偏离设计的情况(即控制偏差),应确定该偏差对相关风险评估、需要获取的证据及控制运行有效性结论的影响。在连续审计中,注册会计师有必要考虑以前年度执行内部控制审计时了解的情况,以合理确定测试的性质、时间安排和范围。

3. 评价控制缺陷

注册会计师在对内部控制设计与运行的有效性进行测试的基础上,需评价其识别的各项内部控制缺陷的严重程度,以确定这些缺陷单独或组合起来,是否构成重大缺陷并影响其审计结论。在确定一项内部控制缺陷或多项内部控制缺陷的组合是否构成重大缺陷时,注册会计师还应评价补偿性控制(替代性控制)的影响。

(1) 财务报告内部控制缺陷。表明企业财务报告内部控制可能存在重大缺陷的迹象,主要包括以下几种:

a. 注册会计师发现董事、监事和高级管理人员舞弊。

b. 企业更正已经公布的财务报表。

c. 注册会计师发现当期财务报表存在重大错报,而在内部控制运行过程中未能发现该错报。

d. 企业审计委员会和内部审计机构对内部控制的监督无效。

(2) 非财务报告内部控制缺陷。注册会计师对在审计过程中注意到的非财务报告内部控制缺陷,区别具体情况予以处理。

注册会计师认为非财务报告内部控制缺陷为一般缺陷的,应当与企业进行沟通,提醒企业加以改进,但无需在内部控制审计报告中说明。

注册会计师认为非财务报告内部控制缺陷为重要缺陷的,应当以书面形式与企业董事会和经理层沟通,提醒企业加以改进,但无需在内部控制审计报告中说明。

注册会计师认为非财务报告内部控制缺陷为重大缺陷的,应当以书面形式与企业董事会和经理层沟通,提醒企业加以改进;同时应当在内部控制审计报告中增加非财务报告内部控制重大缺陷描述段,对重大缺陷的性质及其对实现相关控制目标的影响程度进行披露,提示内部控制审计报告使用者注意相关风险。

4. 完成审计工作

(1) 取得书面声明。注册会计师完成审计工作后,需取得经企业签署的书面声明。书面声明通常包括下列内容：

a. 企业董事会认可其对建立健全和有效实施内部控制负责。

b. 企业已对内部控制的有效性作出自我评价，并说明评价时采用的标准以及得出的结论。

c. 企业没有利用注册会计师执行的审计程序及其结果作为自我评价的基础。

d. 企业已向注册会计师说明识别出的所有内部控制缺陷，并单独说明其中的重大缺陷和重要缺陷。

e. 企业对于注册会计师在以前年度审计中识别的重大缺陷和重要缺陷，是否已经采取措施予以解决。

f. 企业在内部控制自我评价基准日后，内部控制是否发生重大变化，或者产生对内部控制具有重要影响的其他因素。

企业如果拒绝提供或以其他不当理由回避书面声明，注册会计师应将其视为审计范围受到限制，解除业务约定或出具无法表示意见的内部控制审计报告。

（2）沟通控制缺陷。注册会计师应与企业沟通审计过程中识别的所有控制缺陷，重大缺陷和重要缺陷须以书面形式与董事会和经理层沟通。注册会计师认为企业审计委员会和内部审计机构对内部控制监督无效的，应以书面形式直接与董事会和经理层沟通。书面沟通需在注册会计师出具内部控制审计报告之前进行。

（3）形成审计意见。注册会计师对获取的证据进行评价，形成对内部控制有效性的意见，出具审计报告。

10.2.2　内部控制审计的方法

内部控制制度审计的范围是极为广泛的，其手段也是多种多样的。大致来讲，分为以下几步。

1. 了解和描述内部控制制度

通过查阅有关规章制度、方针及政策文件，查看组织机构系统图，询问相关的人员等手段来实现对企业已经建立的内部控制制度及执行的情况进行了解。把了解到的相关情况通过三种方式描述出来：

（1）文字描述。适用于情况简单易说清楚的环节，如员工的分工情况、业务处理过程中需要完成的工作等。

（2）调查问卷。适用于业务环节多且较复杂的情况，编制调查表，设置"是""否""不适用""备注"等来回答问题。

（3）流程图。对于用文字描述显得冗长，而调查问卷不适用的特殊情况，如材料业务收发的流程，可以通过图解的方法描述出来，这样对每一步的实施情况都能直观地看出来，较快地查出业务处理过程中的薄弱环节。

不同的业务使用不同的描述方法，对于业务环节多且复杂的情况可以三者相结合使用，

2. 测试内部控制制度

这一步是对内部控制制度的贯彻执行情况进行评审，也就是对执行内部控制制度的过程进行检查、分析，以此来评价内部控制制度是否是有效的程序，并判断出内部控制制度可信赖程度。内部控制制度测试分为符合性测试和实质性测试。

符合性测试就是对内部控制的完整性、有效性和实施情况进行的测试。了解每一控制制度的要素和设计程序,通过询问、检查、观察的方法收集证据,然后分析证据,判断内部控制在实际工作是否得到实施,实施效果是否符合当初建立时的初衷,以此来确定内部控制的可靠性。当然收集的证据在数量和质量上也要有一定的标准。

实质性测试,是指在符合性测试的基础上,对取得的证据进行细节测试和分析性复核,并对企业会计报表的真实性和财务收支的合法性进行审查。细节测试就是通过检查、观察、查询、函证等方法对证据进行重新核实,涉及计算的需要重新计算,涉及实物盘点的要重新盘点,这样得到的数据才真实可靠。而分析性复核则是通过趋势、百分比、各种率等进行比较,从宏观的角度整体分析情况。实质性测试可以反复多次执行,只有这样才能保证审计结果的质量,能够控制企业风险处于低水平。实质性测试是审计实施阶段中最重要的一项工作。需要强调的是,对于重要的内部控制制度如账户或交易等类别的,无论前期的评价可信赖程度如何,都要进行实质性测试。

但是,如果出现内部控制制度不存在或者虽然存在,但并未有效运行,那么可不进行符合性测试,直接实施实质性测试。

3. 评价内部控制制度

评价就是确定内部控制的完善性和可靠性,以便决定对它的依赖程度。可以从两方面着手:一是内部控制的五个要素,即控制环境、风险管理、控制活动、信息与沟通、监督,分析存在的薄弱的环节,识别出控制缺陷,判断是否为实质性的漏洞,从而判断内部控制的有效性;二是内部控制制度的执行情况,通过合理、健全、有效的评价,分析到底是员工执行不力还是制度本身的问题,换人还是换制度?提出有建议性和针对性的意见和改进建议,最后把评价测试分析的结果,列入审计工作底稿,写出内部控制制度评审报告。协助管理者作出行之有效的决策。

10.2.3 企业内部控制审计的未来发展

为了保证内部控制审计能够在今后得到更好的实施,既要企业领导把内部控制审计作为一项重大战略来落实,又要全体员工上下齐心协力、相互配合来实现。

(1)企业管理人员要高度重视内部控制审计业务,建立严格的内部控制审计管理制度,将其作为一项独立的业务来做。这不仅能发挥企业管理人员对内控审计的积极性,更能让他们学到相关的风险管理、控制知识、熟悉本企业的控制过程,使风险更易于发现和控制。企业管理人员还应及时对审计结论进行研究并给出反馈意见,从而落实纠正措施,这样才能为企业经营目标的实现提供有力保障。

(2)创新内部控制审计的方法,规范审计程序。由事后审计转变为事前、事中审计,全方位、全过程地对企业内部控制制度评价和监督。把内部控制审计做好、做实、做到位,对发现的违规行为应严格给予相应的惩罚,对于实施较好的给予奖励,让企业全体人员都能感觉到内部控制审计带来的实实在在的好处。

(3)培养人才,提高内审人员的应变能力和总体素质,建立一支知识结构多元化、专业知识技能化的内部审计专业队伍,以适应对企业内部控制体系的全方位监督和评价。组织学习相关制度和准则,如《中国内部控制审计准则》《企业内部控制审计指引》《企业内部控制审计指引实施意见》等,掌握内部控制审计的理论和实务,使得内部控制审计的实行达到预期的效果。

本 章 小 结

　　内部控制评价是一个过程,是指内部控制评价要遵照一定的流程来进行。内部控制评价工作不是一蹴而就的,它是一个涵盖计划、实施、编报等多个阶段、包含多个步骤的动态过程。注册会计师在整合完成内部控制审计的财务报表审计后,需要分别对内部控制和财务报表出具审计报告。注册会计师需要评价根据审计证据得出的结论,在审计报告中清楚地表达对内部控制有效性的意见,并对出具的审计报告负责。

重 要 概 念

内部控制评价　内部控制审计　重大缺陷　内部控制有效性　内部控制缺陷

推荐阅读资料

[1] 刘永泽,池国华.内部控制[M].大连:东北财经大学出版社,2016.
[2] 注册会计师全国统一考试精编教材编委会.公司战略与风险管理[M].北京:企业管理出版社,2016.

10-1　课后练习题

10-2　案例分析

内部控制模拟试题

模拟试题（一）

一、单选题（本大题共 15 小题、每小题 1 分、共 15 分）

1	2	3	4	5	6	7	8	9	10	11	12	13	14	15

1. 根据我国《企业内部控制评价指引》的要求,内部控制评价应遵循的原则是(   )。
   A. 重要性原则　　　　　　　　　　B. 适应性原则
   C. 制衡性原则　　　　　　　　　　D. 成本效益原则

2. 东方房地产开发公司新建了一个大型小区,公司决定将小区的物业管理进行业务外包,在选择承包方时,以下说法中,不正确的是(   )。
   A. 由于本外包业务对本企业来讲是重大的,总会计师或分管会计工作的负责人应当参与决策,外包方案应当提交总经理审批
   B. 承包方的技术及经验水平符合本企业业务外包的要求
   C. 企业应当引入竞争机制,遵循公开、公平、公正的原则,采用适当方式,择优选择外包业务的承包方
   D. 企业应当综合考虑内外部因素,合理确定外包价格,严格控制业务外包成本,切实做到符合成本效益原则

3. 兴华股份有限公司成立于 2020 年,公司自成立以来,总是将履行社会责任为己任。下列有关说法中,不正确的是(   )。
   A. 企业应当设立安全管理部门和安全监督机构,负责企业安全生产的日常监督管理工作
   B. 企业应当妥善处理消费者提出的投诉和建议,切实保护消费者权益
   C. 企业应当通过宣传教育、经济处罚等有效形式,不断提高员工的环境保护和资源节约意识
   D. 企业应当避免在正常经营情况下批量辞退员工,增加社会负担

4. 下列有关发展战略制定的说法中,不正确的是(   )。
   A. 企业应当在充分调查研究、科学分析预测和广泛征求意见的基础上制定发展目标
   B. 战略规划应当明确发展的阶段性和发展程度,确定每个发展阶段的具体目标、工作任务和实施路径

C. 企业应当在董事会下设立战略委员会,或指定相关机构负责发展战略管理工作,履行相应职责

D. 企业的发展战略方案经总经理审议通过后,报经董事会批准实施

5. 企业强调内部控制应当贯穿决策、执行和监督的全过程,覆盖企业及其所属单位的各种业务和事项。该表述体现的是内部控制原则的( )。

A. 全面性原则   B. 重要性原则   C. 制衡性原则   D. 适应性原则

6. 下列关于风险管理、内部控制、公司治理三者的关系的说法中,错误的是( )。

A. 风险管理框架下的内部控制是站在企业战略层面分析、评估和管理风险

B. 内部控制比风险管理的范围要广泛得多

C. 在风险管理框架下的内部控制既包括提前预测和评估各种现存和潜在风险,又包括在问题或事件发生后采取后动反应

D. 依照风险管理的整体控制思维,扩展内部控制的内涵和外延,将治理、风险和控制作为一个整体为组织目标的实现提供保证

7. 下列各项违背基本的公司治理原则的是( )。

A. 鼓励提升业绩   B. 反对建立内部审计部门

C. 促进道德和负责任的决策   D. 设计董事会的结构以增加价值

8. 非执行董事的( )是指非执行董事应对董事会执行成员管理的有关责任进行监督。

A. 战略角色   B. 监督或绩效角色

C. 风险角色   D. 人事管理角色

9. 下列说法中,错误的是( )。

A. 审计委员会应每年至少举行三次会议,并于审计周期的主要日期举行

B. 审计委员会应每年至少与外聘审计师会面一次,讨论与审计相关的事宜,且管理层必须出席

C. 董事会主席和首席执行官之间的分工应经过董事会的同意,并记录在一份职责声明中

D. 首席执行官不应该兼任同一家公司的董事会主席

10. 为了建立针对预算考核流程的内部控制,企业应该采取的措施是( )。

A. 对于超预算的资金支持,实行严格的审批制度

B. 将全面预算的编制外包给经验丰富的咨询机构

C. 董事会审核批准预算考核方案

D. 要求将预算执行单位负责人签字上报的执行报告和动态监管信息进行核对

11. 下列不属于预算管理委员会的主要职责的是( )。

A. 拟定预算目标和预算政策

B. 协调解决预算编制和执行中的问题

C. 考核预算执行情况

D. 日常管理职责

12. 下列关于工程招标的表述中,不正确的是( )。

A. 企业的工程项目一般应当采用公开招标的方式,择优选择具有相应资质的承包单位和监理单位

B. 在确定中标人前,企业应当与投标人就投标价格、投标方案等实质性内容进行谈判

C. 企业应当依法组建评标委员会

D. 企业不得将应由一个承包单位完成的工程肢解为若干部分发包给几个承包单位

13. 下列关于研究与开发的说法中,不正确的是( )。

A. 企业应当组织参与申请及立项审批的专业机构和人员进行评估论证,出具评估意见

B. 研究项目应当按照规定的权限和程序进行审批,重大研究项目应当报经董事会或类似权力机构集体审议决策

C. 企业应当加强对研究过程的管理,合理配备专业人员,严格落实岗位责任制,确保研究过程高效、可控

D. 企业对于需要申请专利的研究成果,应当及时办理有关专利申请手续

14. 下列关于销售业务收款环节的控制措施的说法中,不正确的是( )。

A. 财会部门负责应收款项的催收,催收记录(包括往来函电)应妥善保存

B. 企业应当关注商业票据的取得、贴现和背书,对已贴现但仍承担收款风险的票据以及逾期票据,应当进行追索监控和跟踪管理

C. 企业应当指定专人通过函证等方式,定期与客户核对应收账款、应收票据、预收账款等往来款项

D. 财会部门负责办理资金结算并监督款项回收

15. 企业应当建立存货保管制度,定期对存货进行检查,下列说法中,不正确的是( )。

A. 存货在不同仓库之间流动时应当办理出入库手续

B. 应当加强生产现场的材料、周转材料、半成品等物资的管理,防止浪费、被盗和流失

C. 对代管、代销、暂存、受托加工的存货,应当与企业的产品一起存放在产成品库,单独进行记录

D. 应当结合企业实际情况,加强存货的保险投保,保证存货安全,合理降低存货意外损失风险

得分	

二、多选题(本大题共 5 小题、每小题 1 分、共 5 分)

1	2	3	4	5

1. 平安股份有限公司近年来十分关注企业风险管理,某年初,董事会要求企业各个方面都必须关注有关的风险,人力资源总监李某指出,人力资源管理也要关注相关风险。人力资源管理需要关注的主要风险包括( )。

A. 人力资源缺乏或过剩、结构不合理、开发机制不健全

B. 人力资源激励约束制度不合理、关键岗位人员管理不完善

C. 人力资源退出机制不当

D. 人力资源聘用机制不当

2. 下列业务中,需要集体审批的有( )。

A. 为关联公司提供 5 亿的担保   B. 超出销售政策和信用政策的赊销业务

C. 在规定限额之内的采购决策　　　　　　　D. 提前或延期收回对外投资

3. 下列选项中,属于不相容职务分离控制的活动包括(　　　)。

A. 董事长与总经理分别由不同人担任

B. 比较总账的现金金额与银行对账单的现金余额

C. 每日经营现金收入尽快存入银行

D. 采购合同的订立不负责审批

4. 下列关于公司治理基本原则的说法中,正确的有(　　　)。

A. 董事会保留和授权管理层的事项的性质必然取决于企业的规模、复杂程度和所有权结构,以及其传统和企业文化

B. 董事会中大部分成员应当是独立董事

C. 董事会主席和首席执行官之间的分工应经过股东大会的同意,并记录在一份职责声明中

D. 审计委员会应当向董事会就任免内部审计管理人员提供建议

5. 审计委员会对内部审计进行复核时应从(　　　)方面进行。

A. 组织中的地位　　　　　　　　　　　B. 职能范围

C. 技术才能　　　　　　　　　　　　　D. 专业应尽义务

得分	

三、判断题(本大题共 5 小题、每小题 1 分、共 5 分)

1	2	3	4	5

1. 为企业内部控制提供咨询的会计师事务所,不得同时为同一企业提供内部控制审计服务。　　　　　　　　　　　　　　　　　　　　　　　　　　　　　(　　)

2. 企业应当加强文化建设,培育积极向上的价值观和社会责任感,倡导诚实守信、爱岗敬业、开拓创新和团队协作精神,树立现代管理理念,强化风险意识。董事、监事、经理及其他高级管理人员应当在企业文化建设中发挥全面负责的作用。　　　　　　(　　)

3. 出纳人员可以同时从事银行对账单的获取、银行存款余额调节表的编制等工作。
　　　　　　　　　　　　　　　　　　　　　　　　　　　　　　　　　　(　　)

4. 企业应当加强银行预留印鉴的管理。财务专用章应当由专人保管,个人名章应当由本人或其授权人员保管,不得由一个人保管支付款项所需的全部印章。　　　(　　)

5. 对验收过程中发现的异常情况,负责验收的部门或人员应当立即查明原因,及时处理。　　　　　　　　　　　　　　　　　　　　　　　　　　　　　　　(　　)

得分	

四、简答题(本大题共 5 小题:第 1 小题 15 分、第 2 小题 15 分、第 3 小题 15 分、第 4 小题 15 分、共 60 分)

1. 做图说明我国"三会四权"公司治理结构及其分别对内部控制的作用。

2. 简述企业目标设定的流程,并说明设定目标必须要考虑哪些因素。

3.《企业内部控制基本规范》规定内部控制包含哪五个要素? 他们之间的关系是什么?

4. 东方贸易公司有下列工作：①记录并保管总账；②记录并保管应付账款明细账；③记录并保管应收账款明细账；④记录现金和银行存款日记账；⑤保管、填写支票；⑥处理销货退回的对账工作；⑦调节银行存款日记账与银行存款对账单；⑧保管现金并将现金收入送存银行。

要求：上述工作中，除了6、7两项工作量较小，其余各项工作量大体相当。假如该公司有三位员工分担上列工作，并且三位员工能力相当。请根据上述资料，说明应如何将这8项工作分配给三位员工，才能达到内部控制的要求。

得分	

五、案例分析题（本大题共2题、第1题7分、第2题8分、共15分）

W公司销售环节的内部控制制度为：设立销售部，处理订单、签订合同、执行销售政策和信用政策；销售部经理对30万元以内的赊销业务有权批准，并根据具体情况确定产品售价。由于人手紧张，大宗销售都是由业务员甲与客户谈判并签订合同。没有签订合同的购买方提货的销售业务直接由财务部收款后开具提货单据和发票，客户自行提货；货到付款的业务由销售业务员乙负责到购买方收款，并将现金或者支票等票据转交财务部。财务部经理保管所有票据，并有权决定应收票据是否贴现。

某月W公司发生如下业务：

（1）销售部经理凭某一老客户以前给其留下的良好印象批准向该客户赊销25万元的业务，后来该款项迟迟未能收到，财务部证实该企业财务状况恶化，当时已经有数笔货款没有如期支付了。

（2）另一新客户要求签订3年期供货合同，3年中每月末按照市场价格80万元购货，提供下一批货物时清偿上一批货物款项。由于企业销售政策中没有此类情况，销售部经理向总经理请示，总经理当即决定签署该合同。1个月后，该客户未能还款，公司调查，发现该客户并无偿还能力。

要求：

（1）说明企业内部控制制度中存在的问题。

（2）销售业务的两项操作有何不妥。

2. 某汽车生产商的内部审计部门正就旗下生产的渣土运输车进行尾气排放测试。内部审计部门发现，公司针对渣土运输车向外公布的尾气排放信息与内部记录的实际数据有重大差异。内部审计部门经理表示，测试样本显示的尾气排放量实际上要高于对外公布的排放量，有可能涉及虚假披露和违反环保法律法规。虽然已向相关部门主管报告，但该部门主管只承认错误并未采取任何改进措施。

要求：

（1）评价内部审计经理就以上事件进行通报的恰当性，并简要说明审计委员会与内部审计相关的职能范围和责任。

（2）简要说明企业在该事件中所暴露出来的可能风险。

（3）针对上述事件，应对企业内部环境提出哪些改进措施。

模拟试题(二)

一、单项选择题(本大题共 10 题、每题 1 分、共 10 分)

1	2	3	4	5	6	7	8	9	10

1. 2002 年美国国会通过的《萨班斯—奥克斯利法案》第 404 条款及相关规则采用的是( )。

A. 内部控制体系　　　　　　　　　B. 内部控制结构

C. 内部控制整合框架　　　　　　　D. 企业风险管理整合框架

2. 相对《内部控制——整体框架》,ERM 框架的创新之处不包括( )。

A. 新提出了一个更具管理意义和管理层次的战略管理目标,同时还扩大了报告的范畴

B. 新增加了目标制定、风险识别和风险应对三个管理要素

C. 提出了两个新概念——风险偏好和风险容忍度

D. 对内部控制做了最权威的定义

3. 下列关于内部控制特征的论述中,不正确的是( )。

A. 内部控制是一个不断发展、完善的过程,随着企业经营管理的新情况适时改进

B. 内部控制由组织中各个阶层的人员共同实施

C. 内部控制从形式上表现为一套相互监督、相互制约、彼此联系的控制方法、措施和程序

D. 制定了严格的内部控制制度,就能确保一个企业必定成功

4. 在下列内部控制目标中,属于企业获利的基础,同时也是持续经营基础的是( )。

A. 资产安全目标

B. 提高经营的效率和效果目标

C. 经营管理合法合规目标

D. 促进企业实现发展战略目标

5. 在内部控制五要素之间的关系中,处于一个承上启下、沟通内外的关键地位的要素是( )。

A. 内部环境　　　　　　　　　　　B. 内部监督

C. 控制活动　　　　　　　　　　　D. 信息与沟通

6. 内部控制仅仅为目标的实现提供合理保证,而不是绝对保证,原因是( )。

A. 内部控制人员的执行不力

B. 内部控制的目标制定不合理

C. 内部控制本身具有一定的局限性

D. 内部控制制度有待完善

7. 下列内部环境因素中起保障性作用的是（　　　）。

A. 企业文化　　　　　　　　　　　　B. 内部审计

C. 人力资源政策　　　　　　　　　　D. 公司治理结构

8. 审议战略委员会的发展战略建议方案应提交给（　　　）。

A. 股东大会　　　B. 董事会　　　C. 监事会　　　D. 总经理

9. 识别风险采用定性分析方法的是（　　　）。

A. "四阶段症状"分析法　　　　　　B. 马尔可夫链分析方法

C. 神经网络分析模型　　　　　　　D. Z 值判定模型

10. "企业在实现其目标的过程中愿意接受的风险的数量"被称为（　　　）。

A. 风险承受能力　　　　　　　　　　B. 风险分担

C. 风险偏好　　　　　　　　　　　　D. 风险数量

得分	

二、多选题(本大题共 5 小题、每小题 2 分、共 10 分)

1	2	3	4	5

1. 中国内部控制标准体系包括（　　　）。

A. 企业内部控制应用指引　　　　　　B. 企业内部控制评价指引

C. 企业内部控制监督指引　　　　　　D. 企业内部控制基本规范

E. 企业内部控制审计指引

2. 资产安全目标包括（　　　）。

A. 确保资产在外形上的完整性

B. 确保资产在使用价值上的完整性

C. 确保资产在价值量上的完整性

D. 确保资产在价值上的完整性

E. 确保资产在数量上的完整性

3. 下列各项中,属于平衡计分卡测评维度的有（　　　）。

A. 财务层面　　　　　　　　　　　　B. 客户层面

C. 内部流程层面　　　　　　　　　　D. 外部环境层面

E. 学习与成长层面

4. 授权控制的基本原则有（　　　）。

A. 依事不依人　　　　　　　　　　　B. 适度越权授权

C. 适度授权　　　　　　　　　　　　D. 需要监督

E. 不得随意授权

5. 按照内部控制缺陷的重要程度来划分,内部控制缺陷可以分为（　　　）。

A. 一般缺陷　　　　　　　　　　　　B. 重要缺陷

C. 重大缺陷　　　　　　　　　　　　D. 执行缺陷

E. 系统缺陷

得分	

三、判断题(本大题共 10 题、每题 1 分、共 10 分)

1	2	3	4	5	6	7	8	9	10

1. 内部控制系统阶段是内部控制发展的第一阶段。　　　　　　　　　　　　(　)

2. 风险偏好和风险容忍度是在内部控制整合框架中提出来的。　　　　　　　(　)

3. 内部控制的目标是彼此孤立的,没有实质性的联系。　　　　　　　　　　(　)

4. 内部控制应当兼顾全面体现了内部控制的全面性原则,所以在实际工作中不需要突出重点。　　　　　　　　　　　　　　　　　　　　　　　　　　　　　(　)

5. 完善的内部环境是企业内部控制有效性的保障,有效的内部控制又将推进内部环境的不断完善。　　　　　　　　　　　　　　　　　　　　　　　　　　　(　)

6. 公司治理结构是构成内部环境的因素之一,包括股东(大)会、董事会、监事会、经理层、审计委员会、内部机构及权责划分,发挥了基础性作用。　　　　　　　　(　)

7. 一般来说,风险分析即为分析风险发生的可能性和影响程度。　　　　　　　(　)

8. 限制接近包括限制对资产本身的接触和通过文件批准方式对资产使用或分配的间接接触。　　　　　　　　　　　　　　　　　　　　　　　　　　　　　　(　)

9. 沟通是把信息提供给适当的人员,以便他们能够履行与经营、财务报告和合规相关的职责。　　　　　　　　　　　　　　　　　　　　　　　　　　　　　　(　)

10. 如果日常监督扎实有效,可以迅速应对环境的变化,对专项监督的需要程度就较低;反之,对专项监督的需要程度就较高。　　　　　　　　　　　　　　　(　)

得分	

四、简答题(本大题共 4 题、第 1 题 8 分、第 2 题 13 分、第 3 题 12 分、第 4 题 17 分、共 50 分)

1. 简述内部控制活动有哪些?

2. 何为不相容职务分离控制? 一般情况下需要分离的不相容职务有哪些?

3.《企业风险管理——整合框架》与《内部控制——整体框架》相比具有哪些进步?

4. 简述内部控制环境构成要素内容及作用。

得分	

五、案例题(本大题共 2 题、每题 10 分、共 20 分)

　　据报道,2008 年 10 月 7 日,被称为绍兴"雷曼"的江龙控股总部工厂全面停产,董事长夫妇一夜之间神秘失踪,企业濒临倒闭,留下的是 4 000 多名职工和至少 12 亿元银行欠款、8 亿元民间借贷。据了解,在江龙控股的治理框架中,企业控制权力集中于董事长陶寿龙一人手中,机构设置形同虚设,毫无权力制衡机制。陶寿龙与其妻一手创办了江龙控股,二人分别是江龙集团的董事长和总裁。作为元老,他们完全将企业当作自己的儿子,把握所有决策权,要资本运作,企业就得资本运作;要举债,企业就得举债,就连进货验收也是陶寿龙一句话。

在资金运作方面,陶寿龙采取过于激进的融资方式,却没有任何防范风险的配套方案。2006 年 9 月 7 日,子公司江龙印染以"中国印染"之名在新加坡主板成功上市。但就在上市前一月,陶寿龙再次斥资 4 亿元买下南方控股集团位于绍兴柯桥的南方科技公司。2007 年,传来南方科技正在筹备美国纳斯达克上市的消息。时隔不到两年,陶寿龙就计划在两家证交所上市融资,这样的融资计划连底子很厚的老企业也难以实施。

公司的会计账簿完全由陶寿龙夫妇控制。由于面临公司破产而又无力回天,他们在逃离之前,烧毁了江龙控股所有账簿。

要求:从内部控制活动的角度,分析该公司存在的内部控制缺陷,并简要说明理由。

2. 可口可乐瑞典饮料公司(CCBS)采纳了卡普兰和诺顿的建议,在公司治理中推广平衡计分卡,从财务方面、客户和消费者方面、内部流程方面以及组织学习与成长四个方面来测量其战略行动。

在构造公司的平衡计分卡时,高层管理人员已经设法强调了保持各方面平衡的重要性。为了达到该目的,CCBS 使用的是一种循序渐进的过程。

第一步,阐明与战略计划相关的财务措施,然后以这些措施为基础,设定财务目标并且确定为实现这些目标而应当采取的适当行动。

第二步,在客户和消费者方面也重复该过程,在此阶段,初步的问题是"如果我们打算完成我们的财务目标,我们的客户必须怎样看待我们?"

第三步,CCBS 明确了向客户和消费者转移价值所必需的内部过程。然后 CCBS 的管理层问自己的问题是:自己是否具备足够的创新精神,自己是否愿意为了让公司以一种合适的方式发展而变革。经过这些过程,CCBS 能够确保在各个方面达到平衡,并且所有的参数和行动都会导致向同一个方向变化。

要求:

(1)在实践中普遍应用的绩效考评模式有哪三种?CCBS 的绩效考评方法属于哪一种?

(2)目前平衡计分卡绩效考评方法在实际应用中还存在哪些局限性?

内部控制模拟试题参考答案

模拟试题（一）参考答案

一、单项选择题（本大题共 15 小题、每小题 1 分、共 15 分）

1	2	3	4	5	6	7	8	9	10	11	12	13	14	15
A	A	C	D	A	B	B	D	B	D	D	B	A	A	C

二、多项选择题（本大题共 5 小题、每小题 1 分、共 5 分）

1	2	3	4	5
ABC	ABD	AD	ABD	ABCD

三、判断题（本大题共 5 小题、每小题 1 分、共 5 分）

1	2	3	4	5
√	×	×	√	×

四、简答题（本大题共 4 题，共 60 分）

1.

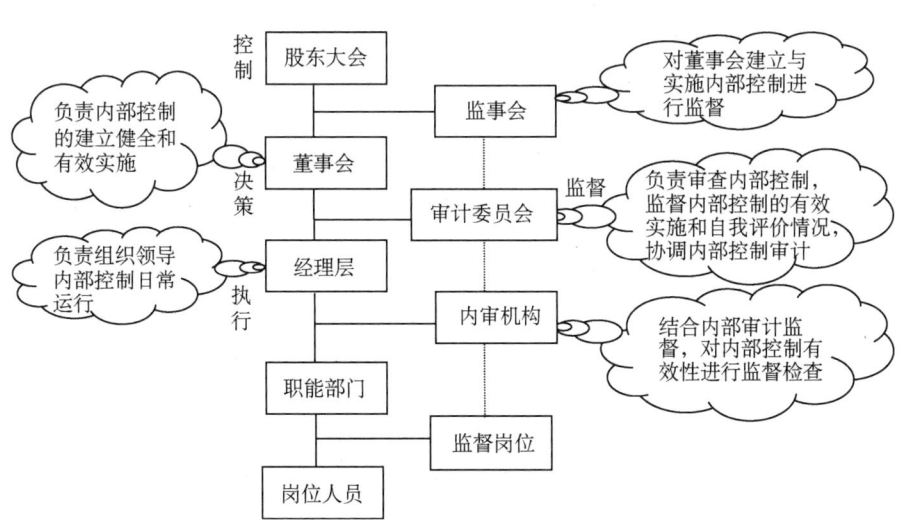

2.

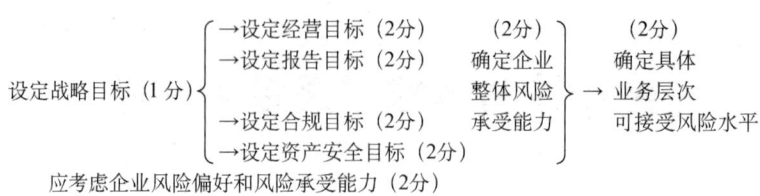

设定战略目标（1分）
→设定经营目标（2分）
→设定报告目标（2分）
→设定合规目标（2分）
→设定资产安全目标（2分）
应考虑企业风险偏好和风险承受能力（2分）

（2分）确定企业整体风险承受能力

（2分）确定具体业务层次可接受风险水平

3.（1）内部环境、风险评估、控制活动、信息与沟通、内部监督（5分）

（2）内部环境是基础，内部监督是保证，信息与沟通是重要条件，控制活动是具体方式，风险评估是关键。（10分）

4. 甲：1、6、7（5分）

乙：2、3（5分）

丙：4、5、8（5分）

五、案例分析（本大题共2题、第1题7分、第2题8分、共15分）

1.（1）违反了不相容职务分离控制的原则。尽管企业销售、发货、财务部门分设，但职责划分不合理。一是开具提货单应该是销售部门的职责，财务部根据销售部开具的提货单进行收款，但企业规定由财务部开具提货单，容易造成职责分工不明，收款作弊等。二是收款是财务部的职责，但规定由销售业务员乙负责到购买方收款，造成同一部门和人员经办整个销售收款业务的全过程，同时也违背了销售人员不得接触现款的规定。

由销售部经理根据具体情况确定售价的做法容易造成销售价格失控、销售收入流失，应根据制定好的价目表、折扣政策、付款政策等加以执行。

大宗销售都是由业务员甲与客户谈判并签订合同不合理，重大的销售业务谈判应当吸收财会、法律等专业人员参与，并形成完整的书面记录。

财务部经理保管所有的票据并有权决定应收票据贴现的做法违背了票据保管人员与贴现批准人员的相互分离的要求，容易导致贴现行为失去监督。

（2）在决定是否赊销时，应进行客户资信状况的审查，而不是凭个人印象；同时企业应该按客户设置应收账款台账，及时反映与客户债权债务关系，以便于评价客户信用状况、作出正确的销售决策。

对于企业发生的超过现有销售政策的特殊业务，企业应进行集体决策，避免因决策失误造成损失。该公司总经理当即决定签订合同的做法过于草率，应经过必要的调查，由此可见企业对客户信用控制太不严格。

2.（1）内部审计经理就以上事件进行通报的恰当性及简单说明审计委员会与内部审计相关的职能范围和责任。

恰当性：内部审计主管不应只向错报事件的部门进行通报，他还有责任直接将发现的问题向董事会或其下属的审计委员会通报。

职能范围和责任：确保内部控制系统充分有效是审计委员会的责任，其中包括负责监督内部审计部门在企业整体风险管理系统中的角色的有效性；批准内部审计主管的任命和解聘；确保内部审计部门能直接与董事会接触，并向审计委员会进行汇报。

（2）企业在该事件中所暴露出来的可能风险如下：

① 操作风险。报告数据不准确是由于对外公布时擅自更改或出现严重错误，这可能削

弱企业依赖此数据所生成的其他报告的完整性及可依赖性。

如果实际数据违反了环保法规的要求,则可能是在生产设计过程中出现了漏洞。

② 战略风险。虚报/错报事件对公司的公众形象带来负面的影响,这有可能影响其渣土运输车的销售,对公司业务的长远发展带来不利影响。

③ 法律/合规风险。违反环保法规可能会导致企业受到法律的制裁。

④ 运营风险。对外错误或虚报报告可能表明管理层对风险与内控管理的轻率态度,表现出道德风险。

(3) ① 加强内部审计。建立反舞弊机制,明确反舞弊工作的重点领域包括,在财务会计报告和信息披露等方面存在不正确、误导性陈述或者重大漏报,有关机构在反舞弊工作中的权限,以及规范舞弊案件的举报、调查、处理、报告和补救措施。

② 建立良好企业文化,倡导企业道德文化建设。企业文化建设既要注重“上下结合”,更应注重企业治理层和经理层的示范作用,绝不纵容虚假报告。加强对员工的道德教育。并可考虑在劳动合同中明确违反道德原则的后果和纪律处分。

③ 制定完善的人力资源政策。包括新员工的试用期和岗前培训制,对试用人员进行严格考察,以减低在各业务流程当中可能出现的操作风险。

④ 完善法律环境,有效提高员工,特别是管理层的法律意识。

模拟试题(二)参考答案

一、单项选择题(本大题共 10 小题、每小题 1 分、共 10 分)

1	2	3	4	5	6	7	8	9	10
C	D	D	C	D	C	D	B	A	C

二、多项选择题(本大题共 5 小题、每小题 2 分、共 10 分)

1	2	3	4	5
ABDE	BC	ABCE	ACD	ABC

三、判断题(本大题共 10 小题、每小题 1 分、共 10 分)

1	2	3	4	5	6	7	8	9	10
×	×	×	×	√	×	√	√	√	√

四、简答题(本大题共 4 题、第 1 题 8 分、第 2 题 13 分、第 3 题 12 分、第 4 题 17 分、共 50 分)

1. ①不相容职务分离控制。(1分)②授权审批控制。(1分)③会计系统控制。(1分)④调节和复核。(1分)⑤财产保护控制。(1分)⑥预算控制。(1分)⑦营运分析控制。(1分)⑧绩效考评控制。(1分)

2. (1)不相容职务分离控制是指企业全面系统分析、梳理业务流程中涉及的不相容职务,实施相应的分离措施,形成各司其职、各负其责、相互制约的工作机制。(1分)

(2)①可行性研究与决策审批。(2分)②业务执行与决策审批。(2分)③业务执行与审核监督。(2分)④会计记录与业务执行。(2分)⑤业务执行与财产保管。(2分)⑥财产保管与会计记录。(2分)

3. (1)从目标上看,提出了一个更具管理意义和管理层次的战略管理目标。(3分)

(2)从内容上看,增加了目标制定、风险识别和风险应对三个管理要素。(3分)

(3)从概念上看,提出了两个新概念——风险偏好和风险容忍度。(3分)

(4)从观念上看,提出了一个新观念——风险组合观。(3分)

4. 控制环境因素 5 分;主要内容 5 分;作用 7 分。

控制环境因素	主要内容	作用
公司治理	股东会、董事会、监事会、经理层	关键性作用
机构设置与权责划分	组织结构、权责划分	关键性作用
人力资源政策	人员配备、培训、考核、薪酬、奖励	基础性作用
企业文化	基本信念、价值观念、道德规范、生活、思维、行为方式	基础性作用
内部审计	内部审计委员会	保障性作用

五、案例题(本大题共 2 题、每题 10 分、共 20 分)

1. 10 分

(1) 违背了授权审批控制中的"三重一大"制度。对于重大决策、重大事项、重要人事任免及大额资金支付业务等,企业应当按照规定的权限和程序实行集体决策审批或者联签制度。但该公司权力过于集中。(5 分)

(2) 没有进行有效的预算控制。公司进行融资、投资等大额资金活动应该编制相应预算,统筹规划,控制风险。但该公司激进的融资方式来看,很可能在资本运作方面缺乏合理预算和规划。(3 分)

(3) 会计系统控制不到位。会计账簿等会计资料应该由专门的档案部门管理。但该公司却完全由陶寿龙夫妇控制,导致会计账簿缺乏监管的情况下被完全销毁。(2 分)

2. 10 分

(1) 会计基础绩效考评模式、经济基础绩效考评模式、战略管理绩效考评模式。CCBS采用的平衡计分卡考评方法属于战略管理绩效考评模式。(3 分)

(2) 局限性:

a. 在评价目标的确定方面,忽略了通过利益相关者分析来认识企业经营目标和发展战略,因而可能导致不能准确确定提高利益相关者满意度的关键动因。(3 分)

b. 在评价指标的选择方面,没有具体说明如何选择特定的绩效考评指标。另外,非财务评价指标的设计和计算也是一个难题。(3 分)

c. 在评价方法方面,没有给出明确的答案,单个指标的计分方法、权重的确定容易产生问题。(1 分)

参 考 文 献

［1］财政部会计司.企业内部控制规范讲解(2010)[M].北京:经济科学出版社,2010.

［2］池国华,樊子君.内部控制学[M].3版.北京:北京大学出版社,2017.

［3］池国华.内部控制学[M].北京:北京大学出版社,2010.

［4］程新生.企业内部控制[M].北京:中国时代经济出版社,2009.

［5］陈维青.企业内部控制学[M].大连:东北财经大学出版社,2013.

［6］傅胜,池国华.企业内部控制规范指引操作案例点评[M].北京:北京大学出版社,2011.

［7］胡为民.内部控制与企业风险管理:实务操作指南[M].2版.北京:电子工业出版社,2009.

［8］姜涛,孟庆宇.企业内部控制规范手册[M].2版.北京:人民邮电出版社,2012.

［9］李晓慧,何玉润.内部控制与风险管理:理论、实务与案例[M].北京:中国人民大学出版社,2012.

［10］李敏.企业内部控制规范[M].上海:上海财经大学出版社,2011.

［11］梁晟耀.企业内部控制基本规范合规实务指南[M].2版.北京:电子工业出版社,2013.

［12］刘华.内部控制案例研究[M].上海:上海财经大学出版社,2012.

［13］刘永泽,池国华.企业内部控制制度设计操作指南[M].大连:大连出版社,2011.

［14］刘玉廷.企业内部控制规范论[M].上海:立信会计出版社,2012.

［15］罗胜强.企业内部控制:主要风险点、关键控制点与案例解析[M].上海:立信会计出版社,2012.

［16］罗勇.企业内部控制规范解读与案例精析[M].上海:立信会计出版社,2009.

［17］普华永道.企业内部控制基本规范管理层实务操作指南[M].北京:中国财政经济出版社,2013.

［18］企业内部控制编审委员会.企业内部控制基本规范及配套指引案例讲解(修订版)[M].上海:立信会计出版社,2010.

［19］企业内部控制编审委员会.企业内部控制基本规范及配套指引案例讲解[M].上海:立信会计出版社,2011.

［20］企业内部控制研究组.企业内部控制配套指引讲解与案例分析[M].大连:东北财经大学出版社,2010.

［21］宋德亮.企业内部控制规范实施技术与案例研究[M].北京:经济科学出版社,2012.

［22］王生根,东奥会计在线.企业内部控制基本规范及配套指引解读[M].北京:北京大学出版社,2011.

［23］徐玉德.企业内部控制设计与实务[M].北京:经济科学出版社,2009.

［24］杨有红.企业内部控制系统:构建.运行.评价[M].北京:北京大学出版社,2013.

［25］于玉林.企业内部会计控制标准化指南[M].上海:上海财经大学出版社,2011.

［26］张继德.企业内部控制基本规范实施与操作[M].北京:经济科学出版社,2009.

［27］张远录.企业内部控制与制度设计[M].北京:中国人民大学出版社,2013.

［28］郑洪涛,张颖.企业内部控制学[M].大连:东北财经大学出版社,2009.

［29］朱荣恩.企业内部控制规范与案例[M].北京:中国时代经济出版社,2009.